共建绿色“一带一路”高质量发展态势与路径研究

闫世刚　著

U1002835

对外经济贸易大学出版社
中国·北京

图书在版编目（CIP）数据

共建绿色“一带一路”高质量发展态势与路径研究 / 闫世刚著. -- 北京 ：对外经济贸易大学出版社，2025. 2. -- ISBN 978-7-5663-2681-2

Ⅰ. F124.5

中国国家版本馆 CIP 数据核字第 2025F2T262 号

共建绿色“一带一路”高质量发展态势与路径研究

GONGJIAN LÜSE “YIDAIYILU” GAO ZHILIANG FAZHAN TAISHI YU LUJING YANJIU

闫世刚 **著**

责任编辑：张俊娟

出版发行：对外经济贸易大学出版社
社　　址：北京市朝阳区惠新东街 10 号
网　　址：www.uibep.com
资源网址：www.uibepresources.com
邮政编码：100029
邮购电话：010－64492338
发行部电话：010－64492342
E-mail：uibep@126.com

成品尺寸：170mm×240mm
印　　张：16.25
字　　数：240 千字
ISBN 978-7-5663-2681-2
印　　刷：北京九州迅驰传媒文化有限公司
版　　次：2025 年 2 月北京第 1 版
印　　次：2025 年 2 月第 1 次印刷
定　　价：58.00 元

本书获“中央高校基本科研业务费”资助

前　言

当前世界百年变局加速演进，气候变化带来严峻挑战，逆全球化思潮抬头，俄乌冲突加剧地缘局势动荡，全球生态治理正在经历复杂深刻的变革。“一带一路”区域是全球气象灾害发生频繁的区域之一，包括暴雨、洪涝、高温、干旱、台风等，2000—2019 年全球气候风险指数最高的前十个国家中，就包括缅甸、孟加拉国、菲律宾、巴基斯坦、泰国和尼泊尔这六个“一带一路”共建国家。“一带一路”许多共建国家拥有复杂的地理条件，经济发展较为依赖水、土以及能源和资源开发，工业化和城市化发展对于化石能源的大量消耗使得“一带一路”沿线碳排放量居高不下，导致环境问题更加突出、空气污染加重，进一步加剧了生态环境的脆弱性。2013 年，“一带一路”区域碳排放量为 173.33 亿吨，占世界碳排放量的比重为 52.4%；2022 年，“一带一路”区域碳排放量高达 200.54 亿吨，占世界碳排放量的比重增加到 58.3%。2013—2022 年这 10 年间，世界碳排放量仅增加 16.97 亿吨，而“一带一路”区域碳排放量增加达到 27.21 亿吨，这意味着世界碳排放的增量基本来自“一带一路”区域。

绿色“一带一路”高质量发展是帮助“一带一路”共建国家走出“先污染后治理”困境的必然选择。作为负责任大国，中国率先倡导并积极践行绿色发展理念，与各方共同探索从污染到治理的新路径。2017 年 5 月，中国相继发布《关于推进绿色“一带一路”建设的指导意见》和《“一带一路”生态环境保护合作规划》两大支撑文件，明确未来 10 年绿色“一带一路”发展的总体方向和全方位合作格局。2018 年 8 月，习近平主席出席推进“一带一路”建设工作五周年座谈会并发表重要讲话，指出“推动共建‘一带一路’向高质量发展转变，这是下一阶段推进共建‘一带一路’工作的基本要求”，“过去几年共建‘一带一路’完成了总体布局，绘就了一幅‘大写意’，今后要聚焦重点、精雕细琢，共同绘制好精谨细腻的‘工笔画’”。2022 年 10 月，党的二十大报告指出，“共建‘一带一路’成为深受欢迎的国际公共产品和国际合作平台”，并提出了“推动共建‘一带一路’高质量发展”的要求。2023 年 10 月，习近平主席在第三届“一带一路”高峰论坛开幕式上做主旨演讲，提出“中方愿同各方深化‘一带一路’合作伙伴关系，推动共建“一带一路”进入高质量发展的新阶段，为实现世界各国的现代化作出不懈努力”。

绿色发展深刻体现人与自然和谐共生、融合发展的鲜明价值取向。共建绿色“一带一路”高质量发展以共商、共建、共享为原则，坚持正确义利观、构建人类命运共同体等理念和举措，顺应时代潮流，符合“一带一路”共建国家利益。共建绿色“一带一路”高质量发展，坚持经济发展、社会发展和环境保护协调发展，以高标准、惠民生、可持续为目标，实现各国共同发展。共建绿色“一带一路”高质量发展契合共建国家发展与治理的现实需要，从观念层面到行动层面促进开放包容、互学互鉴和互利共赢，为共建国家提供创新性公共产品供给，为共建国家可持续发展和迈向生态文明之路提供重要保障，真正做到经济、社会和生态的和谐共生。

目　录

第一章 引 言

一、问题的提出

“一带一路”贯穿亚、欧、非大陆，截至 2023 年 8 月，已有 152 个国家与中国签署“一带一路”合作文件。共同绿色发展是“一带一路”顶层设计中的重要内容，在 2017 年第一届“一带一路”国际合作高峰论坛上，习近平主席在开幕式主旨演讲中，提出“要践行绿色发展的新理念，倡导绿色、低碳、循环、可持续的生产生活方式，加强生态环保合作，建设生态文明，共同实现 2030 年可持续发展目标”。[①] 2020 年，党的二十大报告指出，“共建‘一带一路’成为深受欢迎的国际公共产品和国际合作平台”，要“推动共建‘一带一路’高质量发展”。[②]2023 年 10 月 18 日，习近平主席在第三届“一带一路”国际合作高峰论坛开幕式上做主旨演讲，提出“中方愿同各方深化‘一带一路’合作伙伴关系，推动共建‘一带一路’进入高质量发展的新阶段，为实现世界各国的现代化作出不懈努力”。[③] 在这次主旨演讲中，习近平主席宣布中国支持高质量共建“一带一路”八项行动，其中第四项行动是促进绿色发展。

---

① 习近平在“一带一路”国际合作高峰论坛开幕式上的演讲［EB/OL］.（2017－05－14）［2023－08－19］. http://www.xinhuanet. com//politics/2017-05/14/c_1120969677.htm.

② 习近平：高举中国特色社会主义伟大旗帜 为全面建设社会主义现代化国家而团结奋斗——在中国共产党第二十次全国代表大会上的报告［EB/OL］.（2022－10－25）［2023－08－19］. https://www.gov.cn/xinwen/2022-10/25/content_5721685.htm.

③ 建设开放包容、互联互通、共同发展的世界——在第三届“一带一路”国际合作高峰论坛开幕式上的主旨演讲［EB/OL］.（2023－10－18）［2023－12－15］. http://www.news.cn/mrdx/2023-10/19/c_1310746291.htm.

“一带一路”区域是全球气象灾害发生频繁的区域之一，包括暴雨、洪涝、高温、干旱、台风等，2000—2019年全球气候风险指数最高的前十个国家中，就包括缅甸、孟加拉国、菲律宾、巴基斯坦、泰国和尼泊尔这六个“一带一路”共建国家。①“一带一路”许多共建国家拥有复杂的地理条件，经济发展较为依赖水、土以及能源和资源开发，工业化和城市化发展对于化石能源的大量消耗使得“一带一路”沿线碳排放量居高不下，使得环境问题突出、空气污染严重，进一步加剧了生态环境的脆弱性。2013年，“一带一路”区域碳排放量为173.33亿吨，占世界碳排放量的比重为52.4%；2022年，“一带一路”区域碳排放量高达200.54亿吨，占世界碳排放量的比重增加到58.3%。2013—2022年这10年间，世界碳排放量仅增加16.97亿吨，而“一带一路”区域碳排放量增加达到27.21亿吨，这意味着世界碳排放的增量基本来自“一带一路”区域。②

为应对气候变化，全球已有超过130个国家和地区提出了“零碳”或“碳中和”的气候目标，“一带一路”共建国家积极制定应对气候变化的法律或国家战略。俄罗斯分别于2019年和2023年推出《适应气候变化的2022年前第一阶段国家行动计划》和《适应气候变化的2025年前第二阶段国家行动计划》，印度、斯里兰卡、越南、埃及、捷克等国发布应对气候变化的战略或计划，沙特阿拉伯（简称“沙特”）提出“绿色沙特”和“绿色中东”倡议，阿拉伯联合酋长国（简称“阿联酋”）发布《2015—2030年绿色议程》。因此，加快共建绿色“一带一路”高质量发展，对于与共建国家共同应对人类社会面临的气候变化和环境污染等核心议题意义重大。通过共建绿色“一带一路”高质量发展，将应对全球气候变化、绿色基础设施、绿色能源和绿色产业等内容纳入与共建国家开展共建绿色“一带一路”合作，不仅是积极应对气候危机、推动区域可持续发展的重要举措，更是打造全球生态文明和人类绿色命

① Eckstein D，Künzel V，Schäfer L. Global Climate Risk Index 2021［R/OL］. https://www.germanwatch.org/sites/default/files/Global%20Climate%20Risk%20Index%202021_2.pdf.

② Energy Institute. 2023 Statistical Review of World Energy（72nd ed.）［R/OL］. https://www.energyinst.org/__data/assets/pdf_file/0004/1055542/EI_Stat_Review_PDF_single_3.pdf. 碳排放计算包含66个国家，包括中东欧16国、东盟10国、中亚5国、西亚18国、南亚8国、独联体7国以及东亚的中国和蒙古国。

运共同体的重要载体。

二、本书的研究方法和技术路线

本书采取定性说明和定量分析相结合的方式，具体通过理论研究、比较研究、统计分析、模型分析等方法进行科学的、实事求是的研究。具体研究方法包括：

第一，文献研究法。在研究问题和研究目标的引导下，系统、全面地搜集、整理、分析低碳经济理论、生态文明建设理论、可持续发展理论和国际合作理论的研究文献，梳理国内外最新的研究成果、研究进展和研究应用实践。

第二，比较分析法。对美国、欧盟和日本等主要国家和经济体的绿色发展模式进行比较分析，对全球和区域层面绿色发展国际合作演变和特征进行对比和分析。

第三，统计分析法。以中国与“一带一路”共建国家绿色发展的有关统计资料为基本参考资料进行数据统计分析。统计资料来源包括国际能源署（IEA）、英国石油公司（BP 世界能源统计）、美国能源信息署（EIA）和中国国家统计局等。

第四，多学科综合研究法。共建绿色“一带一路”高质量发展的研究涉及政治经济学、国际贸易学、发展经济学、环境经济学等诸多相关学科支撑，需要运用多学科综合研究法对相关内容研究进行综合研判。

第五，定量模型法。建立中国政府、东道国政府、中国金融机构和中国企业四方演化博弈模型进行仿真分析，基于仿真结果提出共建绿色“一带一路”高质量发展的路径。

三、本书的主要内容

第一，研究的相关理论基础。在研究问题和研究目标的引导下，系统、全面地搜集、整理、分析低碳经济理论、生态文明建设理论、可持续发展理论和国际合作理论等相关理论的研究文献，梳理国内外最新的研究成果、研究进展和研究应用实践。

第二，国际绿色发展的主要路径与模式。其一，阐述国际绿色发展的主要路径，提出绿色发展路径涵盖推进绿色工业革命、发展农业生态系统、打造绿色交通以及推动企业绿色发展等多种途径。其二，在应对气候变化和刺激经济增长的挑战面前，新能源成为各国技术创新和投资的重点，也是新一轮科技革命的焦点。其三，美国、欧盟和日本等发达国家和经济体加快制度创新和技术革新步伐，美国实施创新生态战略、欧盟打造绿色发展战略体系，日本致力于发展绿色产业体系，推动经济、能源和产业结构的转型升级，以期实现经济社会可持续发展。

第三，绿色发展国际合作机制。绿色低碳转型是一场广泛而深刻的经济社会变革，从绿色发展国际合作层面看，需要在联合国、国际可再生能源署、国际能源署和清洁能源部长级合作机制等现有多边合作机制下，共同推进全球绿色转型。在区域层面，绿色发展国际合作机制包括亚太经合组织（APEC）以及东盟与中日韩（10+3）机制等；另外，中国坚持共商共建共享，构建“一带一路”绿色发展国际联盟和“一带一路”能源合作伙伴关系两大新型多边合作机制，带来“一带一路”绿色发展核心要素的重新组合。

第四，共建绿色“一带一路”高质量发展的动因、战略与机理。中国弘扬和发展丝路精神，积极应对全球气候危机和落实联合国《变革我们的世界：2030 年可持续发展议程》（简称《2030 年议程》），提出并推动共建绿色“一带一路”高质量发展，引领全球环境治理新秩序。“一带一路”沿线独联体、东盟、中东、南亚和中东欧国家制定应对气候变化的绿色发展战略，为共建绿色“一带一路”高质量发展打下良好基础。共建绿色“一带一路”高质量发展契合共建国家发展与治理的现实需要，为共建国家提供创新性公共产品供给，为解决共建国家贫困问题、实现生态环境和可持续发展提供重要保障。

第五，共建绿色“一带一路”高质量发展的进展和挑战。中国积极倡导绿色发展观和生态文明观，积极打造新型合作机制和绿色合作平台，推动绿色贸易、绿色基建、绿色能源和绿色投融资快速发展，绿色发展惠及共建国家民众。后疫情时代，“一带一路”绿色发展与国际格局大变动、大调整相联系，欧美提出对冲绿色“一带一路”发展新战略，推动全球清洁能源供应链重构，共建国家绿色政策不确定性增加，区域绿色投融资风险提升。

第六，共建绿色“一带一路”高质量发展演化博弈分析。首先，共建绿色“一带一路”高质量发展是多元主体、多种策略相互作用的复杂系统，将中国政府、东道国政府、中国金融机构和中国企业置于统一框架下，并在外部因素—公众意愿基础上构建四方演化博弈模型。其次，分析不同情形下的演化稳定策略，并利用仿真模拟分析参数变化对系统影响的演化路径。

第七，共建绿色“一带一路”高质量发展的路径。基于演化博弈仿真分析的结果，结合共建绿色“一带一路”高质量发展的实践，要加强合作引领，凝聚高质量绿色发展共识；分类施策，加强重点领域高质量合作；加强绿色投融资，建设高质量绿色金融体系；突出合作成果，发挥高质量绿色示范效应，充分发挥地方政府和企业的作用，与共建国家携手推动绿色转型升级，彰显积极应对气候变化、维护全球生态文明的中国智慧。

四、本书的贡献以及存在的不足

本书阐述国际绿色发展的主要路径与模式，明确绿色发展国际合作机制，分析了共建绿色“一带一路”高质量发展的动因、战略与机理，提出共建绿色“一带一路”高质量发展的进展和挑战，基于演化博弈仿真分析的结果提出加快推进绿色“一带一路”高质量发展的路径。共建绿色“一带一路”高质量发展的研究作为一项兼具复杂性、开创性和挑战性的工作，本书对于促进共建绿色“一带一路”高质量发展具有一定的理论意义和实践价值。然而，本书的研究中必然存在诸多问题和不足，还需要作进一步深入的探索和研究。

（一）本书的贡献

共建绿色“一带一路”高质量发展态势和路径的研究和探索，对于促进绿色“一带一路”高质量发展，具有一定的学术价值和实践价值。

1. 学术价值

第一，有助于丰富全球环境治理理论体系。进入21世纪，荒漠化加剧和极端气候带给人类严峻挑战，逆全球化、南北环境治理分化以及疫情的暴发和蔓延，使得全球环境治理面临新的态势。党的二十大报告提出“推动全球治理朝着更加公正合理的方向发展”，绿色“一带一路”高质量建设推动形成新的环境治理范式，这一范式为全球环境治理提供新方案、新思路，其机理和路径的研究无疑有助于进一步充实和丰富全球环境治理理论体系。

第二，有助于深刻理解和把握习近平新时代中国特色社会主义思想和党的二十大精神。习近平生态文明思想是习近平新时代中国特色社会主义思想的重要组成部分，是集成社会主义生态文明建设理论创新成果和实践创新成果，具备系统性和严密性的内涵丰富、博大精深的科学体系。党的二十大报告提出“推动共建‘一带一路’高质量发展”的重要举措。作为习近平生态文明思想的有机组成部分，对共建绿色“一带一路”高质量发展的机理和路径进行深入研究，有助于深刻理解和把握习近平生态文明思想蕴含的大国担当，持续为全球生态文明建设贡献中国智慧。

2. 实践价值

第一，为推动完善全球环境治理提供智力支持。党的二十大报告提出“我们展现负责任大国担当，积极参与全球治理体系改革和建设”，“中国积极参与全球治理体系改革和建设，践行共商共建共享的全球治理观，坚持真正的多边主义，推进国际关系民主化，推动全球治理朝着更加公正合理的方向发展”。目前的全球环境治理处于“治理困境”和“治理赤字”状况，通过系统、深入地研究共建绿色“一带一路”高质量发展的路径，可以为完善全球环境治理体系、保障全球生态文明建设提供智力支持。

第二，为提升中国在全球环境治理体系话语权提供智力支持。加快共建绿色“一带一路”高质量发展，对于共建国家共同应对人类社会面临的气候变化、环境污染和能源危机等核心议题意义重大，是共谋全球生态文明建设的重要举措，是构建人类命运共同体、解决人类社会发展困境的中国智慧。

共建绿色“一带一路”高质量发展研究，彰显习近平生态文明思想，具有显著的中国特色，有助于提升中国在全球环境治理体系中话语权。

（二）本书存在的不足

第一，数据搜集和对策建议有待进一步丰富。限于数据可得性，本书对非洲区域绿色政策和绿色产业发展的梳理和分析还有待进一步完善。共建“一带一路”的持续推进，必将惠及更多国家及地区。本书所搜集的样本数据与对策建议后续需要进一步扩充、丰富和完善，以适应时代发展的需要。

第二，共建绿色“一带一路”高质量发展的计量方法有待更新。本书建立演化博弈模型来分析中国政府、东道国政府、中国金融机构和中国企业演化稳定策略，在现阶段具有一定的科学含义，但随着计量经济学的不断发展，新的计量模型定会带来更为科学、严谨、客观的统计方法，更能够准确测度各变量间的因果关系，将进一步有助于共建绿色“一带一路”高质量发展路径的科学性和可操作性。

第二章　研究的相关理论基础

一、低碳经济理论

“低碳经济”的概念源于 2003 年英国政府发布的题为《我们能源的未来——创建低碳经济》的“能源白皮书”。这一概念一经提出即引起了国际社会的广泛关注。2007 年 12 月，联合国气候变化大会在印度尼西亚巴厘岛举行，制订了应对气候变化的“巴厘岛路线图”，开启了南北合作应对气候变化全球行动时代，对全球进一步迈向低碳经济具有里程碑式的意义。2008 年，联合国提出用绿色经济和绿色新政应对金融危机和气候变化的双重挑战，把低碳经济视为拯救当时金融危机、实现全球经济转型的重要途径。在经济社会发展日益受到能源和环境制约的背景下，低碳经济作为应对全球气候变化、保障能源安全的基本途径和战略选择，已经在全球范围内得到广泛认同。

（一）低碳经济的内涵

2003 年英国政府发布的《我们能源的未来——创建低碳经济》白皮书中指出，低碳经济是通过更少的自然资源消耗和环境污染获得更多的经济产出，创造实现更高的生活标准和更好的生活质量的途径和机会，并为发展、应用和输出先进技术创造新的商机和更多的就业机会。[①]

作为世界可持续发展峰会在清洁能源领域建立的合作关系，可再生能源及能源效率伙伴关系计划（简称“REEEP”）在 2007 年发布的报告中指出，

---

① United Kingdom：Department of Trade and Industry. Our energy future—creating a low carbon economy［M］. London：The Stationery Office（TSO），2003.

低碳经济是在实现全球经济增长的同时，限制能源需求的增长，推动低碳产品的制造，同时提供充足和安全的能源供应的发展道路。[①]2008 年，德国联邦经济合作与发展部在《与新兴经济体低碳经济政策对话》的报告中指出，低碳经济旨在协调经济增长与气候保护之间的关系。[②]Cranston 和 Hammond（2010）认为，21 世纪的低碳经济意味着人口增长、经济发展和环境保护的平衡与协调。[③]

中国学者非常重视低碳经济的发展，付允等（2008）认为，低碳经济是以节能减排为发展方式，以碳中和技术为发展方法的绿色经济发展模式。[④]庄贵阳（2008）[⑤]和李国志（2010）[⑥]认为低碳经济实质是高能源效率和新能源结构问题，核心是能源技术创新和制度创新。王多云和张秀英（2010）提出，低碳经济是低能耗、低物耗、低污染、低排放、高效能、高效率和高效益的绿色可持续经济，是人类社会经历原始文明、农业文明、工业文明之后的生态文明，是人类社会继工业革命、信息革命之后的新能源革命。[⑦]顾小存（2011）提出，低碳经济是一种以低消耗、低污染、低排放为基础的经济模式，其核心是能源技术和减排技术创新、产业结构和制度创新，以及人类生存发展观念的根本性转变。[⑧]表 2-1 总结了国内外学者对于低碳经济的认识和理解。

国内外专家和学者的观点中对于低碳经济内涵的理解具有相似之处，即认为低碳经济应该是以技术创新和制度创新为手段，以减少温室气体排放、减缓全球气候变化、实现可持续发展为目的。低碳发展的目标是在社会生活

① Yuan H，Zhou P，Zhou D. What is low-carbon development? a conceptual analysis［J］. Energy Procedia，2011（5）：1706-1712.

② 同①。

③ Cranston G R，Hammond G P. Northand south：regional footprins on the transition pathway towards a low carbon，global economy［J］. Applied Energy，2010，87（9）：2945-2951.

④ 付允，马永欢，刘怡君，等. 低碳经济的发展模式研究［J］. 中国人口·资源与环境，2008（3）：14-19.

⑤ 庄贵阳. 低碳经济引领世界经济发展方向［J］. 世界环境，2008（2）：34-36.

⑥ 李国志. 中国发展低碳经济的困难与政策建议［J］. 亚太经济，2010（4）：15-19.

⑦ 王多云，张秀英. 低碳经济视角中的新能源发展问题研究［J］. 生态经济，2010（4）：104-107.

⑧ 顾小存. 低碳经济视角下的东北亚区域合作［J］. 国际论坛，2011（5）：56-61.

和生产中实现低污染、低排放和高效的能源使用，最终实现碳排放总量下降至某一水平。

表 2－1　　国内外学者对于低碳经济认识和理解的总结

国内外学者	主要观点
REEEP（2007）	低碳经济是在实现全球经济增长的同时，限制能源需求的增长，推动低碳产品的制造，同时提供充足和安全的能源供应的发展道路
Cranston 和 Hammond（2010）	低碳经济意味着人口增长、经济发展和环境保护的平衡与协调
付允、马永欢、刘怡君等（2008）	低碳经济是以节能减排为发展方式，以碳中和技术为发展方法的绿色经济发展模式
鲍健强、苗阳、陈锋（2008）	低碳经济是经济发展方式、能源消费方式、人类生活方式的一次新变革，它将全方位地改造建立在化石燃料基础之上的现代工业文明，转向生态经济和生态文明
庄贵阳（2008），李国志（2010）	低碳经济实质是高能源效率和新能源结构问题，核心是能源技术创新和制度创新
郭印和王敏洁（2009），顾小存（2011）	低碳经济是一种以低消耗、低污染、低排放为基础的经济模式，其核心是能源技术和减排技术创新、产业结构和制度创新以及人类生存发展观念的根本性转变
金乐琴和刘瑞（2009）	低碳经济是一种新的经济发展模式，它与可持续发展理念和资源节约型、环境友好型社会的要求是一致的，与当前大力推行的节能减排和循环经济也有密切联系
王多云和张秀英（2010）	低碳经济是一种低能耗、低物耗、低污染、低排放、高效能、高效率、高效益的绿色可持续经济；是人类社会经历原始文明、农业文明、工业文明之后的生态文明；是人类社会继工业革命、信息革命之后的新能源革命

资料来源：部分来自闫世刚（2017）[①]。

（二）低碳经济的发展途径与评价体系

低碳经济是实现经济社会可持续发展的有效路径，低碳发展的实质就是要提高资源和能源的利用效率。低碳经济体系、低碳经济和社会协同以及低

① 闫世刚. 低碳经济下北京市新能源发展模式及国际合作战略研究［M］. 北京：对外经济贸易大学出版社，2017.

碳发展水平测度是低碳经济的三个基本理论范畴，三者相互联系，互为一体。

低碳经济作为由高碳能源消耗向低碳能源利用转变的经济发展模式，其关键在于降低能源消费过程中产生的碳排放量，通过低碳技术手段降低能源消费的碳强度，控制二氧化碳排放量的增长速度。发展低碳经济的核心是在市场机制基础上，通过制度安排和政策措施的制定，形成明确、稳定和长期的激励机制，推动提高能效技术、节约能源技术和可再生能源技术等低碳技术的开发及利用，从而促进经济向高能效、低能耗和低碳排放的模式转变。低碳经济发展的载体是低碳产业，经济结构影响能源消耗，因此优化产业结构是发展低碳经济的重要途径。低碳产业是指按照低碳经济发展理念，对现有产业结构进行改造，加速产业结构优化与升级，构建低碳产业链，实现产业结构低碳化发展模式。对于低碳经济的发展，新能源的开发和利用无疑是关键。新能源不仅包括具有可替代性和可再生性的能源，如太阳能、风能、水能等，还包含具有技术创新性和低碳特点的能源开发手段，如碳捕捉、碳封存和智能电网等。[①]相对于煤炭、石油等传统能源，新能源普遍具有创新程度高、储量大、产业关联性强等特点。新能源产业属于技术密集型的产业，新能源的开发利用对于解决当今世界严重的环境污染问题和资源（特别是化石能源）枯竭问题具有重要意义，不仅能够优化能源生产和消费结构，提高能源利用效率，而且能够带动电力、信息技术、汽车和新材料等产业的重大变革，促进生产方式的转变。因此，作为低碳经济发展中的一个核心内容，新能源越来越引起人们的重视，并将可能为迈向生态文明开辟出一条新路。

付加锋等（2008）、胡大立和丁帅（2010）、李晓燕和邓玲（2010）、Phdungsilp（2010）、庄贵阳等（2011）、Jia 等（2012）、吴雪等（2012）、Price 等（2013）、谢志祥等（2017）、刘筱慧等（2021）、丁涛等（2023）以及刘志华等（2024）积极探讨低碳经济评价指标体系建立的原则、指标体系的构建以及评价的方法。指标体系构建多基于低碳与经济社会协同发展、低碳经济发展的驱动因素和政策互动、低碳经济发展效率、碳源控制和碳汇建设以及绿色低碳循环

① 成思危. 新能源与低碳经济［J］. 管理评论，2010（6）：4-8.

发展五个层面。[①]例如，付加锋等（2008）从低碳产出、低碳消费、低碳资源和低碳政策这四个层面构建低碳经济评价指标体系；[②]胡大立和丁帅（2010）从低碳能源、低碳产出、低碳消费、低碳废弃物处理、低碳社会环境和低碳科技六个维度构建低碳经济的评价指标体系；[③]冯碧梅（2011）从自然生态系统、产业生态系统和人文生态系统这三个层面建立低碳经济评价指标体系。[④] Price 等（2013）基于商业终端能源消费、居民能源消费、工业能源消费和交通能源消费这四个维度建立低碳经济指标体系。[⑤]

在低碳发展水平测度方面，国内外学者基于熵值法、TOPSIS 法、模糊层次法和因子分析法等量化方法对低碳经济发展水平进行测度，采用 DEA 模型核算低碳经济效率，或基于泰尔指数和基尼系数分析低碳经济的区域差异性（刘志华等，2024）。[⑥]李晓燕和邓玲（2010）从经济系统、科技系统、社会系统和环境系统这四个维度构建城市低碳经济的评价指标体系，并运用模糊层次法和主成分分析法，对北京、上海、天津和重庆这四大直辖市的低碳经济发展水平进行评估。[⑦]Jia 等（2012）采用层次分析法和 TOPSIS 法的集成对全球 47 个国家和地区的低碳经济发展水平进行综合评价[⑧]；刘筱慧等（2021）利用密切值对传统 TOPSIS 法进行修正并进行低碳经济评价验证；[⑨]周泽炯和胡建辉（2013）采用 Super-SBM 模型对中原经济区 15 个地市低碳经济的发展

---

① 丁涛，黄宇菲，冯奎，等. 中国区域低碳经济发展水平测度、区域差距与空间收敛性研究——来自八大综合经济区的证据［J］. 经济问题探索，2023（2）：28-44.

② 付加锋，庄贵阳，高庆先. 低碳经济的概念辨识及评价指标体系构建［J］. 中国人口·资源与环境，2008（8）：38-43.

③ 胡大立，丁帅. 低碳经济评价指标体系研究［J］. 科技进步与对策，2010（2）：82-85.

④ 冯碧梅. 湖北省低碳经济评价指标体系构建研究［J］. 中国人口·资源与环境，2011（3）：54-58.

⑤ Price L，et al. Development of a Low-Carbon Indicator System for China［J］. Habital International，2013（37）：4-21.

⑥ 刘志华，袁庆禄，李翠，等."双碳"战略下低碳经济与高质量发展协同效应：以京津冀城市群为例［J］. 环境科学，2024（11）：6301-6312.

⑦ 李晓燕，邓玲. 城市低碳经济综合评价探索［J］. 现代经济探讨，2010（2）：82-85.

⑧ Jia J，Fan Y，Guo X. The low carbon development（LCD）levels' evaluation of the world's 47 countries（areas）by combining the FAHP with the TOPSIS method［J］. Expert Systems with Applications，2012（39）：6628-6640.

⑨ 刘筱慧，王斌，陈凯，等. 基于密切值改进 TOPSIS 的低碳经济评价研究［J］. 技术经济，2021，40（12）：74-84.

状况进行测度，发现低碳经济发展无效的地市所占比例接近70%。[①]谢志祥等（2017）[②]、何键等（2024）[③]采用传统的DEA－Malmquist模型对中国省级区域的低碳经济发展绩效分别进行静态评价和动态评价。

（三）“一带一路”区域低碳经济发展

自2013年共建“一带一路”倡议提出以来，截至2023年8月，已有152个国家与中国签署“一带一路”合作文件。[④]“一带一路”贯穿亚、欧、非大陆，共建国家数量已经占全球国家数量的77%，这些国家的国土面积占全球国家总面积的65%，人口总数占全球人口总量的65%。“一带一路”152个共建国家中，按照2023年世界银行关于经济体类型的划分，高收入国家34个，占比为22.4%；中等收入国家89个，占比为58.6%；低收入国家26个，占比为19%。从经济体发展情况来看，中低收入国家占比高达77.6%，这些国家普遍城镇化率低、人均GDP差别较大，发展方式也较为粗放。

“一带一路”区域既涵盖俄罗斯、西亚和中亚等油气资源丰富的国家和地区，又包含中国、印度等全球重要的能源消费区，在全球能源生产和消费中占据重要地位。根据英国石油公司（BP）发布的《BP世界能源统计年鉴2021》的数据计算，2020年，“一带一路”区域的石油储量为389亿吨，占全球石油储量的59.2%；天然气的储量高达147.9万亿立方米，占全球天然气储量的78.6%；煤炭的储量高达5 802.2亿吨，占全球煤炭储量的54.0%；煤炭产量为124.8艾焦，占全球煤炭产量的78.2%。[⑤]2022年，“一带一路”区域碳排放

① 周泽炯，胡建辉. 基于Super-SBM模型的低碳经济发展绩效评价研究［J］. 资源科学，2013，35（12）：2457－2466.

② 谢志祥，秦耀辰，沈威，等. 中国低碳经济发展绩效评价及影响因素［J］. 经济地理，2017，37（3）：1－9.

③ 何键，陈美霞，骆润，等. 中国低碳经济发展绩效评价、动态演进与影响因素［J］. 统计与管理，2024（5）：117－128.

④ 我国已与152个国家、32个国际组织签署共建“一带一路”合作文件［EB/OL］.（2023－08－24）［2025－02－12］. https://www.gov.cn/lianbo/bumen/202308/content_6899977.htm.

⑤ 这里石油、天然气和煤炭的储量、产量和消费量以及碳排放计算涵盖中国在内的66个国家，具体为中东欧16国、东盟10国、中亚5国、西亚18国、南亚8国、独联体7国以及东亚的蒙古国和中国。

量高达 200.54 亿吨，占世界碳排放量的比重增加到 58.3%。[①]2013—2022 年这 10 年间，世界碳排放量仅增加 16.97 亿吨，而“一带一路”区域碳排放量增加达到 27.21 亿吨。“一带一路”沿线的发展中国家和新兴经济体拥有复杂的地理条件，经济发展较为依赖水、土以及能源和资源开发，工业化和城市化发展对于化石能源的大量消耗使得区域碳排放居高不下，进一步加剧生态环境的脆弱性。

“一带一路”共建国家在低碳经济发展程度方面存在较大差异性，东亚和东欧等区域的国家绿色发展水平较高，而中南半岛、南亚、西亚、北非和独联体等区域的多数国家绿色发展水平较低。邬彩霞（2022）基于社会经济、资源流和能源流对“一带一路”26 个代表性国家低碳经济水平进行测度，发现这些国家具备区域性差异和阶段性差异，而经济社会基础、能源结构和资源禀赋等因素是制约这些代表性国家低碳经济发展水平以及速度的关键因素。[②]张军和李昊（2019）通过测算“一带一路”32 个共建国家的低碳发展效率指数，发现它们存在效率整体偏低，且各区域内国家间绿色低碳发展效率差异比较大的状况。[③]基于共建国家低碳经济发展的不同水平和不同阶段特点，推进可持续生产和消费，改变不合理的资源开发，积极发展清洁能源技术，优化能源消费结构，促进共建国家优势互补、协同推进低碳经济发展，不仅有利于高质量推进绿色“一带一路”建设，而且对于提高共建国家协同应对气候变化能力具有重要意义。

二、生态文明建设理论

我国生态文明建设理论研究始于 1984 年，当时著名生态学家叶谦吉最早

① Energy Institute. 2023 Statistical Review of World Energy（72nd ed.）.［R/OL］. https://www.energyinst.org/__data/assets/pdf_file/0004/1055542/EI_Stat_Review_PDF_single_3.pdf.

② 邬彩霞.“一带一路”沿线国家低碳经济发展水平测度与对比分析［J］. 贵州社会科学，2022（12）：108－117.

③ 张军，李昊.“一带一路”绿色发展评价—基于生态创新和低碳效率的测度分析［J］. 林业经济，2019（9）：106－111.

使用了生态文明的概念。他从生态学和生态哲学的视角来界定生态文明，认为生态文明是指人类既获利于自然，又还利于自然，在改造自然的同时又保护自然，人与自然之间保持和谐统一的关系。

2007 年，党的十七大报告明确指出“建设生态文明，基本形成节约能源资源和保护生态环境的产业结构、增长方式、消费模式”，促使“生态文明观念在全社会牢固树立”。2012 年，党的十八大报告提出要大力推进生态文明建设。推动能源生产和消费革命，控制能源消费总量，加强节能降耗，支持节能低碳产业和新能源、可再生能源发展，确保国家能源安全。2013 年，党的十八届三中全会通过的《中共中央关于全面深化改革若干重大问题的决定》进一步提出：“紧紧围绕建设美丽中国深化生态文明体制改革，加快建立生态文明制度，健全国土空间开发、资源节约利用、生态环境保护的体制机制，推动形成人与自然和谐发展现代化建设新格局。”2017 年，党的十九大报告提出要“加快生态文明体制改革，建设美丽中国”。2022 年，党的二十大报告提出：“中国式现代化，是中国共产党领导的社会主义现代化。”并进一步指出，中国式现代化是人口规模巨大的现代化，是全体人民共同富裕的现代化，是物质文明和精神文明相协调的现代化，是人与自然和谐共生的现代化，是走和平发展道路的现代化。

（一）生态文明的内涵与特征

生态文明是人类为建设美好生态环境而取得的物质成果、精神成果和制度成果的总和。建设生态文明，并不是放弃对物质生活的追求，回到原生态的生活方式，而是超越和扬弃粗放型的发展方式和不合理的消费模式，提升全社会的文明理念和素质，使人类活动限制在自然环境可承受的范围内，走生产发展、生活富裕、生态良好的文明发展之路。

胡锦涛同志专门就生态文明进行了明确阐述：“建设生态文明，实质上就是要建设以资源环境承载力为基础、以自然规律为准则、以可持续发展为目标的资源节约型、环境友好型社会。”[①]

---

① 周生贤. 中国特色生态文明建设的理论创新和实践［J］. 求是，2012（19）：1－3.

俞可平（2005）[①]、王朝全（2009）[②]等认为，生态文明是继物质文明、精神文明、政治文明之后的第四种文明，是一种发展理念，是在工业文明已经取得成果的基础上，用更文明的态度对待自然，建设和保护生态环境，是改善人民生活和实现可持续发展的途径，是建立在先进生产力基础上的文明形态。

2013 年 5 月，习近平总书记在十八届中共中央政治局第六次集体学习时指出："建设生态文明，关系人民福祉，关乎民族未来。党的十八大把生态文明建设纳入中国特色社会主义事业五位一体总体布局，明确提出大力推进生态文明建设，努力建设美丽中国，实现中华民族永续发展。"[③]

建设生态文明，是以把握自然规律、尊重自然为前提，以人与自然、环境与经济、人与社会和谐共生为宗旨，以资源环境承载力为基础，以建立可持续的产业结构、生产方式、消费模式以及增强可持续发展能力为着眼点，以建设资源节约型、环境友好型社会为本质要求。生态文明理念及建设实践具有鲜明的特征：在价值观念上，强调以平等态度和充分的人文关怀关注和尊重生态环境，使经济社会发展与资源环境相协调；在实现路径上，走出一条资源节约和生态环境保护的新道路，倡导和推行自觉自律的生产生活方式，基本形成节约能源资源和保护生态环境的产业结构、增长方式和消费模式，全面推进经济社会的绿色繁荣；在目标追求上，注重增进公众的经济福利和环境权益，促进社会和谐；在时间跨度上，是长期艰巨的建设过程，既要补上工业文明的课，又要走好生态文明的路。

（二）生态文明建设理论的发展

中国生态文明建设理论与实践进展主要体现在对于生态文明内涵及概念的界定、生态文明与传统文化和社会制度、生态文明建设模式和策略以及

① 俞可平. 科学发展观与生态文明［J］. 马克思主义与现实，2005（4）：4-5.

② 王朝全. 论生态文明、循环经济与和谐社会的内在逻辑［J］. 软科学，2009（8）：69-73.

③ 中共中央政治局就推进生态文明建设进行集体学习［EB/OL］.（2013-05-24）［2025-02-12］. https://www.gov.cn/lianbo/bumen/202308/content_6899977.htm.

习近平生态文明思想等方面，表 2-2 是生态文明建设的研究领域及主要观点。

表 2-2　　　　生态文明建设研究领域及主要观点

研究领域	主要观点
生态文明与文明形态	生态文明是人类的一个发展阶段、一种发展理念，是改善人民生活和实现可持续发展的途径，是一种建立在先进生产力基础上的文明形态
生态文明与传统文化关系	我国传统文化与生态文明建设的关系：传统文化中蕴含着丰富的生态文明思想，对于建设当代生态文化体系有重要的借鉴意义
生态危机与社会制度研究	马克思、恩格斯理论中的生态观，以及国外生态马克思主义与生态社会主义思潮和绿色政党运动
生态文明建设模式和策略	生态文明建设的途径、机制、理念和评价体系等，以及生态文明建设的保障措施
习近平生态文明思想	习近平生态文明思想对马克思主义的继承与发展，以及生态文明思想发展脉络、逻辑体系、法治思想和价值体系

资料来源：部分来自陈洪波和潘家华（2012）[①]。

周玉玲（2008）[②]、张云飞和刘江华（2008）[③]分析了马克思、恩格斯经典著作中的生态观思想，介绍了国外马克思主义、生态社会主义思潮和绿色政党运动，从社会制度的角度研究了生态文明与社会主义的必然联系。谷树忠等（2013）认为，生态文明是认识自然、尊重自然、顺应自然、保护自然和合理利用自然，是人类与自然和谐相处的文明。[④]不少国内学者采用系统分析方法，从经济发展效率、环境、生态和社会保障等方面，提出生态文明建设评价指标体系。关琰珠和郑建华（2007）在论述建立生态文明指标体系的指导思想、理论基础、设计原则的基础上，提出了包括资源节约系统、环境友好系统、生态安全系统和社会保障系统四个子系统在内的生态文明指标体

① 陈洪波，潘家华．我国生态文明建设理论与实践进展［J］．中国地质大学学报（社会科学版），2012，12（5）：13-17.

② 周玉玲．生态文明与马克思恩格斯自然观的再认识［J］．马克思主义与现实，2008（2）：99-102.

③ 张云飞，刘江华．马克思主义生态文明理论的性别意识［J］．中国人民大学学报，2008（1）：66-71.

④ 谷树忠，胡咏君，周洪．生态文明建设的科学内涵与基本路径［J］．资源科学，2013，5（1）：2-13.

系框架，确定了以人与自然和谐发展为核心，以建设资源节约型、环境友好型社会两大主线为支撑的生态文明指标体系。[①]杜宇和刘俊昌（2009）从生态文化、绿色政治制度、又好又快的经济发展模式、社会和谐有序以及资源节约、环境友好的生态环境等方面，建立了一套生态文明建设评价指标体系。[②]张静和夏海勇（2009）以昆山、东莞和大连三个城市的生态文明建设情况比较为例，从人口发展支持系统、资源节约支持系统、环境保护支持系统和经济社会支持系统 4 个方面使用 26 个指标进行实证研究。[③]

习近平生态文明思想系统而全面地阐述了为什么建设生态文明、建设什么样的生态文明、怎样建设生态文明等一系列重大理论和实践问题。宋献中和胡珺（2018）提出，习近平生态文明思想重筑了中国生态文明理论，形成了以“生态民生论”为终极价值取向，以“生态价值论”为核心和根本，以“生态全球论”为国际治理观的新时代中国特色社会主义生态文明体系。[④]李红松（2021）认为，习近平生态文明思想是以人民为主体、以马克思主义生态观为理论内核、以促进总体生产力发展为动力、以制度建设为保障而形成的严密逻辑体系。[⑤]李东航和肖珍（2022）提出，价值理念、目标导向、实践方略和制度建设构成习近平生态文明思想的 4 个基本维度，体现着习近平生态文明思想的发展脉络。[⑥]

生态文明建设，内容非常丰富。从价值取向看，必须树立先进的生态伦理观念。要尊重自然规律，牢固树立生态文化、生态意识和生态道德等生态文明理念，使之成为中国特色社会主义的核心价值要素。从物质基础看，必须拥有发达的生态经济，对传统产业进行生态化改造，大力发展节能环保等

① 关琰珠，郑建华，庄世坚. 生态文明指标体系研究［J］. 中国发展，2007（6）：21－27.

② 杜宇，刘俊昌. 生态文明建设评价指标体系研究［J］. 科学管理研究，2009（3）：60－63.

③ 张静，夏海勇. 生态文明指标体系的构建与评价方法［J］. 统计与决策，2009（21）：60－63.

④ 宋献中，胡珺. 理论创新与实践引领：习近平生态文明思想研究［J］. 暨南学报（哲学社会科学版），2018（1）：2－17.

⑤ 李红松. 习近平生态文明思想的内在逻辑［J］. 重庆大学学报（社会科学版），2021（10）：1－12.

⑥ 李东航，肖珍. 习近平生态文明思想的四重维度探析［J］. 中北大学学报（社会科学版），2022（2）：1－5.

战略性新兴产业，使绿色经济、循环经济在整个经济结构中占较大比重，推动经济绿色转型。从激励与约束机制看，必须建立完善的生态制度，把环境公平正义的要求体现到经济社会决策和管理中，加大制度创新力度，建立健全法律、政策和体制机制。必须保障可靠的生态安全，有效防范环境风险，维护生态环境状况稳定，避免重大生态危机。这充分表明，在建设生态文明的价值取向、长远目标、主要途径和保障举措等方面，已经形成完整的认识成果，其核心就是人与自然和谐共生、经济社会与资源环境协调发展。

（三）生态文明建设与"一带一路"绿色发展

2016 年 6 月，习近平主席在乌兹别克斯坦最高会议立法院的演讲中指出，"要着力深化环保合作，践行绿色发展理念，加大生态环境保护力度，携手打造绿色丝绸之路"。[①]2019 年 4 月，习近平主席在第二届"一带一路"国际合作高峰论坛开幕式上发表主旨演讲时指出："我们要坚持开放、绿色、廉洁理念，不搞封闭排他的小圈子，把绿色作为底色，推动绿色基础设施建设、绿色投资、绿色金融，保护好我们赖以生存的共同家园。"[②]

"一带一路"共建国家环境保护压力较大，各国环境保护面临不同的困难。沿线的中蒙俄、新亚欧大陆桥、中国—中亚—西亚、中巴这四大经济走廊均存在荒漠化问题，沿线超过 60 个国家遭受荒漠化和干旱危害。气候变化造成"一带一路"区域极端天气和气候事件增加，高温热浪高风险区域主要分布在沿线的南亚、东南亚和阿拉伯半岛部分区域，且具有向北、向内陆扩大的趋势；风暴潮风险呈现显著的地域性，高风险区主要集中于孟加拉湾沿岸；极端干旱风险地域性较为显著，高风险区在亚洲中西部、地中海沿岸、印度河流域等地。[③]在"一带一路"共建国家工业化进程中，一些基础设施建设项目

① 习近平主席在乌兹别克斯坦最高会议立法院的演讲[EB/OL].(2017-03-09)[2023-11-10]. http://world.people.com.cn/n1/2017/0309/c411452-29134168.html.

② 习近平在第二届"一带一路"国际合作高峰论坛开幕式上的主旨演讲(全文)[EB/OL].(2019-04-26)[2023-11-15]. http://politics. people.com.cn/gb/n1/2019/0426/c1024-31052452.html.

③ 雷加强，等. 生态问题与灾害风险：绿色"一带一路"建设的挑战与应对 [J]. 中国科学院院刊，2021，36 (2)：125-129.

在推动经济发展的同时，也面临土地破坏、大气污染和水污染等环境挑战，需要引起高度重视并加以妥善解决。

生态文明建设理论为“一带一路”共建国家认识其发展的合理方向提供了契机，是解决“一带一路”生态问题、实现人与自然和谐共生的理论基础。生态文明建设倡导人与自然的真正统一，将生态放置于现实性的角度去分析，能够全面、合理地认识人与自然的关系，积极开展能动的实践活动，在实践中体现生态文明建设中自然的内在价值。中国努力践行“绿水青山就是金山银山”的“两山”理论，积累了丰富的生态文明建设理论和实践成果，不仅推动了中国自身的绿色发展，而且给“一带一路”共建国家和地区的生态文明建设注入了活力。夯实“一带一路”沿线生态基础既是各国维护自身良好生态的需要，也是共建“一带一路”倡议长远发展的内在必然和现实要求。中国与“一带一路”共建国家共同营造良好环境、加强生态治理、谋求绿色发展新路，积极推动构建“一带一路”生态共同体，力求与共建各国共同呵护好人类地球家园。

三、可持续发展理论

当今世界面临气候变暖、人口激增、环境污染、粮食短缺和能源紧张五大问题，直接影响到全球社会经济发展进程。可持续发展观点的出现最早能够追溯到 1980 年，世界自然保护同盟、野生动物基金协会与联合国环境规划署（简称“UNEP”）在其共同发表的《世界自然保护纲要》文件中首次明确提出可持续发展的理念。随着工业文明而至的全球生态危机，警醒人类必须制止或逆转生态环境退化才能维持人类的生存和发展，以人与自然统一的生态和谐发展为核心的可持续发展观在全球兴起和不断发展。

（一）可持续发展的内涵及特征

1987 年，挪威首相布伦特兰女士在世界环境与发展委员会（WCED）的报告《我们共同的未来》中第一次正式使用“可持续发展”这一概念，并将其定义为“既能满足当代人的需求，又不对后代人满足其需求的能力构成威胁的发展”[①]。此后，国内外专家和学者从可持续发展的本质、目标和路径等多个维度来界定可持续发展的内涵。

其一，可持续发展的本质是以改善和提高人类生活质量为目的，与社会进步相适应，满足人类需求是社会发展的中心。1991 年世界自然保护同盟、联合国环境规划署和世界野生生物基金会共同发表的《保护地球：可持续生存战略》中对可持续发展内涵的界定就是此类型的典型代表：“在生态系统承载能力可以接受的范围之内，维持人类的生存与发展，并努力提高人类的生活水平和生活质量。”Costanza（1991）和 Daly（1993）等提出可持续发展的终极目标是发展和保证人类的生存。叶文虎和栾胜基（1996）将可持续发展定义为不断提高人群生活质量和环境承载能力的，满足当代人需求又不损害子孙后代满足其需求能力的，满足一个地区或一个国家人群需求又不损害别的地区或国家的人群满足其需求能力的发展。[②]

其二，可持续发展要以保护自然资源和环境为基础，人口、经济和社会的发展要同资源、环境的承载力相协调。社会发展与资源和环境保护是相互联系的，构成有机的整体。刘培哲（1994）[③]、刘思华（1997）[④]以及郑易生等（1999）[⑤]等认为可持续发展是能动地调控“自然—经济—社会”复合系统，使人类在不超越资源与环境承载能力的条件下，促进经济发展、保持资源永续和提高生活质量。

其三，可持续发展要以经济发展为核心，以制度创新和科技进步为保证，放弃传统的高消耗、高增长和高污染的粗放型生产方式和高消费、高浪费的生活方式。地球所面临的严重问题之一，就是不适当的生活和生产模式，导致环境恶化、资源短缺、贫困加剧和各国的发展失衡。冯华（2002）[⑥]和滕

① 世界环境与发展委员会. 我们共同的未来［M］. 王之佳，柯金良，译. 长春：吉林人民出版社，1997.

② 叶文虎，栾胜基. 论可持续发展的衡量与指标体系［J］. 世界环境，1996（10）：7－10.

③ 刘培哲. 可持续发展通向未来的新发展观［J］. 中国人口·资源与环境，1994，4（3）：13－18.

④ 刘思华. 对可持续发展经济的理论思考［J］. 经济研究，1997（3）：46－54.

⑤ 郑易生，阎林，钱薏红. 90 年代中期中国环境污染经济损失估算［J］. 管理世界，1999（2）：189－207.

⑥ 冯华. 可持续发展理论在中国的思想渊源考察［J］. 复旦学报（社会科学版），2002（4）：50－55.

藤（2002）[①]等提出可持续发展涉及可持续经济、可持续生态和可持续社会三方面的协调统一，要求人类在发展中讲求经济效率、关注生态和谐和追求社会公平，最终实现人的全面发展。可持续发展一方面要求人类在发展中讲求经济效率，尽可能地少投入、多产出；另一方面又要求人类在消费时要尽可能地多利用和少排放，关注生态和谐和追求社会公平。

从可持续发展的思想实质看，它包含人与自然的相互协调、共同进化思想，当代、后代以及代内之间兼顾的伦理思想，以及效率与公平目标兼容的思想。人类要以发展的眼光看待问题，协调好经济、社会、资源和环境保护的关系，在寻求经济社会发展的同时，也要保护好自然资源与生态环境，实现人类的可持续发展。人类社会作为可持续发展的终极着眼点，强调要将提高人类的健康水平和生活质量，以及获取必需资源的途径纳入发展的范围之内，保护人们的平等自由和人权等生存环境，为人们提供良好的生活环境。可持续发展要求在不对后代人的生存和发展构成威胁的前提下，满足人们的不同需求，要对资源和生态环境加以保护；要在保证公平性的前提下寻求经济最大限度的发展，只有建立在生态可持续能力、社会公正和人民主动参与发展决策基础上的经济发展才是健康的。

（二）可持续发展的实践与评价

1992 年 6 月，在巴西里约热内卢举办的联合国环境与发展大会中，来自 178 个国家和地区的领导人一致通过《21 世纪议程》等一系列重要文件，将经济发展和环境保护密切联系在一起，并提出可持续发展战略，使得可持续发展从理论探索阶段走向实践阶段，开始在全球范围内付诸行动，同时也是可持续发展思想形成过程中里程碑式的进展。

1997 年联合国环境与发展大会第十九届特别会议通过的《进一步执行〈21 世纪议程〉方案》中，会员国重申国家可持续发展战略的重要性，并确定在 2002 年拟就和制定反映所有相关方贡献和责任的国家可持续发展战略。

---

① 滕藤. 生态经济及相关范畴［J］. 生态经济，2002（12）：1－6.

2015 年 9 月，联合国发展峰会一致通过《2030 年议程》。这个雄心勃勃的对未来世界可持续发展的指导性纲领，提出了 17 项可持续发展目标（Sustainable Development Goals，简称“SDGs”），涵盖经济、社会、环境三大领域，以及与和平、正义和高效机构相关的重要方面，共包含 169 项具体目标和 247 个指标。该议程确认调动执行手段，包括财政资源、技术开发和转让及能力建设以及伙伴关系的重要性，要求世界各国到 2030 年实现经济增长、社会包容与环境美好的三位一体协调发展。

世界各国纷纷采取措施在认识和行动上落实可持续发展战略，发达国家尤其期望在新一轮国际竞争中维持有利地位和保持国际话语权，更加注重本国可持续发展战略的落实。早在 1996 年美国就出台了《国家可持续发展战略——可持续的美国和新的共识》报告，提出包括健康与环境、经济繁荣、平等、自然保护、可持续发展的社区、公众参与等在内的十大国家可持续发展指标。此后，美国在生产、消费、人口、自然资源保护、农业、环境管理、能源与交通、社区发展等方面制定了可持续发展战略。[①]在可持续生产领域，美国发布《重振美国制造业框架》（2009）、《先进制造业伙伴计划》（2011）、《先进制造业国家战略计划》（2012）、《制造业创新中心网络发展规划》（2013）、《振兴美国先进制造业 2.0 版》（2014）、《国家人工智能研究和发展战略规划》（2016）以及《清洁空气法案》修正案（2023）等一系列法律法规和行动计划；在能源可持续发展领域，先后发布《美国清洁能源安全法案》（2009）、《气候行动计划》（2013）、《全面能源战略》（2014）、《氢能发展规划》（2020）以及《美国国家清洁氢能战略路线图》（2023）等法案和战略规划。拜登政府于 2022 年颁布的《通货膨胀削减法案》在清洁能源与气候投资上的总金额高达 3 690 亿美元，是美国有史以来最大的气候投资，助力各领域脱碳，实现经济去碳化，推动社区和环境公平，以实现 2030 年的可持续发展目标。

---

① 曾涛，赵星. 美国的可持续发展战略探析［J］. 湖南社会科学，2004（4）：88－90.

欧盟是世界上具有重要影响力的区域一体化组织，拥有雄厚的科技与产业实力，同时也一直是应对气候变化的倡导者以及推动全球可持续发展的重要力量。1997 年，欧盟修订《阿姆斯特丹条约》，为环境与发展决策提供了法律保障，也确立了欧盟以可持续发展为核心的战略计划。此后，欧盟相继制定和颁布《里斯本战略》（欧盟第一个十年发展战略，2000）、《欧洲安全、竞争、可持续发展能源战略绿皮书》（2006）、《欧盟 2020 战略》（2010）、《欧盟可持续城镇示范项目计划》（2013）等一系列政策和战略规划。欧盟设置实施可持续发展战略的优先领域，包括自然资源的可持续管理、综合污染控制及废物治理、减少化石能源的使用、改进交通管理和制定措施改善城市生态，通过对可持续战略的落实给经济带来新动力。

中国早在 1994 年就将可持续发展战略纳入所编制的《中国 21 世纪议程——中国 21 世纪人口、环境与发展白皮书》中，自此可持续发展战略作为一项重要的组成内容被正式纳入我国经济与社会发展的长期规划中。1996 年 3 月，第八届全国人民代表大会第四次会议批准《国民经济和社会发展“九五”计划和 2010 年远景目标纲要》，将可持续发展作为一条重要的指导方针和战略目标上升为国家意志。1997 年，在党的十五大上，可持续发展战略更是被确立为中国在社会主义现代化建设中必然实施的战略，将可持续发展的内涵范围扩大到社会、生态和经济三个层面。2015 年 9 月，习近平主席出席联合国发展峰会，同各国领导人一道通过《2030 年议程》，该议程设定了未来 15 年全球在减贫、健康、教育、环保等 17 个领域的发展目标。2017 年 8 月，《中国落实 2030 年可持续发展议程进展报告》发布会在北京举行，习近平在贺信中指出：“落实可持续发展议程是当前国际发展合作的共同任务，也是国际社会的共同责任。”中国不断创新和丰富可持续发展内涵，可持续发展步伐不断加快，在极大改善 13 亿中国人民福祉的同时，也为全球可持续发展和人类共同的未来作出了巨大贡献。

在可持续发展指标体系和评价方面，联合国成立的可持续发展目标（SDGs）跨机构专家组制定了包括 232 个指标的 SDGs 评估框架，为全球提供了统一的落实 SDGs 衡量体系①。作为世界上最大的可持续发展目标知识网络，联合国可持续发展解决方案网络（SDSN）推出国家层面 SDGs 落实进展的评估方法——可持续发展目标指数，自 2016 年以来连续 7 年对全球 100 多个国家进行了评估。②基于联合国的 SDGs 衡量体系，国内外学者进行了拓展研究，例如 Eustachio 等（2019）基于 SDGs 的 47 个指标，从世界银行数据库中提取数据，使用主成分分析法将其组合成 14 个主成分维度的可持续发展评价体系。③杨帆和吴志强（2022）基于经济、社会、生态、制度、文化和创新这六个维度构建全球城市可持续发展指数；④孙新章（2024）以联合国 SDGs 指标为基础，充分考虑中国可持续发展实践，针对国家可持续发展议程创新示范区，构建了包含 17 大类共 85 个具体指标的可持续发展评价指标体系。⑤在可持续发展评价领域，国内外学者主要聚焦于区域和国家层面，对标联合国可持续发展目标（SDGs）开展评价工作。同时，他们也围绕环境、社会、经济这三个基本维度及其扩展层面展开评估。Bolcárová 和 Koloŝta（2015）根据欧盟的可持续发展指标体系，为欧盟 27 个国家构建可持续发展综合指数并使用主成分分析法进行评估；⑥Guijarro 和 Poyatos（2018）通过目标规划模型为欧盟国家设计可持续发展目标指数并进行综合评价。⑦Sadeka 等（2018）构建经济、社会、环境、教育、健康以及创新与

① United Nations. The Sustainable Development Goals Report 2023［R/OL］. https://digitallibrary.un.org/nanna/record/4016203/files/The-Sustainable-Development-Goals-Report-2023.pdf?withWatermark=0&withMetadata=0&version=1&registerDownload=1.

② 孙新章. 国家可持续发展议程创新示范区建设进展量化评估方法体系研究［J］. 中国人口·资源与环境，2024，34（5）：1-8.

③ Eustachio J，et al. Systemic indicator of sustainable development：proposal and application of a framework［J］. Journal of cleaner production，2019（241）：118383.

④ 杨帆，吴志强. 全球城市可持续发展指数研发探索［J］. 规划师，2022（1）：49-55.

⑤ 同②。

⑥ Bolcárová P，Koloŝta S. Assessment of sustainable development in the EU 27 using aggregated SD index［J］. Ecological Indicators，2015（45）：699-705.

⑦ Guijarro F，Poyatos J. Designing a Sustainable Development Goal Index Through a GoalProgramming Model：The Case of EU-28 Countries［J］. Sustainability，2018（10）：3167.

技术 6 个指标，对东南亚国家可持续发展水平进行评价。[①]Xu 等（2020）建立了 119 项评价指标，对 2000—2015 年中国国家层面和省级层面 SDGs 进度水平进行分析。[②]张宇涵等（2020）选取 30 个指标对全球 100 个国家落实 SDGs 的现状和进展进行定量评估和比较，采用主成分分析法从 30 个指标中挖掘出 4 层解释意义。[③]

（三）“一带一路”区域可持续发展

后疫情时代的全球经济复苏正值应对气候变化和实现可持续发展的关键时期，绿色发展成为后疫情时代“一带一路”共建国家经济复苏的重要引擎。2015 年，第 27 届东盟峰会发布《关于建立东盟共同体的 2015 吉隆坡宣言》，提出打造一个促进社会发展和环境保护的可持续共同体。2022 年，中亚五国元首会议通过《绿色议程》区域方案，通过扩大互利共赢的双边与多边合作，确保中亚绿色经济增长和可持续发展。海湾阿拉伯国家采取了自上而下的绿色发展战略规划，凭借自身天然气、太阳能和土地资源的优势大力发展氢能产业，作为后疫情时代经济转型和绿色发展的重要路径。沙特阿拉伯（简称“沙特”）发出“绿色沙特”和“绿色中东”倡议，提出“碳循环经济国家计划”，并宣布将在 2060 年实现碳中和；阿拉伯联合酋长国（简称“阿联酋”）正实施《2015—2030 年绿色议程》，并成立绿色发展委员会，阿联酋还提出 2050 年实现碳中和的目标，成为首个宣布碳中和战略的中东油气大国。[④]

“一带一路”共建国家大多数属于发展中国家，其中一些国家工业化水平与产业发展层次较低，产业基础也较为薄弱，经济发展内生动力不足。尤

① Sadeka S，Mohamad M S，Sarkar M S K. Comparative analysis of sustainable development indicators in Southeast Asian countries：current status and policy implications ［J］. International Journal of Development and Sustainability，2018，7（10）：2445－2462.

② Xu Z，et al. Assessing progress towardstowards sustainable development over space and time［J］. Nature，2020，577（7788）：74－78.

③ 张宇涵，等. 各国落实可持续发展目标的趋势和挑战［J］. 环境经济研究，2020，5（1）：78－98.

④ 刘畅. 海湾阿拉伯国家绿色发展战略述评［J］. 阿拉伯世界，2022（6）：133－154，158.

其是一些能源资源型国家，其经济发展对能源路径依赖严重，导致本国经济结构并不合理。同时，部分国家还面临经济转型结构性困难，政府治理能力较低与投资融资困难并存，导致本国形成结构性发展赤字。区浩驰等（2022）以亚洲、非洲和欧洲的 112 个“一带一路”共建国家作为研究对象，从经济机会、社会福祉、环境质量和气候行动这四个维度构建可持续发展综合评价体系。评价结果表明，在所选取的 112 个国家中，可持续发展程度高的国家为 17 个，占比 15.2%；可持续发展属于中高水平的国家为 24 个，占比 21.4%；可持续发展属于中低水平的国家为 71 个，占比高达 63.4%。因此，加快共建绿色“一带一路”高质量发展，与共建国家一道向高效、清洁、多样化的方向转型，走出一条资源节约和生态环境保护的新道路，不仅是积极落实联合国《2030 年议程》的必然要求，更是后疫情时代加快推动发展理念和发展方式的绿色转型，推动实现“一带一路”共建国家跨越式可持续发展的必然做法。

四、国际合作理论

国际政治理论流派庞杂繁多，其“国际合作观”迥异。自 20 世纪 40 年代以来，先后出现了现实主义、新现实主义、新自由制度主义等国际关系理论学派，这些理论学派都涉及国际合作议题。早期政治现实主义学派认为，国际关系本身包含冲突与合作两个方面，但是，冲突大于合作，冲突是绝对的，即使存在国际合作，也是对冲突所作出的反应和协调。简言之，国际冲突论是现实主义的核心主张之一，国际合作也是冲突协调的结果。新自由制度主义学派则认为，国际关系的实质是合作而不是冲突，其核心问题是限制国家之间的利益冲突，突出国家之间的利益趋同。

（一）国际合作的主要流派

20 世纪 70 年代后，国际关系格局发生了重大变化：美国霸权明显衰落，美苏关系从冷战转向缓和，欧洲出现经济复苏和政治联合，日本经济实现了起飞。特别是苏联解体和冷战结束，国际关系从第二次世界大战后霸权国主导向多国调节转型、国际政治关系从两极向多极的发展转型。在这一时代背景下，国际合作的理论研究得到推动。20 世纪 80 年代至冷战末期，国际冲突范围缩小，程度缓解，和平与发展成为时代主题，国际合作研究日益被重视。

1. 现实主义的国际合作

现实主义对于国际关系主要有三个基本命题。其一是国际社会具有无政府特征。国际无政府状态造成国家之间的竞争和冲突，这从根本上限制了国际合作。其二是国际关系主要行为体是民族国家，具有单一性和理性两个基本特征。其三是国家是自私的行为体，以国家利益为国家行为的最高准则。从这三个基本命题出发，现实主义对于国际关系的本质得出的结论是：国家的利益不同，必然产生利益冲突，冲突是无政府状态下国际社会的根本特征。由于各国均以自己的利益为最高利益，从根本上调解冲突是不可能的。冲突的解决最终取决于国家实力，尤其是军事实力。因此，争夺权力就成为国际社会的实质问题，现实主义学派对国际合作抱悲观态度。

现实主义学派大师汉斯·摩根索在其《国家间政治》一书中分析了“石油的威力”，认为石油是国家权力要素之一。他指出，石油作为一种不可取代的原料的出现，与国家权力密切相关，引起了主要政治大国的相对权力变化，并动摇国际政治模式，在某种程度上，改变了政治权力、军事权力和经济权力之间的功能关系。

2. 新现实主义的国际合作

就国际合作而言，新现实主义学者提出以下理论观点：

第一，国际体系结构影响国家间合作。国际体系结构对国际合作的影响存在“阻碍、推动和瓦解”三种状况。无政府状态和理性国家的利己动机会带来“集体行动的非理性”和对相对收益的持续关注。即使国家间存在共同利益，它们也不必然采取合作行动实现之。这是因为国家担心对可能的收益进行的分配可能对他国更为有利，这是国际体系结构限制合作形成的第一种方式。一国也担心由于合作的开展以及商品和服务的交换而变得依附于他国，这是国际体系结构限制合作形成的第二种方式。

第二，国家对相对收益的关注会阻碍合作。相对收益与绝对收益是国际关系理论中的一个重要概念，并且是国际合作和国际竞争的分水岭。因为当今的世界是一个无政府的状态，在这样的一种条件下，国家之间如何才能开展合作呢？现实主义和自由主义给出了两种完全不同的答案。现实主义强调国家之间相对收益的重要性，国家寻求的是权力而不是财富。就像早期重商主义者所认为的，贸易盈余（即金银等贵金属货币的取得）是经济成功的唯一测量标志。自由主义则主张，国家可通过制度约束与互惠机制克服相对收益困境。通过国际制度降低交易成本、建立信任并协调利益分配，国家更倾向于关注绝对收益。

第三，国际合作中存在“搭便车”行为。国际合作因公共产品的提供、集体行动的困境而变得较为困难。由此可推导出的一个重要结论是霸权合作论。霸权合作论是指，如果国际社会存在一个起绝对主导作用的霸权国家，其功能相当于国内的“中央权威”，而且它也愿意为国际社会提供公共物品，则霸权之下合作是可以实现的。

新现实主义是对现实主义的修补、深化和发展。现实主义着眼于国家，强调世界处于无政府状态；新现实主义着眼于体系，认为世界包含着国际政治经济的相互依存关系。现实主义着重研究国家利益和国家权力；新现实主义则着重研究全球国家间的权力分配。现实主义强调国际冲突，淡化国际合作的可能性，忽视国际机构促进合作的作用；新现实主义则主张国际冲突与国际合作的结合，强调国际合作的可能性，重视国际机构促进合作的作用。

3. 新自由制度主义的国际合作

新自由制度主义不完全否认现实主义的基本假设，但得出了不同的结论。首先，无政府状态是国际关系的特征，但不一定导致无秩序社会。世界没有一个“共同政府”，但存在一个“国际社会”。国际社会可以是一个无政府的有序社会。其次，国家是国际社会中的主要成员，是单一的、理性的行为体。正是因为国家的单一性和理性，它才需要国际秩序，才需要合理地解决冲突。最后，国家是自私的，是将本国利益置于对外关系首位的。自私行为体之间的交往不一定只是冲突。自私的国家考虑到各自的比较优势才进行互惠性合作。作为自私的、理性的国家，它首先考虑的是以最小的代价朝着有利于自己的方向去解决国家间的利益冲突，合作的方式很可能是效率较高的实现国家利益的方式。因此，国家间需要合作，国际社会也存在着合作的条件。在无政府国际社会的有序状态下，国家之间的合作才是国际关系的实质。

第一，无政府状态下的国际合作是可能的，而且是必要的。新自由制度主义认为，当前国际政治的基本特征是复合相互依赖，从而提出两个观点。其一是非国家行为体直接参与世界政治，国家之间存在多渠道联系。其二是各问题之间不存在明确的等级区分，而武力并非有效的政策工具，即军事力量起着次要作用。这些观点成为新自由制度主义国际合作理论的基石，但并不否认国家的自私本性和对国家利益的追求。而国家利益的内涵“本身是弹性的，具有很强的主观性”，国家利益通过国内政治变革、规范变迁和学习这三种基本途径而变化。

第二，国际合作是一种“能力”。国际合作被视为国家的“能力”表现，国家的国际参与能力与国内治理能力影响甚至决定国际合作。

第三，国际合作的主导形式是“制度化合作”。合作出现的首要条件是存在国际制度，国际制度中的规则是“合作合法化的象征”。国际制度的一个主要功能就是“促进政府间特定的合作性协议的形成”。

第四，国际合作是全球治理的基础。区域合作、全球层次的多边合作以及跨国和政府间合作，目的都是实现全球治理。合作是最有效的治理途径，包括：区域合作，增强政策的有效性；全球层次的多边合作，建立管理全球化的国际机制。

4. 国际合作的进程合作论

国际关系中的国际合作主要是基于权力的合作，表现为霸权合作、大国合作和均势合作。相比之下，新自由主义与建构主义则比较关注进程。新自由主义发现，在国际事务结构不变的情况下，国家之间既有合作又有冲突。因此，国际关系中的进程与结构一样重要，共同决定国家行为。进程合作论认为，进程是一个社会化的过程，其能培育国家之间的共识，加深国家之间的理解，从而奠定合作的认同基础。而随着合作持续，又能进一步强化共识、内化规范，从而推动进程的维系。[①]从这个角度讲，进程与合作互为因果、手段和目的，通过“认同”这个中间纽带，彼此相互建构，相互加强，形成一个不断进化的过程。

第一，强调国际合作实践的观念基础及其动态特征。进程合作论很重视“进程”在国家形成正面认同中的功能。在国际合作中，正面积极的认同能够促使国家之间产生亲社会的行为，进而促进合作。与之相反，负面消极的认同很容易使国家之间产生反社会行为，进而爆发冲突。

第二，强调国家的能动性和实践性。国际合作以及合作观只能产生于国家的互动进程中，如果一个国家主动融入和参与合作进程，这个国家就会加深对他国的认识，从而也会加深对自身的认识。随着合作进程的持续和深入，国家间的理解就会逐步加深，彼此的身份定位也会逐渐确定为合作者。长此以往，合作就成为指导国家间关系的世界观。

第三，体现了国家间的相互平等和彼此尊重。进程合作论特别重视国家间的学习对话、规范法治和集体身份在合作中的巨大作用。合作进程的开放性能够促使所有的国家平等地参与进来，在平等的对话中进行学习交流和建构规范，在相互尊重的基础上理解差异和多样性，又在理解的基础上寻求自我改变，接受对方，最终形成合作者。

（二）国际合作的重要功能

国际合作的基础是国际行为主体相互利益的基本一致或部分一致。国家利益关系是国家对外行为的基本出发点。国家之间的利益关系既有对立和冲突的一面，也有协调和重合的一面。国家之间具有基本一致或部分一致的利益关系，构成了国际合作的现实基础。国际合作对于国际社会的和平与发展具有极其重要的作用，其功能主要有以下几方面。

第一，经常交往有利于建立合作，反过来，合作亦能促进交往与沟通向

① 黄真. 国际合作：一种进程的视角［J］. 社会主义研究，2009（1）：119－122.

良性方向发展。合作还在于对未来的期待，一方面，合作的行为体需要具有良好的信誉；另一方面，行为体之间交往与沟通的渠道要顺畅，就要对交往与沟通持有相当强的信心。

第二，合作对制度的建构有着重大的影响。国际相互依赖导致国际制度的产生，相互依赖包括合作与冲突两方面特征。如果冲突是促使国际制度不断改进的强大动力，那么合作是国际制度得以维持、发展的源泉和保证。合作与冲突相互作用，使得原有的国际机制在新的情势下得以补充新的制度因素，从而使国际制度在原有基础上得以新陈代谢，具备了继续存在与完善的基础。

第三，国际合作能够把国际冲突限制在可控制的范围内。要抑制国家间的利益冲突，就必须不断地增加国家间接触，进行持续的交流、沟通与合作。“合作与安全”是解决国家利益冲突的一个行之有效的新安全观。合作安全意味着摒弃对抗和威慑，各国相互尊重、平等相待、求同存异，寻求相互间的共同利益或互补利益，搁置各自的冲突利益，通过对话与沟通来强化合作，共同维护世界和平。

（三）“一带一路”绿色发展国际合作

经济全球化发展所带来的全球性生态环境问题迅速凸显，气候变暖、臭氧层空洞已经成为国际性问题，使加强环境合作共同应对气候变化问题的需求上升，全球气候变化协调机制也在迅速形成。1992 年，联合国在巴西里约热内卢召开由 183 个国家和地区、70 多个国际组织参加的环境与发展大会，通过《里约环境与发展宣言》和《21 世纪议程》等主要文件，力求打造国际绿色合作新机制。国际绿色发展合作在政府间合作、国际组织与各国政府合作，以及非政府组织与国际组织合作等层面都有长足发展。这些国际绿色发展合作机制包括联合国、国际可再生能源署、国际能源署和清洁能源部长级合作机制等多边合作机制，还涵盖各国和国际组织共同制定国际绿色发展宣言和行动计划，明确全球绿色发展方向，举行多边绿色发展谈判，建立全球绿色发展基金，帮助发展中国家实现绿色发展等诸多层面。

“一带一路”区域面积辽阔，“一带”从沿线到内陆，“一路”跨越温带和热带，沿线一些国家自然地理复杂，生态环境多样，发展方式仍然粗放，亟须将“绿色”发展理念融入共建“一带一路”国际合作中。绿色高质量发展经验的交流互鉴，可以进一步提升“一带一路”共建国家绿色发展水平。在国际合作机制层面，中国与共建国家和国际组织建立“一带一路”绿色发展国际联盟和“一带一路”能源合作伙伴关系这两大多边合作机制，以开放与合作、和谐与包容为理念，重视权利平等、机会平等、规则平等，积极推进治理规则民主化和法治化，带来“一带一路”绿色发展核心要素的重新组合。中国与联合国相关机构及 25 个国家启动“一带一路”绿色发展国际联盟，举办“一带一路”绿色发展政策对话会和专题伙伴关系活动，为“一带一路”绿色发展合作打造政策对话和沟通平台、环境知识和信息平台、绿色技术交流与转让平台。在绿色“一带一路”建设方面，2021 年第二届“一带一路”能源部长会议发布《“一带一路”绿色能源合作青岛倡议》，提出绿色目标、投资环境、绿色融资、能力建设和技术援助等一系列绿色发展路径。“一带一路”贯穿亚、欧、非大陆，共建各国在寻求绿色转型合作的道路上面临诸多挑战，有效应对绿色转型合作的各种难题是共建绿色“一带一路”高质量发展的重要工作和内容。

第三章　国际绿色发展的主要路径与模式

一、国际绿色发展的主要路径

绿色发展是以生态环境容量、资源承载能力为前提，实现自然资源持续利用、经济持续发展、生态环境的持续改善和生活质量逐步提高的一种经济发展形态。绿色发展是一个长周期、跨国界、系统性的国际性工程，在绿色发展制度框架的指导下，绿色发展的路径涉及推进绿色工业革命、构建农业生态系统、发展绿色交通，以及促进企业绿色发展等多个层面。①

（一）推进绿色工业革命

进入 21 世纪，人类面临严峻的全球能源与资源危机、生态与环境危机、碳排放与气候变化危机的多重挑战，由此引发了第四次工业革命，进入“绿色工业革命时代”。第四次工业革命是以数字革命为基础，以新一代信息技术、新材料与新能源技术为核心的多种技术相互融合所引发的技术经济范式、生产方式与产业组织形式等多层面的系统性经济社会变革。绿色工业革命的核心目标是既要实现经济增长与碳排放的“脱钩”，并且要在碳排放“脱钩”的基础上促使经济增长与生态资本相关要素（土地、水资源、生态环境资源等）的“全面脱钩”。同时，绿色工业革命的作用和本质是努力使经济发展和自然财富的消耗“全面脱钩”，由此人类将根本性地扭转长期以来生态环境恶化的趋势。②

---

① 李思奇，金扬凯. 欧盟《净零工业法案》对中国的影响及应对［J］. 国际贸易，2023（19）：35－44.

② 宁朝山. 工业革命演进与新旧动能转换［J］. 宏观经济管理，2019（11）：18－27.

全球主要经济体积极推动和实施绿色工业革命，加强清洁技术创新和高效生产。2008 年国际金融危机后，奥巴马政府先后出台《重振美国制造业框架》（2009）、《先进制造业伙伴计划》（2011）、《先进制造业国家战略计划》（2012）、《制造业创新中心网络发展规划》（2013）和《振兴美国先进制造业 2.0 版》（2014）等工业战略，旨在通过增加公共投入、提供税收优惠、建立创新中心和培养人才等方式，重点推动传统制造业如汽车、钢铁等的转型升级，发展清洁能源等新兴产业。拜登政府将促进绿色制造业发展作为政策重点，加大对先进制造业的支持力度。2020 年，美国出台《2020 年美国创新与制造法案》，提出在未来 15 年内将美国氢氟碳化物（化工工艺所产生的温室气体，简称“HFCs”）的生产和消费量逐步减少 85%，到 2028 年，HFCs 生产和消费配额的上限将低于 2024 年基线的 40%。2021 年，美国通过行政命令设立“绿色采购计划”，该计划要求利用联邦政府巨大的购买力来支持美国工业制造业的绿色低碳生产，并对如何测量和减少联邦采购材料（如钢铁、铝、水泥和玻璃）的隐含碳排放提出建议。2023 年，美国出台《清洁空气法》修正案，联邦环境保护署负责监管包括制造业在内的各种来源的空气污染物。联邦环境保护署围绕碳核算、碳信息披露、碳经济和金融以及碳国际合作等方面制定相应标准和政策，努力推动美国制造业低碳发展。

2009 年欧债危机爆发后，产业空心化的问题困扰着欧盟。欧洲开始对“去工业化”进行反思，2012 年，欧盟委员会推出“再工业化”战略，计划到 2020 年将制造业占 GDP 的比重从 15%提升至 20%，并将“再工业化”战略的四大支柱确立为创新、投资、培训和市场，优先发展生物经济、关键技术、低碳汽车和智能电网等领域。此后，欧盟又于 2014 年和 2017 年完善和更新了该战略，该战略调整后在实施方式上略有变化，但工业和经济智能化、绿色化、网络化发展的政策方向并未发生改变[①]。后疫情时代，欧盟进一步打造绿色工业体系，旨在帮助欧洲工业向气候中立转型并提升其全球竞争力。2020 年，欧盟发布《新工业战略》，将其定位为一个具有全球竞争力、绿色

① 孙彦红，吕成达. 欧盟离“再工业化”还有多远？［J］. 经济社会体制比较，2020（4）：147－159.

和数字化欧洲的新工业战略。欧盟希望使用新的工业流程和更多清洁技术降低成本和污染物排放，实现工业脱碳。具体措施包括：支持清洁炼钢技术取得突破，最终实现“零碳排放炼钢”；提高建筑材料的能效和环保性能；投资创新项目以支持能源密集型行业转型降耗等。[①]2023年3月，欧盟公布《净零工业法案》，旨在实现制造本土化和供应来源多元化，致力于改善欧盟绿色经济的监管框架与净零技术制造的投资环境，在新兴技术培育、制造规模扩展、供应链韧性与弹性提升方面加大政策扶持，助力欧盟在净零技术的全球竞赛中取得优势，成为未来市场的行业领导者。[②]

党的十八大以来，习近平总书记从党和国家事业全局出发，着眼全面建成社会主义现代化强国战略部署，就新型工业化一系列重大理论和实践问题作出重要论述，强调“工业是我们的立国之本”，“坚持把发展经济的着力点放在实体经济上，深入推进新型工业化，强化产业基础再造和重大技术装备攻关，推动制造业高端化、智能化、绿色化发展”。2015年，中国发布《中国制造2025》，提出全面推行绿色制造，加大先进节能环保技术、工艺和装备的研发力度，加快制造业绿色改造升级；积极推行低碳化、循环化和集约化，提高制造业资源利用效率；强化产品全生命周期绿色管理，努力构建高效、清洁、低碳、循环的绿色制造体系。[③]为落实《国民经济和社会发展第十三个五年规划纲要》和《中国制造2025》战略部署，工业和信息化部分别于2016年和2021年发布《工业绿色发展规划（2016—2020年）》和《“十四五”工业绿色发展规划》，构建工业绿色低碳转型与工业赋能绿色发展相互促进、深度融合的现代化产业格局。《“十四五”工业绿色发展规划》提出，到2025年，工业产业结构、生产方式绿色低碳转型取得显著成效，绿色低碳技术装备广泛应用，能源资源利用效率大幅提高，绿色制造水平全面提升，

① 李舒沁，王灏晨. 欧盟发布《新工业战略》的影响及应对［J］. 发展研究，2020（6）：18-22.

② 李思奇，金扬凯. 欧盟《净零工业法案》对中国的影响及应对［J］. 国际贸易，2023（10）：35-45.

③ 国务院关于印发《中国制造2025》的通知［EB/OL］.（2015-05-08）［2023-10-21］. https://www.gov.cn/zhengce/zhengceku/2015-05/19/content_9784.htm.

为 2030 年工业领域碳达峰奠定坚实基础。[①]

第四次工业革命将进一步推动新型能源以及新型能源储存技术的发展，而以互联网为基础、能量密度更高和生产成本更低的智能分配式绿色可再生能源将是新的发展方向，带动世界能源向清洁化、低碳化和智能化的新能源转型，进而改变以往以化石能源为核心的能源投入结构、供应方式和消费模式，降低产业的能源投入成本和环境成本。同时，3D 打印和纳米等新技术的突破，将带动新材料产业的发展，未来产业呈现出绿色化和可持续发展的特点，这对于解除工业化过程中的资源限制具有重要意义。

（二）构建农业生态系统

农业是国民经济的重要组成部门，同时也是重要的碳源和碳汇部门。低碳农业的核心是推动农业发展方式全面绿色转型，促进和扩大低碳农业相关实践是实现碳减排目标和应对气候危机的最佳途径。1991 年，联合国粮农组织（简称“FAO”）在荷兰召开的“国际农业与环境会议”发表《可持续农业与农村发展的丹波宣言》，开启了农业可持续发展之路。2014 年，FAO 在罗马召开第一届国际生态农业研讨会；2015 年，第一届泛非洲生态农业研讨会在塞内加尔召开，同年，亚洲与太平洋地区利益相关方生态农业磋商会在泰国召开。2016 年，拉丁美洲与加勒比地区生态农业研讨会在巴西召开。在一系列会议之后，FAO 于 2018 年在罗马召开第二届国际生态农业研讨会，72 个国家政府、350 个非政府组织、6 个联合国机构代表参加会议。[②]FAO 的系列会议宣传了生态农业的理念和方法，推动各国的生态农业行动和政策制定，走生态农业之路已为大多数国家政府所接纳并形成共识。

在农业领域，美国致力于打造可持续、公平和有弹性的农业生态系统。1985 年美国出台的《食品安全法》首次将环境保护纳入农业法体系中，标志着农业绿色发展政策向生态农业的转变。进入 21 世纪，美国先后颁布《有

---

①“十四五”工业绿色发展规划［EB/OL］.（2021－12－03）［2024－01－22］. https://www.gov.cn/zhengce/zhengceku/2021-12/03/5655701/files/4c8e11241e1046ee9159ab7dcad9ed44.pdf.

② FAO. Scaling up Agroecology Initiative［R/OL］. https://www.fao.org/3/I9049EN.pdf.

机农业条例》(2000)、《2002 年农场安全与农村投资法案》、《2008 年农业法案》、《2008 年食品、自然保护和能源法》、《2018 年农业法案》,有机农产品得以规范,环境资源保护、食品安全和农业可持续发展等方面均得到重视。[①] 2020 年,拜登政府将"应对气候变化"上升为国家优先事项,农业作为美国气候行动和气候智能解决方案的核心和关键组成部分被纳入其中。2021 年 2 月,美国农业部发布《美国农业创新战略》,在促进农林牧业可持续发展维度方面,美国农业部将系统布局农业、林业和畜牧业以及相关数据管理建设方面的创新目标,从经济、社会和环境三个方面推动美国农业的绿色和可持续发展。同年 5 月,美国农业部发布《气候智能型农业和林业战略:90 天进度报告》,战略主要从技术研究、产品研发、市场应用和教育推广等方面提出发展气候智慧型农业和林业的相关建议,为美国气候智能型农业和林业发展制定路线图。

欧盟自 1992 年起一直推动农业领域绿色转型,政策朝着绿色化方向不断完善。在世纪之交,欧盟对共同农业政策进行了改革,提出"2000 年议程",把环境政策与农业政策融为一体。在 2003 年对"2000 年议程"进行中期评估时提出"2003 年改革",增加共同农业政策的绿色生态导向成为改革重点。2013 年,欧盟通过了新一轮的欧盟共同农业政策,即 CAP(2014—2020),在高达 3 628 亿欧元的预算中,强制性绿色直接支付的预算达到 850 亿欧元,在总预算中占比达到 21.6%。[②]实现农业领域绿色低碳发展是欧盟绿色新政的重要组成部分,2020 年 5 月,欧盟公布《从农场到餐桌战略》,旨在确保粮食系统的环保、公平和健康,减少农业的环境足迹,并加速其向可持续粮食系统转型。2021 年 12 月,欧洲议会和欧洲理事会批准《2023—2027 年共同农业政策》,该政策提出保护湿地和泥炭地,将更多农田用于生物多样性,促进有机农业发展,通过碳农业为农民开辟新的收入来源,纠正收入分配中的不平等。这些政策目标深化了与绿色新政的联系,强调欧盟农业政策的可

---

① 林巧,等. 美国农业绿色发展的政策演进及对中国的启示[J]. 农业展望,2022,18(6):10-17.

② 张鹏,梅杰. 欧盟共同农业政策:绿色生态转型、改革趋向与发展启示[J]. 世界农业,2022(2):5-14.

持续性导向。

推进农业绿色发展，不仅关乎农业结构和生产方式调整的经济变革，也是一次行为模式、消费模式的绿色革命。2017 年，中共中央办公厅、国务院办公厅联合印发了《关于创新体制机制推进农业绿色发展的意见》，这是中国出台的关于农业绿色发展的首个指导性文件，从优化农业主体功能与空间布局、强化资源保护与节约利用等方面明确农业绿色发展的未来方向。2021 年，中国农业农村部、国家发展改革委、科技部、自然资源部、生态环境部和国家林草局联合印发《“十四五”全国农业绿色发展规划》，这是我国首部农业绿色发展专项规划。该规划提出加强农业资源保护利用，加强农业面源污染防治，加强农业生态保护修复，打造绿色低碳农业产业链等“三加强、一打造”重点任务。该规划针对科技与政策两大制约短板，提出强化科技动能和制度动能。健全绿色技术创新体系，强化农业绿色发展科技动能；要健全体制机制，增强农业绿色发展制度动能。①

（三）发展绿色交通

交通行业碳排放量巨大，一直是全球主要经济体关注的减碳重点领域。从全球层面看，交通行业在全球能源相关领域的碳排放量中居第二位，2021 年碳排放量达到 72 亿吨。交通碳排放主要来源于车辆、船舶和航空器运输，其中汽车排放占到 75%，船舶排放为 11.5%，航空器排放约占 8%，其余为铁路和其他交通方式排放。

美国自 20 世纪 90 年代开始出现交通拥堵、城市污染和土地资源浪费等城市问题，开始进行交通政策的变革。相继出台《21 世纪交通公平法案》（1998）以及《安全、负责任、灵活、有效率的交通平等法案》（2005）这两大法案，标志着美国交通政策全面向绿色交通转型。美国绿色交通战略重点主要集中在两个方面：一是新能源交通工具的研发、生产与推广，二是促进交通运输业低碳化发展。2009 年 2 月，奥巴马政府出台投资总额达 7 870 亿

① 曾寅初，计薇. 欧盟共同农业政策 2023—2027 年改革的动向及其启示[J]. 农业经济问题，2023(6)：43-57.

美元的《美国复苏与再投资法案》，其中新能源汽车成为新能源战略的重要组成部分，支持汽车制造产业升级，鼓励生产节能和高效的混合动力汽车。[①]2011 年，美国环境保护署和国家公路交通安全管理局共同制定《安全和可负担的燃油效率车辆规则》，通过提高汽车燃料排放标准，推动汽车企业加快应用低碳技术。2021 年 11 月，美国发布《迈向 2050 年净零排放的长期战略》，提出推进交通运输领域的新能源和清洁能源替代的目标，即到 2030 年，在售出的所有新轻型汽车中，超过 50%为零排放汽车，在 2050 年实现新能源（清洁能源）的全面替代。2023 年 1 月，美国交通部、能源部、住房和城市发展部以及环境保护局联合颁布《交通部门脱碳蓝图》，该蓝图被视为减少交通部门所有温室气体排放的里程碑式战略。根据该蓝图，到 2030 年乘用车新车销量的 50%实现零排放，中、重型卡车新车销量的 30%实现零排放；到 2040 年新车都实现 100%零排放。

交通运输业的温室气体排放量约占欧盟总排放量的 1/4，并呈不断增加趋势。欧盟制定严格的排放标准降低汽车碳排放量。2002 年，欧盟在批准《京都议定书》后，提出二氧化碳在 2008—2012 年减排 8%（以 1990 年排放为基础）、2013—2020 年减排 20%的承诺。此阶段在汽车领域以生物柴油替代化石能源、推广应用柴油发动机为主要举措。欧盟积极布局燃料电池和氢能源应用，推动低碳交通发展。2008 年 5 月，欧盟批准关于加速燃料电池和氢能技术开发及商品化进程的行动方案；同年 10 月，欧盟宣布将斥资 10 亿欧元启动新能源开发计划，以使欧盟在燃料电池和氢能技术开发领域占据有利地位。2011 年，欧盟发布《交通 2050 战略》，提出到 2050 年减少 60%温室气体排放的目标，其中到 2030 年，在大型城市中心打造零碳排放的城市公共交通网，城市交通中的常规动力汽车使用量减半等。[②]2016 年，欧盟发布《欧洲低排放出行策略》，明确提出将支持对现行燃料和可再生能源的立法修订，为脱碳能源提供长期的、强有力的创新动力。2019 年 2 月，欧洲议会通

① 刘振峰. 绿色交通运输发展国际经验借鉴分析［J］. 交通运输部管理干部学院学报，2014，24（1）：8－11.

② 周新军. 欧盟低碳交通战略举措及启示［J］. 中外能源，2012（11）：6－14.

过一项绿色采购法案，规定到 2025 年，在各成员国新购买的公共交通车辆中，零碳排放汽车的比例要占到 25%以上。2020 年，欧盟委员会公布《可持续与智能交通战略》，以切实推进绿色与智能交通建设，助推欧洲经济绿色增长。根据该战略，为减少运输业对化石燃料的依赖，欧盟对陆运、海运和空运均确立了减排目标。到 2030 年，至少要有 3 000 万辆零排放汽车和 8 万辆零排放卡车在欧洲公路上行驶，零排放船舶将进入市场。到 2035 年，零排放大型飞机将投入市场；到 2050 年，几乎所有汽车、货车、公共汽车及新型重型车辆都将实现零排放，以力争到2050年使交通运输行业减少90%的碳排放量。①

早在 1996 年，由中国国家计委、交通部、建设部和财政部共同制定的《城市公共交通战略规划》，提出建设绿色、便捷、快速和智能的公共交通体系，开启中国绿色交通发展之路。2001 年，中国启动的“863 计划”确立电动汽车“三纵三横”的技术研发布局。2004 年，中国交通运输部发布《可持续发展交通规划纲要》，把可持续发展作为交通发展的核心理念。2009 年 1 月，《新能源汽车示范推广通知》提出“十城千辆”计划；2012 年，国务院发布《节能与新能源汽车产业发展规划（2012—2020 年）》，确立“以纯电驱动为新能源汽车发展和汽车工业转型的主要战略取向”。②2015 年和 2017 年，中国分别发布《全国公路绿色交通规划》和《绿色航空战略规划》，提出应用绿色技术和能源，推广新能源交通工具，实现公路和航空交通的可持续发展。当前，中国已成为全球最大的新能源乘用车市场、最大的海运贸易区，拥有全球最长的高铁运营里程和巨大的航空增长潜力，交通创新蓬勃开展，各种新技术和新产品层出不穷。2021 年 10 月，中国发布《绿色交通“十四五”发展规划》的通知，提出优化空间布局、建设绿色交通基础设施；推广应用新能源、构建低碳交通运输体系；坚持创新驱动、强化绿色交通科技支撑；健全推进机制，完善绿色交通监管体系。“到 2025 年，我国交通运输领域绿色低碳生产方式初步形成，基本实现基础设施环境友好、运输装备清

---

① 霍宏伟. 欧盟交通行业零碳减碳政策措施及对我国启示［J］. 全球科技经济瞭望，2022（5）：71－76.

② 李巍，邹玥，竺彩华. 电动汽车革命：大国产业竞争“新赛道”［J］. 国际经济评论，2023（4）：93－117.

洁低碳、运输组织集约高效，重点领域取得突破性进展，绿色发展水平总体适应交通强国建设阶段性要求。”[①]

（四）促进企业绿色发展

在环境问题日益严峻的当下，低碳和可持续发展已成为全球各行各业共同的挑战和追求，需要产业链携手攻坚。从新能源汽车到清洁能源，从环保建材到循环经济产业，绿色产业已经成为新的经济增长点。企业绿色发展，可以通过科技创新和产业转型升级等方式，为解决环境污染、资源约束等问题提供新的思路和解决方案。通过不断推动新技术、新模式和新产业的发展，实现环境的有效保护、资源的有效利用和经济的可持续增长，推动经济社会转型发展。

从行业的维度来看，能源企业主要从工艺绿色创新和绿色产品创新两大方面突破，重视清洁煤技术等化石燃料技术的研发，加速可再生能源发电技术推广并尽快推进其发电成本下降。水泥行业企业主要从电气化供热以及碳捕捉、利用与封存技术上突破，化工行业企业则需要依赖电力多元化转换技术，航空和海运行业企业需从氢能和生物燃料技术上创新。同时，将数字化、智能化运用到企业的绿色技术创新中，助力绿色技术更精准地被应用。企业可以通过增加绿色技术的研发投入，提高自身技术创新水平，积极攻关关键性绿色技术，充分发挥自主创新在促进工业企业转型中的重要作用。如设立研发和应用的专项基金、加快绿色技术成果的转化，尽早将基础研究和应用研究的技术应用于实体企业，助力企业绿色转型。企业绿色转型的关键是依靠技术创新来提高效率。企业可利用技术创新来提高资源的利用率，驱动其向技术密集型和高附加值行业转型，推动企业绿色发展和产业结构优化。对于碳达峰目标，需要选取能最大限度减少碳排放量的技术，而碳中和目标对技术要求更为苛刻，需要与“能源活动+工业生产过程”相关的行业企业使用零碳技术、负碳技术。同时，借助数字经济的快速发展，将企业的绿色化

---

① 交通运输部关于印发《绿色交通“十四五”发展规划》的通知［EB/OL］.（2021-10-29）［2023-10-26］. https://www.gov.cn/zhengce/zhengceku/2022-01/21/content_5669662.htm.

和数字化、智能化转型相结合，加快绿色清洁技术和信息化技术的应用，支持企业技术设备和工艺优化，推动技术和资本等创新资源配置。

当前，环境、社会及治理（简称“ESG”）作为可持续投资理念，对推动企业绿色低碳转型和可持续发展起到越来越重要的作用。ESG 将绿色、环保、社会责任和治理绩效等纳入投资决策流程，与新发展理念和绿色发展高度契合。欧盟委员会自 2018 年发布可持续投资行动计划以来，通过加强信息披露和公司治理等措施，引导资本流向可持续投资。其中，《企业可持续报告指令》和《可持续金融披露指令》等监管举措要求企业和金融机构披露社会、环境问题带来的重大风险和机遇以及公司活动对人类社会和环境的影响。随着 2020 年 9 月中国“双碳”目标的提出，越来越多的企业更加重视 ESG，并且加快了 ESG 实践，2022 年，逾 1 700 家公司单独编制并发布了 2022 年 ESG 相关报告，占上市公司总数的比重达到 34%。2024 年 2 月，沪深两大交易所发布《上市公司自律监管指引——可持续发展报告（试行）（征求意见稿）》，北交所发布《上市公司持续监管指引——可持续发展报告（试行）（征求意见稿）》，有助于更好发挥资本市场枢纽功能，引导各类要素向绿色可持续领域聚集，促进“双碳”目标实现以及经济、社会和环境的可持续发展。2024 年 3 月，美国国会通过由证券交易委员会提出的《面向投资者的气候相关信息披露的提升和标准化》，要求企业披露可能对业务、经营绩效或财务状况产生重大影响的气候相关风险以保障市场投资人利益，该项气候披露规则对企业披露气候相关信息提出了明确要求，标志着全球气候披露的关注程度不断提升。

自主认知对于绿色环保非常重要，在绿色转型过程中，企业必须意识到其投入与收益之间的矛盾。绿色转型对企业而言意味着短期内的投入增加，甚至可能导致经济发展速度或规模的牺牲。因此，将可持续发展作为企业考量的重要标准，不仅有助于构建更有益社会和更友好自然的企业形象，也将有助于提升企业的社会价值和社会伦理道德价值。企业在进行绿色转型时，需要投入大量资金和资源。这些投入可能包括更新设备、改造生产工艺和引入清洁能源等，都会增加企业的成本。然而，尽管绿色转型在短期内可能会对企业的盈利能力造成一定程度的影响，但长期而言，它将为企业带来更可持续和稳定的发展。通过投资于绿色技术和清洁能源，企业不仅可以降低环境污染的风险，还可以提升竞争力，实现可持续发展的目标。因此，企业应该将绿色转型作为战略选择，积极响应社会发展的需求，只有这样，才能在经济、社会和环境方面获得更加平衡和持续的发展，成为对社会更有益、对自然更友好和更具社会责任感的企业。

二、新能源产业为绿色发展注入新动能

在应对气候变化和刺激经济增长的挑战面前，新能源成为各国技术创新和投资的重点，也是新一轮科技革命的焦点。新能源产业的发展将引起电力、信息技术（IT）、建筑、汽车、新材料和通信等多个产业的重大变革，并催生和带动一系列相关产业的发展。比如，可以拉动上游产业如风机制造、光伏组件和多晶硅深加工等一系列加工制造业和资源加工业的发展；可以促进智能电网和电动汽车等一系列输送与用能产品的开发和发展。

（一）太阳能及其发展

太阳能是各种可再生能源中最重要、最丰富的基本能源。据统计，全球陆地每年接受的太阳辐射能量相当于 180 万亿吨标准煤。[①]太阳能利用包括太阳能光伏发电、太阳能热发电，以及太阳能热水器和太阳房等方式。太阳能热发电已经历了较长时间的试验运行，达到了商业运行要求。而太阳能热利用技术成熟，经济性好，可大规模应用。光伏发电最初作为独立的分散电源使用，近年来并网光伏发电的发展速度加快，市场容量已超过独立使用的分散光伏电源。

在能源危机和全球气候变暖的压力下，美国、欧洲、日本和中国等主要经济体大力发展太阳能产业，包括光伏工业、太阳能热发电、太阳能建筑供

① 修光利，侯丽敏. 能源与环境安全战略研究［M］. 北京：中国时代经济出版社，2008.

能以及太阳能中温技术与工业节能应用等领域。以太阳能为代表的新能源越来越受到关注，全球光伏产业作为新兴行业，在中东和南美等地区的国家中也快速兴起。在光伏技术进步、光伏发电成本持续下降和全球绿色复苏等有利因素的推动下，全球光伏市场步入快速成长阶段。根据 Energy Institute 发布的《2023 年世界能源统计年鉴》，2022 年全球新增光伏装机容量达到 19.16GW（吉瓦）的历史新高，累计装机容量为 105.31GW，相比 2013 年增长 6.5 倍，10 年间平均增长率高达 65%。[①]2022 年，中国光伏发电总装机容量高达 39.31GW，占据全球光伏发电总装机容量的 37.3%，连续 10 年成为全球第一大光伏市场；美国作为全球第二大光伏市场，光伏发电总装机容量达到 11.30GW，占全球光伏发电总装机容量的 10.7%。日本、德国和印度分别排第三至第五名，占比分别为 7.5%、6.3%和 6.0%。表 3－1 是 2013—2022 年全球光伏装机容量情况。

后疫情时期，美国、欧盟和中国等主要经济体为保障在能源上的自主性，开始加大本土光伏制造业的发展。2022 年 5 月，欧盟委员会正式公布“REPowerEU”计划，该计划旨在快速推进清洁转型并携手实现更具弹性的能源系统和能源联盟。[②]该计划提出，欧洲 2025 年和 2030 年光伏并网目标分别为 320GW 和 600GW，装机强度有望进一步提升，并计划将 2030 年可再生能源占供能比例的目标提升至 45%。欧盟致力于鼓励本土光伏制造业产业链发展，并成立新的太阳能光伏产业联盟，以助力 2025 年光伏制造年产能达到 30GW、2030 年达到 80GW 的目标。2022 年 8 月，美国正式生效的《通货膨胀削减法案》将光伏电站的投资税收抵免政策延长 10 年，并将抵免比例从 26%提升至 30%。同月，美国太阳能行业协会发布《催化美国太阳能制造业》白皮书，规划了 2030 年美国实现 50GW 太阳能本土制造的路线图。2022 年 11 月，中美两国发表阳光之乡声明，提出计划到 2030 全球可再生能

① Energy Institute. 2023 Statistical Review of World Energy（72nd ed.）[R/OL]. https://www.energyinst.org/__data/assets/pdf_file/0004/1055542/EI_Stat_Review_PDF_single_3.pdf.

② European Commission. REPowerEU: A plan to rapidly reduce dependence on Russian fossil fuels and fast forward the green transition [EB/OL].（2022-05-18）[2023-10-20]. https://ec.europa. eu/commission/presscorner/detail/en/IP_22_3131.

源装机容量增至 2022 年的 3 倍，进一步提升光伏产业发展前景。在应对气候变化和推动可持续发展的全球背景下，国际合作在太阳能光伏市场中起着重要作用。国际组织和国家之间加强合作，促进技术交流、投资合作和政策协调，推动太阳能光伏市场的共同发展。

表 3－1　　2013—2022 年全球光伏装机量情况　　单位：MW

年份	光伏新增装机容量	光伏累计装机容量
2013	36 303	140 515
2014	40 197	180 712
2015	48 208	228 920
2016	72 162	301 082
2017	94 865	395 947
2018	93 359	489 306
2019	102 939	592 245
2020	128 184	720 429
2021	141 108	861 537
2022	191 578	1 053 115

资料来源：Energy Institute（2023）[①]。

（二）风能及其发展

开发利用可再生能源、实现能源的可持续发展成为世界各国能源发展战略的重大举措。风能作为重要的可再生能源，具有蕴藏量丰富、可再生、分布广和无污染等特性，与其他可再生能源相比较，风能的开发技术较为成熟，对环境的影响相对较低，并不受生物质能开发利用所面临的资源约束，因此风能是世界公认的具备良好商业开发前景的可再生能源之一。世界许多国家和地区将发展风能作为应对能源和气候变化压力的一项长期策略。

风电包括离网运行的小型风力发电机组和大型并网风力发电机组，技术

① Energy Institute. 2023 Statistical Review of World Energy（72nd ed.）［R/OL］. https://www.energyinst.org/__data/assets/pdf_file/0004/1055542/EI_Stat_Review_PDF_single_3.pdf.

已基本成熟。近年来，并网风电机组的单机容量不断增大，随着风电的技术进步和应用规模的扩大，风电成本持续下降，经济性与常规能源已十分接近。根据 Energy Institute 发布的《2023 年世界能源统计年鉴》①，2022 年，全球新增风能装机容量达到 7.47GW，累计装机容量为 89.88GW，相比 2013 年增长 2 倍，10 年间平均增长率为 20%。2022 年，中国风能总装机容量高达 36.60GW，占据全球风能总装机容量的 40.7%，连续 10 年风能装机容量高居世界第一位；美国为全球第二大风能市场，风能总装机容量达到 14.09GW，占比为 15.7%；德国、印度和西班牙分别排第三至第五名，占比分别为 7.4%、4.7%和 3.3%，表 3－2 是 2013—2022 年全球风能装机容量情况。

表 3－2　2013—2022 年全球风能装机容量情况　单位：MW

年份	风能新增装机容量	风电累计装机容量
2013	32 738	300 027
2014	49 439	349 466
2015	66 881	416 347
2016	50 682	467 029
2017	47 394	514 423
2018	50 090	564 513
2019	56 328	620 841
2020	110 815	731 656
2021	92 515	824 171
2022	74 653	898 824

资料来源：Energy Institute（2023）②。

在碳中和以及能源安全的大背景下，欧美各国将维持风电的发展节奏，亚非等新兴市场则将更为积极地推动风能市场扩容。根据全球风能理事会

① Energy Institute. 2023 Statistical Review of World Energy（72nd ed.）［R/OL］. https://www.energyinst.org/__data/assets/pdf_file/0004/1055542/EI_Stat_Review_PDF_single_3.pdf.

② 同①。

（GWEC）的预测，从 2022—2026 年陆风新增装机口径看，除中国外，海外市场的装机体量排名分别是欧洲、北美、亚洲、拉美、非洲和中东。欧美市场体量大但相对稳定，亚洲、非洲等新兴市场呈现出低基数下的高增速趋势，其中印度、越南等市场风电发展尤为迅速。

海上风电具有资源丰富、风速稳定和可以大规模开发等优势，但是海上风电对风机质量和可靠性要求高、施工困难，发展受到一定制约。直到 2000 年丹麦政府在哥本哈根湾建设了世界上第一个商业化意义上的海上风电场后，世界各国才开始考虑其商业化开发。欧洲、美国、中国和日本等国家和地区相继出台海上风电鼓励政策和电价补贴政策促进其发展。英国、德国和丹麦等 8 个国家计划 2030 年前实现海上风电装机容量 133.4GW。截至 2022 年年底，欧洲海风累计装机容量 30GW，2023—2030 年年均新增海风装机容量达 12.9GW，远超 2013—2020 年年均新增海风装机容量 2.5GW 的水平，据国际能源署（IEA）预测，到 2040 年，全球海上风电装机容量将达到 130～180GW。

（三）水电能及其发展

水力发电是目前最成熟的可再生能源发电技术，水能资源最显著的特点是可再生和无污染。开发水能对江河的综合治理和综合利用具有积极作用，对促进国民经济发展，改善能源消费结构，缓解由于消耗煤炭、石油资源所带来的环境污染有重要意义，因此世界各国都把开发水能放在能源发展战略的优先地位。

全球水能资源理论蕴藏量约为 39 万亿千瓦（kW），其中技术可开发量 14.65 万亿千瓦，经济可开发量为 8.73 万亿千瓦。五大洲中，亚洲水能资源居于首位，为 19.7 万亿千瓦，占全球的 50.4%。其中，中国技术可开发量 1.92 万亿千瓦，经济可开发量为 1.26 万亿千瓦，占全球经济可开发量的 8.6%；巴西、俄罗斯和加拿大分别居第 2～4 位，经济可开发量分别占全球的 5.2%、4.1%和 3.6%，表 3-3 是主要国家可开发水能资源表。

全球气候变化越来越受到重视。世界各国和相关国际组织为应对全球气候变暖、实现温室气体减排承诺，纷纷采取不同的策略，以加大对包括水电在内的可再生能源的开发。发达国家正采取多方面的策略促进水电的发展，包括通过立法鼓励可再生能源发展、推动绿色电力认证、实行电价补贴、鼓励水电新技术研究，对水电站进行增容改造和建立可再生能源未来基金等多个层面。发展中国家同样采取一系列策略促进水电的发展，包括进行国家水电规划、对不同地区的水电建设实行分类指导、强调尽早和充分开发水资源，增加对水电的投资并鼓励私有部门和外资参加水电站建设，国家向水电资源丰富的地区和受水电工程影响的居民提供补贴，并大力加强与国际组织的合作等。

表 3-3　　主要国家可开发水能资源　　单位：亿千瓦

国别	技术可开发量	经济可开发量	国别	技术可开发量	经济可开发量
中国	19 233	12 600	委内瑞拉	2 607	1 035
巴西	13 000	7 635	瑞典	1 300	900
俄罗斯	16 700	6 000	墨西哥	1 600	800
加拿大	16 000	5 230	法国	720	715
印度	26 380	4 430	意大利	690	540
美国	5 285	3 760	奥地利	754	537
挪威	2 000	1 796	西班牙	700	410
哥伦比亚	2 000	1 400	印度尼西亚	401.6	400
阿根廷	1 720	1 300	瑞士	410	355
土耳其	2 150	1 230	罗马尼亚	400	300
日本	1 356	1 143	德国	250	200

资料来源：李海英等（2010）[①]。

根据国际水电协会发布的“2023 World Hydropower Outlook”，2022 年全球新增可持续水电装机容量超过 34GW，其中包括超过 10GW 的抽水蓄能，

① 李海英，冯顺新，廖文根．全球气候变化背景下国际水电发展态势［J］．中国水能及电气化，2010（10）：29-37.

这是自 2016 年以来首次在一年内新增装机容量超过 30GW。其中，2022 年中国新增水电装机容量 24GW，继续位列全球第一。欧洲在 2022 年水电建设成果显著，新增装机容量达 3GW，北美和南美分别新增装机容量 1GW，中亚和南亚地区合计新增装机容量近 2GW，包括巴基斯坦卡洛特（Karot）水电站项目（装机容量 720MW），以及印度霍利水电站（装机容量 180MW）。尽管政府和行业越来越重视水电在未来电网中的关键作用，但水电装机容量仍有相当大的产能缺口。根据“2023 World Hydropower Outlook”的分析，即使所有规划中的水电项目都能顺利投产，要实现 2050 年净零排放的目标，仍有超过 700GW 的缺口，相当于印度和日本发电能力的总和。①

（四）生物质能及其发展

现代生物质能的发展方向是高效新利用，将生物质转换为优质能源，包括电力、燃气、液体燃料和固体成型燃料等。生物质发电包括农林生物质发电、垃圾发电和沼气发电等。许多国家都制定了相应的开发研究计划，如日本的阳光计划、印度的绿色能源工程、美国的能源农场和巴西的酒精能源计划等，其中生物质能源的开发利用占有相当的比重。就全球范围内来看，美国、巴西和欧盟等经济体生物质能发展较快，在全球生物质能产业格局中具有重要的基础和地位。近年来，随着世界各国积极应对气候变化，加速能源转型和经济转型，生物质能日益受到青睐，已经成为诸多难以电气化的产业实现脱碳目标的重要手段之一。

在能源转型和化石能源替代中，生物质燃料逐渐取代了部分化石燃料，在发电、供热、供暖、水泥和钢铁等行业中加以利用。在交通领域，生物质能也逐渐替代部分化石能源，比如在海运业中利用生物天然气和生物甲醇等燃料替代部分重油，在航空业中利用生物航空煤油替代部分化石航空煤油，在公路交通业中利用生物乙醇和生物柴油替代部分汽油和柴油等。欧洲，尤

① IHA. 2023 World Hydropower Outlook［R/OL］. https://indd.adobe.com/view/4201016f-a51a-4f6f-998b-ec85219d1dfd.

其是北欧国家，生物质供热产业快速发展，成为主要供热来源。丹麦大力发展秸秆等生物质发电和生物质供热等，2018 年其生物质热力消费在全部热力消费中的占比达到 32%。芬兰的生物质能在一次能源消费中的占比达到 30%，在可再生能源消费中的占比高达 82%。瑞典拥有 10 万多家大中小型生物质供热站，大多数采用热电联产模式，热效率通常达到 80%以上，生物质供热量在全国全部供热量的占比达到 70%以上。

进入 21 世纪以来，全球生物质能发电装机容量持续增长。2013—2021 年期间,全球生物质能发电装机容量增长速度基本稳定在 5%～10%。2019 年，全球生物质能发电装机容量增速明显放慢；但是 2020 年以后，全球生物质发电增速再度出现加快趋势，表明世界日益重视生物质能发电产业发展。根据国际可再生能源协会（IRENA）数据，2021 年全球生物质能发电装机容量已经达到 143.2GW，比 2017 年增加了 66.3GW。就生产情况而言，全球生物质能生产主要集中在北美、中南美、欧洲和亚太这四大区域，2022 年，这四大区域生物质产量达到 191.4 万桶油当量/天，相对于 2013 年增长了 42.9%。2022 年，北美区域生物质产量为 75.0 万桶油当量/天，占全球生物质产量的 38.2%，而相比 2013 年仅增长 29.3%；而亚太生物质产量为 38.6 万桶油当量/天，占全球生物质产量的 20.2%，相比 2013 年增长 1.4 倍，增长势头强劲，2013—2022 年全球生物质能生产情况如表 3-4 所示。

表 3-4　　2013—2022 年全球生物质能生产情况

单位：千桶油当量/天

年份	北美	中南美	欧洲	亚太	总额
2013	580	368	232	158	1 340
2014	618	397	255	189	1 462
2015	637	409	254	159	1 462
2016	679	403	249	180	1 513
2017	701	410	282	170	1 565
2018	723	474	300	243	1 742
2019	717	497	310	312	1 837

续表

年份	北美	中南美	欧洲	亚太	总额
2020	655	458	297	311	1 723
2021	708	456	299	344	1 808
2022	750	478	298	386	1 914

资料来源：Energy Institute（2023）[①]。

（五）核能及其发展

自 1954 年苏联第一座核反应堆运行以来，世界核电产业发展经历了试验示范阶段（1951—1968 年）、高速发展阶段（1969—1979 年）、滞缓发展阶段（1980—2000 年）、复苏发展阶段（2001—2011 年）和新一轮发展阶段（2012 年至今）。在产业发展的过程中，核电技术实现了从第一代到第三代的跨越，第四代核电技术正处于研发之中。核事故，包括核泄漏甚至核爆炸的发生，是造成核电产业发展滞缓的主要原因，核安全是核电产业健康发展的生命线。在核电发展史上，曾经发生过 1979 年的“三哩岛”核事故、1986 年的切尔诺贝利核事故和 2011 年的福岛核事故。核事故的发生并没有让人类停止核能的利用，其原因在于：一是常规化石能源价格的高涨以及低碳、清洁、环保的要求催生了对替代能源的需求，而核能是当前的主要替代能源之一；二是核电技术的不断进步和核电安全标准的不断提高，增进了人类对核电利用的认识。日本福岛核事故后，核电产业发展重心向亚太地区转移。

在世界范围内应用的动力堆包括沸水堆（BWR）、快堆（FBR）、石墨气冷堆（GCR）、轻水冷却石墨慢化反应堆（LWGR）、重水堆（PHWR）、压水堆（PWR）和高温气冷堆（HTGR）。根据世界核协会发布的“World Nuclear Performance Report 2023”，截至 2022 年，全球共有 437 座运行的核反应堆，其中 70%的核反应堆为 PWR 型。从核反应堆分布的区域来看，它们主要分

① Energy Institute. 2023 Statistical Review of World Energy（72nd ed.）[R/OL]. https://www.energyinst.org/__data/assets/pdf_file/0004/1055542/EI_Stat_Review_PDF_single_3.pdf.

布在亚洲、北美、欧洲和独联体国家，其中亚洲运行的核反应堆 148 座，中西欧、北美以及东欧与俄罗斯分别运行 116 座、113 座和 53 座，如表 3-5 所示。在运行的核反应堆中，美国、法国和中国的核反应堆居前 3 位，其中美国核反应堆数量达到 93 座，高居全球第 1 位；法国共 56 座，居全球第 2 位；中国共有 55 座。[①]从全球核反应堆运行和发电量来看，2022 年全球核反应堆的总发电量为 2 545 太瓦时，其中乌克兰的核发电量预计为 59 TWh（太瓦时），相比 2021 年的 2 653 TWh 发电量减少了 108 TWh。2022 年，亚洲核发电量增加了 37 TWh，北美、南美和非洲的核发电量略有下降。欧洲的核发电量大幅减少 112 TWh，这主要由于德国反应堆关闭减少了 34 TWh 的发电量，而法国由于大量核反应堆运行中断而减少了 81 TWh 的发电量。

表 3-5　　2022 年全球核电站分布情况

	非洲	亚洲	东欧与俄罗斯	北美	南美	中西欧	总数
BWR	—	20	—	33	—	8	61
FBR	—	—	2	—	—	—	2
GCR	—	—	—	—	—	8	8
HTGR	—	—	—	—	—	1	1
LWGR	—	—	11	—	—	—	11
PHWR	—	23	—	19	3	2	47
PWR	2	104	40	61	2	98	307
总计	2	148	53	113	5	116	437

资料来源：World Nuclear Association（2023）[②]。

在地缘冲突引发能源供给危机与能源结构加速绿色低碳转型交汇影响下，各国纷纷调整政策，核能在全球进入新一轮加速发展期，以先进核能技术、可控核聚变等为代表的新技术新方向受到前所未有的关注。美国于 2022

① World Nuclear Performance Report 2023［R/OL］. https://www.world-nuclear.org/images/articles/Performance-Report-World-Nuclear-Association-China-Institute-of-Nuclear-Industry-Strategy.pdf.

② 同①。

年通过《通货膨胀削减法案》，该法案包含核工业发展的多项优惠政策，主要为现有核电机组提供每千瓦时 0.015 美元的生产税抵免，以便使现有的发电机组保持经济竞争力；拨款 7 亿美元，帮助建立先进核反应堆开发所需的高丰度低浓铀的自主供应链；拨款 1.5 亿美元用于改善爱达荷国家实验室核研究相关基础设施。2022 年 2 月，法国宣布将推行新能源战略，以提高脱碳电能产量为目标，重点发展可再生能源和核能两大支柱能源。核能方面，法国将不再关停核电站，并大力发展创新型核反应堆，这是对此前法国核能政策的战略性转向。日本在 2023 年 2 月通过“以实现绿色转型为目标的基本方针”，明确要最大限度利用可再生能源与核能，提出致力于研发和建设采用新安全机制的新一代核反应堆。

三、国际绿色发展主要模式

进入 21 世纪，面对工业文明带来的生态失衡、环境污染和资源短缺等一系列挑战，美国、欧盟和日本等发达国家和经济体加快制度创新和技术革新步伐，美国实施创新生态战略，欧盟打造绿色发展战略体系，日本致力于发展绿色产业体系，推动经济、能源和产业结构的转型升级，以实现经济社会可持续发展。

（一）美国的创新生态战略模式

2008 年美国爆发金融危机后，总统奥巴马上任伊始就提出以“绿色经济复兴计划”作为从经济危机中恢复的首要任务，将清洁能源和减排技术的开发视为美国经济新的增长点，积极推动美国绿色经济发展。在绿色发展方面，美国采取创新生态战略模式，积极制定创新战略，大力发展创新平台，不断完善生态环境和推动民众创新，旨在推动绿色革命和引领全球可持续发展。

1. 制定创新战略，明确发展路径

重视并发挥立法和法案的作用，是美国在绿色发展政策制定和实施中的突出特点。美国的绿色发展政策主要通过联邦能源立法、联邦环境政策、州立法和农业立法等形式体现出来。通过立法，明确新能源、绿色基建和绿色交通等相关产业的发展战略、发展目标、财政扶持、技术研发和国际竞争等层面的内容。

2009年2月，奥巴马签署总额为7 870亿美元的《美国复苏与再投资法案》，基建和科研、教育、可再生能源及节能项目、医疗信息化和环境保护等成为投资的重点。在该法案1 200亿美元的科研（含基建）计划中，新能源和提升能源使用效率占468 亿美元。新能源是奥巴马政府刺激经济的一项主要内容，其成功实施将促使美国从以高消耗为代表的经济发展模式向节约、环保和高效的绿色发展模式转变，实现美国几十年来所追求的能源独立。[①]

2009年9月，奥巴马政府出台《美国创新战略：推动可持续增长和高质量就业》，突出了创新生态系统从基础到引领的三个层次，即投资于美国的创新基石，促进刺激有效创业的竞争市场，加强国家优先事项的突破。该战略将新能源技术开发和应用列为国家未来发展的重点领域，美国计划在此后10年内大力推动新能源产业发展，全面提升美国在全球新能源产业中的竞争力。2011年奥巴马政府发布的《美国创新战略：确保我们的经济增长与繁荣》提出，为维护创新生态系统，美国应当更新其“国家创新支柱”投资战略。2015年，奥巴马政府发布新版《美国国家创新战略》，提出维持创新生态系统的六个关键要素，包括投资建设创新基石、推动私营部门创新、赋能国家创新者、创造高质量工作和持续的经济增长、催生国家重点领域的突破以及为美国人民提供一个创新型政府。

2017年特朗普就任美国总统后，实施“能源新现实主义”政策，取消奥巴马政府的“清洁能源计划”，放松化石能源行业发展的相关环境约束，并退出《巴黎协定》，但美国低碳发展的整体方向并未发生根本改变。美国新能源技术和碳减排技术仍得到能源部、部分州政府和企业层面的支持，公司、

① Clean Energy Aspects of the American Recovery and Reinvestment Act [EB/OL].（2015－11－22）[2023－12－16]. http://www.Renewableenergyworld.com/rea/news/article/2009/02/clean-energy-aspects-of-the-american-recovery-and-reinvestment-act.

行业、州政府秉持低碳发展的理念，形成了“自下而上”的低碳发展模式。[①]美国能源部（简称“DOE”）宣布了一系列的低碳和零碳能源技术资助计划，并且制定了《恢复美国的核能源领导地位战略》，旨在推动核能技术发展与出口。2020 年 10 月，DOE 发布《氢能发展规划》，明确了氢能发展的核心技术领域、需求和挑战以及研发重点，并提出氢能计划的主要技术经济目标。

2021 年上任的美国总统拜登倡导“清洁能源革命和环境正义”，提出使美国实现 100%的清洁能源经济，到 2050 年达到净零排放，执政当日即签署行政令重返《巴黎协定》。2021 年 11 月，拜登政府发布《迈向 2050 年净零排放的长期战略》，提出在 2030 年实现温室气体排放量在 2005 年的基础上减少 50%～52% 的目标，2035 年实现 100% 清洁电力的目标，2050 年实现 100% 清洁能源和碳中和的目标。2022 年 8 月，拜登政府通过《通货膨胀削减法案》，在绿色发展领域通过激励太阳能、风能、碳捕捉和清洁氢等清洁能源技术的国内生产，建立美国清洁能源供应链；通过有针对性的税收优惠支持美国工人，旨在提高美国制造的产品，如电池、太阳能和海上风电组件以及碳捕捉封存（CCS）等的技术。

2. 发展创新平台，提升创新能力

在美国的绿色发展中，产学研各创新主体通过承担相应项目来开展能源科技创新活动。美国政府下属国家实验室系统定位于满足国家需求，承担具体的服务国家战略的重要科研任务，建造和开放运行大科学装置平台，由国家实验室进行管理，供创新主体联合开展综合交叉前沿研究。以 DOE 为例，成立先进能源研究计划署（简称“ARPA-E”）、能源前沿研究中心（简称“EFRCs”）和能源创新中心（简称“EIH”），构成推进清洁能源研发的三大支柱。[②]

2007 年，ARPA-E 由美国国会根据《美国竞争法案》创建成立，致力于

① 曹慧. 特朗普时期美欧能源和气候政策比较［J］. 国外理论动态，2019（7）：117－127.

② 陈伟. 美国先进能源研究计划署管理创新研究及对我国的启示［J］. 科学学与科学技术管理，2016（11）：20－33.

碳捕捉、高级生物能、太阳能、风能和其他下一代新能源等技术的转化，投资和关注那些有可能对美国能源现状产生巨大影响的革命性能源技术，要为处于前期阶段的革命性能源研究计划提供资金支持。2019 年，ARPA-E 有高达 3.17 亿美元用于美国高端能源创新项目、高温高压新技术设计与制造、高值甲烷热解和地热系统等新技术领域的应用。截至 2020 年 2 月，ARPA-E 资助成立 82 家公司，219 家公司与其他政府机构形成伙伴关系，161 个创新团队吸引超过 32 亿美元的私营部门资金支持。①

2009 年，DOE 建立了 EFRCs 和 EIH 两种新型研发机制，其中 EFRCs 是 DOE 科学局主要依托大学、国家实验室挂牌建立的若干小型非法人知识发现平台。其实质是 DOE 以重大基础前沿研究项目形式进行定向资助，研究力量由多个科研机构相关领域研究人员跨学科自由组合而成。其特征是科研队伍规模较小（12～20 人），由科学局全权管理，单个中心累计经费资助体量最高达千万美元。第一批 5 年期已投入 7.77 亿美元，资助了 46 个 EFRCs，第二批资助了 32 个 EFRCs。EIH 是任务导向型的产学研高度集中攻关联合体，拥有物理实体，将不同学科或工程背景的研究人员聚集在同一个地点工作，致力于解决同一个重大能源科技主题下从基础研究到工程开发以至预备投入商业化过程中遇到的科技、工程挑战，单个中心五年资助经费总额在 1.2 亿美元左右。

3. 改善生态环境，推动民众创新

建立完善的创新环境可以充分调动相关主体创新的积极性，美国国家创新战略亦将环境建设摆在极其重要的位置。首先，美国政府通过构建适宜的框架条件来激励更多的创新者将自己的创意投入市场中，受益于这些好的环境作用，美国将收获更加蓬勃发展的市场。其次，美国政府支持区域性创新生态系统的发展。在区域层面，创新生态系统的良好运转将维护整个国家创新体系的健康发展。区域创新生态系统更加重视创新主体（企业、客户、供应商、竞争企业、合作伙伴、高校和科研院所）、创新支持机构（政府、金

① Advanced Research Projects Agency-Energy Annual Report for FY 2019［R/OL］. https://arpa-e.energy.gov/sites/default/files/ARPA-E%20FY19%20Annual%20Report%20to%20Congress_FINAL.pdf.

融机构、创业投资机构、行业协会和中介机构）以及创新环境（资源、文化和政策制度），各要素之间形成相互依赖、共生共赢的合作关系。

美国政府重启学徒制，其被视为培养人才、加强基础设施建设和发展清洁能源等系列国家战略的重要组成部分。早在 2012 年，奥巴马就在国情咨文中称，美国经济复苏的基础将建立在“制造业、能源业、美国工人技能和美国价值观的更新”之上。在奥巴马任内，美国政府为参与学徒计划的企业提供 2.65 亿美元经费。特朗普更是十分重视学徒制教育，2017 年就任总统后不久便以行政令形式追加 2 亿美元经费，继续扩大学徒计划。2022 年 8 月，拜登又签署《通货膨胀削减法案》，通过高达 5 倍的税收抵免等措施鼓励企业开展学徒制，并把学徒制作为发展清洁能源经济的重要手段。美国劳工部还重建学徒制咨询委员会等机构，启动 4 个新的技术援助中心帮助各州、企业、劳工组织和就业中介等扩大注册学徒制。

美国政府通过奖励和众包的模式支持开放式创新，鼓励全民创新，希望更多的年轻人加入创新创业行列。首先，通过激励手段来激发美国民众的创造性，专利制度和奖励都是行之有效的方法，仅 2009—2015 年，美国政府部门就赞助 440 余项公共比赛，数以万计的创业者和民众参与其中，并获得超过 150 万美元的奖金。其次，通过各种项目活动、众包和公众科学来挖掘潜在的创新人才，美国政府采取了一些有深远影响的策略来鼓励全民创新，例如增加学校课堂和课后项目、增加女性和少数群体的项目参与机会、设计与公众共同创造的项目活动等。另外，政府还帮助移民扫除创新创业路上的各种障碍，帮助弱势群体创造更多的创新创业机会，激发全民投身于创新之中，以提升国家竞争力。

（二）欧盟打造绿色发展战略体系

在资源禀赋上，欧盟除了德国、波兰和挪威等国拥有较为丰富的煤炭储量和油气资源外，大部分国家缺乏化石燃料，这就需要通过进口能源来满足欧盟内部的能源需要。因此，能源供应安全问题成为欧盟经济社会发展面临的严峻挑战，迫使欧盟较早地采取政策和措施以开辟新的能源渠道，向新能源和可再生能源进军，走绿色发展道路。在全球绿色发展和可持续发展进程中，欧盟打造绿色发展战略体系以实现“碳中和”的目标，其绿色发展战略体系由欧洲气候法、欧盟绿色新政和绿色金融三个部分构成。

1. 加强气候立法，明确减排路径

从 2000 年开始，欧盟就大力推进气候变化问题的解决进程，作为其扩大在国际事务中主导地位的博弈手段。①自英国 2008 年出台《英国气候变化法案》以来，欧盟应对气候变化立法明显提速，已出台一系列气候变化相关立法。

2000 年，欧洲气候变化计划启动，该计划审查了一系列具有减少温室气体排放潜力的政策部门和工具，并制定共同协调的战略以实现京都气候峰会上的目标，并引入欧洲碳排放交易计划。2007 年 3 月，欧洲理事会提出《2020 年气候和能源一揽子计划》，提出了“20—20—20 计划”目标，即将温室气体排放在 1990 年的基础上削减 20%、可再生能源在整体能源结构中的占比达到 20%，以及能源效率提高至少 20%。2008 年，欧盟委员会通过“气候行动和可再生能源一揽子计划”法案，包括欧盟排放权交易机制修正案、欧盟成员国配套措施任务分配的决定、碳捕捉和储存的法律框架、可再生能源指令、汽车二氧化碳排放法规和燃料质量指令，由此形成了欧盟的低碳经济政策框架，以提高欧盟的能源保障和推动欧盟绿色增长。

2014 年 10 月，欧盟首脑峰会通过《2030 年气候和能源政策框架》，该框架主要包括四个方面：（1）形成完全整合的欧盟内部能源市场；（2）提高能源利用效率，保证能源需求适度增长；（3）积极发展低碳经济；（4）提高科技研发与创新的国际竞争力。2018 年 11 月，欧盟率先提出“建设碳中和大陆”。框架设置了向低碳经济转型的三个阶段性目标路径：其一是减排目标，以 1990 年为基准年，将温室气体排放量减少 40%；其二是可再生能源比例目标，在能源消费结构中的占比提高到至少 27%；其三是进一步提高能效目标。2018 年，欧盟进一步提出《2050 长期战略》，明确在 2050 年将欧

① 张玉臣，彭建平. 欧盟新能源产业政策的基本特征及启示［J］. 科技进步与对策，2011，28（12）：101－105.

洲建设成为零碳排放的经济体，这也是欧洲首次以战略形式明确碳中和愿景。

2020 年 3 月，欧盟委员会公布《欧洲气候法》草案，启动以立法的形式明确 2050 年实现“碳中和”的政治目标。2021 年 6 月，欧盟议会和理事会正式通过《欧洲气候法》，该法案由气候中和目标、气候变化科学咨询、欧盟气候阶段目标、适应气候变化战略，以及欧盟气候进程与措施评估等条款构成。[①]为实现不迟于 2050 年达成近零排放的目标，欧盟设立了气候变化咨询委员会，提出 2050 年近零排放路线图。《欧洲气候法》设立具有约束力的减排阶段目标，2030 年温室气体排放量为 2.25 亿吨，比 1990 年减少至少 55%；根据气候中和目标情况，设定 2040 年气候目标。该法案明确 2030—2050 年间的欧盟温室气体减排轨迹和进展评估，从 2023 年 9 月开始，每 5 年对照目标评估欧盟以及各成员国采取措施的持续性。此外，欧盟委员会将有权向未达到气候中性目标的成员国提出建议，成员国有义务对这些建议进行考虑并给出解释；各成员国应制定和实施相应战略以增强气候防御能力并降低气候变化带来的影响。

2. 推行绿色新政，促进经济转型

2019 年 12 月，欧盟委员会发布《欧洲绿色新政》（简称《新政》），欧盟委员会主席冯德莱恩认为“欧洲绿色政纲是欧洲新发展战略，在为欧洲减少排放的同时创造就业”。《新政》由总体目标和阶段指标、经济绿色转型、绿色政策和全球气候政治领导 4 部分构成。欧盟确立 2050 年实现气候中性的总体目标，并拟将该目标载入后续制定的《欧洲气候法》。[②]基于总体目标，欧盟提高了 2030 年的阶段性温室气体减排目标，该减排目标将比 1990 年温室气体排放水平减少 50%～55%，比原计划目标提高 10 个百分点。欧盟绿色经济转型包括七个方面。

---

① 郝海青，樊馥嘉.《欧洲气候法》对我国完善绿色技术创新监管制度的启示［J］. 科技管理研究，2021，41（10）：70－75.

② Sarah W，Jonas T，Jahel M，Franziska S，Carlo J. The European green deal—more than climate neutrality［J］. Environmental Policy，2021（56）：99－107.

第一，建设清洁、可负担、安全的能源体系。欧盟提出将优先考虑能源效率，发展以可再生能源为基础的电力系统，迅速淘汰煤炭并完成天然气部门脱碳，大力推进能源市场完全一体化、相互关联和数字化。欧盟将根据新的低碳目标评估各成员国能源和气候计划，有效整合发展可再生能源、提高能效等可持续方案，制定海上风能战略，将智能化融入能源发展战略，推动能源基础设施可持续转型。

第二，建设清洁循环的产业体系。欧盟将制定新的工业发展战略，应对绿色化、数字化的双重挑战，促进包容性增长。与此同时，欧盟将实施新的循环经济行动计划，推动欧盟经济现代化，实施可持续产品倡议，重点关注纺织、建筑、电子和塑料等资源密集型行业，加快能源密集型工业部门实现产品循环和碳中和。

第三，推动建筑升级改造。欧盟提出建筑革新浪潮倡议，将建立开放平台供建筑拥有者、工程师、政府部门、能源服务商和金融机构等利益相关方聚合在一起，共同探讨为建筑部门进行创新融资的计划，在提升建筑能效的同时，促进建筑业特别是建筑业中小企业的发展。

第四，发展智能可持续交通系统。欧盟将实施可持续、智能化交通战略，大力发展多式联运等高效运输方式，开发“出行即服务”的智能化解决方案，推动交通基础设施智能化升级，加快部署公共充电站。此外，欧盟推动不同运输方式的可持续替代燃料生产供应的相关立法，实施更严格的内燃机车辆空气污染物排放标准，并考虑将海事部门纳入碳排放交易体系。

第五，实施“农场到餐桌”的绿色农业战略。欧盟将建立安全、营养和高质量的可持续食品全球标准，实施“从农场到餐桌”战略。推动从农场到餐桌产业链中循环经济的发展，在运输、储存、包装和食物垃圾等环节采取行动，减少食品加工和零售部门对环境的影响，在提高农产品品质的同时更好地应对气候变化。

第六，保护自然生态和生物多样性。欧盟将制定 2030 年生物多样性战略和森林新战略，提出解决生物多样性丧失问题和支持无砍伐森林价值链的措施，促进恢复生物多样性，提高森林固碳能力。

第七，创建零污染的环境。欧盟将制定可持续发展的化学品战略，实施水、空气和土壤零污染行动计划，修订大型工业设施污染的控制措施，以加快实现无毒的生态环境。

3. 发展绿色金融，提升绿色合作

2018 年 3 月，欧盟发布首份可持续金融文件“欧盟可持续金融增长行动计划”，强调为可持续金融的相关经济活动建立系统的分类方法。此后，欧盟大力推进绿色金融体系建设，旨在助力实现气候中和目标。2018 年以来，欧盟先后出台《关于制定建立可持续融资框架的法规（提案）》、初版《欧盟可持续金融分类方案》、《欧盟可持续金融分类法》、《可持续金融披露条例》、《欧盟绿色债券标准》，初步建立起新时期欧盟绿色金融体系。欧盟将整合其长期预算、欧洲投资银行和可持续欧洲投资计划等各类资金渠道，加大支持应对气候变化资金的比重。

《欧盟可持续金融分类法》为欧盟行业体系的经济活动设置了三种技术筛选标准，即对环境有重大贡献的经济活动、对环境无重大危害的经济活动以及环境最低保障要求。符合标准的经济活动需要符合六种环境目标，包括缓解气候变化、适应气候变化、水、循环经济、污染防治以及生物多样性。①《可持续金融披露条例》旨在推动金融市场的绿色转型，要求金融机构及企业在 ESG 领域进行更详尽的信息披露。条例明确和统一了绿色投资信息披露的法定标准，从实体和产品两个层面要求欧盟金融市场参与者披露 ESG 相关问题，并对具有绿色投资特征的金融产品提出额外的信息披露要求。该条例极大提高了 ESG 投资的透明度，不仅打击了“漂绿”的投机行为，而且有助于真正绿色投资的金融产品脱颖而出。

面临全球气候变化和环境恶化，欧盟将坚定支持《巴黎协定》并在此框架下与所有伙伴开展紧密合作，强调全球应携手应对气候变化和环境退化等挑战。欧盟将树立绿色发展的全球榜样，依托后续外交、贸易、发展援助等政策，带动其他国家采取行动。全球贸易也是欧盟关注的重点，将把遵守《巴黎协定》作为开展全面贸易合作的核心要素，鼓励贸易伙伴制定与欧盟水平

---

① 施懿宸，梁楠楠，杨晨辉，等. 欧盟可持续金融分类法解析与借鉴［J］. 金融纵横，2020（4）：27−28.

相似的目标。为动员全球投资者，欧盟率先建立绿色金融体系，支持全球可持续发展。欧盟通过积极开展“绿色新政外交”，协同贸易政策、发展支持和其他政策，企图成为全球气候政治的领导者。“绿色新政外交”方面，欧盟主要通过加强与联合国、七国集团（简称“G7”）、二十国集团（简称“G20”）和世界贸易组织等国际组织基于《巴黎协定》框架下的多边合作，加强与邻国、中国和非洲国家等的双边合作，以及创新合作模式来引领全球气候合作。欧盟将通过实行促进绿色商品和服务的贸易和投资政策，推动环境可持续融资的金融体系，以及在全球价值链中推行可持续发展标准等多种手段来推进全球气候合作的协同发展。

（三）日本构筑绿色产业体系

日本是全球主要油气消费国，由于自身没有石油和天然气资源，其石油和天然气 90%以上需要进口。随着《联合国气候变化框架公约》的签订，国际社会对气候变化问题越来越重视。为解决能源安全困境和应对气候变化问题，日本以能源结构调整为主要抓手，以税收、补贴、绿色金融为推动手段，构筑绿色产业体系，从而在全球绿色发展进程中获取竞争优势。

1. 政府积极实施绿色产业政策

早在 20 世纪 90 年代，日本为解决气候变化问题，将能源、环境和经济三方面相协调，提出了以能源安全、环境保护和经济发展为核心的政策。1997 年 12 月，日本内阁决议正式通过“环境保护与新商业活动发展”计划，作为政府到 2010 年实施新能源和再生能源行动方案。行动方案将新能源及再生能源工业列为 15 个新兴工业之一。

进入 21 世纪，日本加快推进以绿色产业政策引导行业发展，推动绿色技术创新与应用，不断推进绿色产业发展。2002 年 1 月，日本出台新能源法政令，把生物质能增加到新能源的范围中。2004 年 6 月，日本颁布新能源产业化远景规划，目标是在 2030 年以前，把太阳能和风能发电等新能源产业打造为产值达 3 万亿日元的支柱产业之一。按照该规划，其风力、太阳能和生物质能发电的市场规模，将从 2003 年的 4 500 亿日元增长到 3 万亿日元；

燃料电池市场规模到 2010 年达到 8 万亿日元，成为日本的支柱产业。2006 年 5 月，日本经济产业省编制《新国家能源战略》。该战略提出发展太阳能、风能、燃料电池以及植物燃料等可再生能源，推进可再生能源发电等能源项目的国际合作。针对低碳社会建设，日本政府提出非常详细的目标，即将温室气体减排中期目标定为 2020 年与 2005 年相比减少 15%，长期目标定为 2050 年比现阶段减少 60%～80%；2020 年要使 70%以上的新建住宅安装太阳能电池板，太阳能发电量提高到 2006 年水平的 10 倍，到 2030 年要提高到 2006 年水平的 40 倍。①

2008 年国际金融危机之后，日本确定旨在居于世界领先地位、适应 21 世纪世界技术创新要求的四大战略性产业领域，其中之一就是环保能源领域，包括燃料电池汽车、复合型汽车（电力、内燃两用）等新一代汽车产业，太阳能发电等新能源产业，资源再利用与废弃物处理等环保产业。为提振本国新能源产业，2008 年 11 月，日本经济产业省联合其他三省发布《推广太阳能发电行动方案》，提出多项促进太阳能利用的优惠政策，将太阳能发电作为日本新能源产业发展的重点。日本在 2009 年推出的经济刺激方案中重点强调发展节能、新能源和绿色经济的主旨，其宗旨是细化 2006 年提出的《新国家能源战略》，如提高太阳能普及率的措施、发展环保车的措施，以及发展生物技术和产业的措施等。2010 年 6 月，在出台的《日本战略能源计划》中确定碳减排的长期路径，规定在 1990 年的基础上，到 2030 年减排 30%或更多，到 2050 年减排 80%，进而促进日本节能技术的世界领先地位和新能源技术的长期发展。2011 年福岛核事故之后，日本核电发展遇到很大阻力，迫切需要在新能源消费格局中开辟新的增长点。2014 年，日本发布《氢能/燃料电池战略发展路线图》；2016 年，日本更新了《氢能/燃料电池战略发展路线图》，公布了燃料电池汽车的普及计划，计划到 2025 年度使供给加氢站增至 320 处；②2017 年 12 月日本更是发布《氢能源基本战略》，确立 2050 年氢能社会建设目标及近中期具体行动计划。

① 陈伟. 日本新能源产业发展及其与中国的比较［J］. 中国人口·资源与环境，2010，20（6）：103－110.

② 王林，曹宇. 国外氢能源利用情况及对我国发展的启示［J］. 上海节能，2021（5）：444－448.

后疫情时代，日本政府通过积极实施低碳减排的措施推动绿色产业发展，以实现社会经济的低碳转型，从而实现新一轮的经济增长。2022 年 10 月，日本政府制定“第六次能源基本计划”，提出日本绿色能源产业发展总体方向。在能源供给层面，到 2030 年时要将可再生能源占日本能源总供给的比重提升至 36%～38%，氢能与燃料氨提升至 1%，核能提升至 20%～22% 等。[①]同年 12 月，日本经济产业省发布《2050 年碳中和绿色增长战略》，为实现碳中和目标提供纲领性产业指导。战略围绕产业发展潜力巨大的海上风电、氨燃料与氢能以及汽车和蓄电池等 14 个领域确定行动计划，按照研发、验证、推广和商业化这四个阶段明确各领域碳中和的实现路径，以及须研发突破的关键技术等具体对策。该战略提出将通过加大财政金融扶持和税收减免力度、加强国际合作等措施吸引企业投资绿色经济，推动产业绿色转型，确保 2050 年日本碳中和的目标如期实现。2023 年 2 月，日本通过《实现绿色转型的基本方针——展望今后 10 年的路线图》，描绘了 2030 年温室气体减排目标和 2050 年碳中和目标的实现路径。该路线图勾勒出通过绿色转型实现应对气候变化并兼顾经济发展等相关目标与路径。

通过产业政策的持续推进，日本形成能源生产与供应、能源消费以及二氧化碳封存—回收与再利用这三条主线，构筑起产业绿色发展的体系架构。在能源生产与供应方面，主要布局海上风电、氢燃料生产与运输及氢能发电、氨燃料生产与运输及氨燃料发电以及光伏发电等清洁能源产业。在能源消费方面，重点布局交通工具、运输工具、住宅和建筑物等能源终端消费部门的电气化、数字化和节能化产业。在二氧化碳封存—回收与再利用方面，重点布局地下储碳（生物碳）、藻类等海洋生态储碳（蓝碳）和碳捕捉。[②]

2. 绿色产业体系发展

在清洁能源生产与供应方面，日本的太阳能、风能和氢能等清洁能源产

---

① 朴英爱，胡曦月. 碳中和视角下日本能源转型动因及实施路径［J］. 现代日本经济，2023，42（4）：14－27.

② 刘平，刘亮. 日本迈向碳中和的产业绿色发展战略——基于对《2050 年实现碳中和的绿色成长战略》的考察［J］. 现代日本经济，2021（4）：14－27.

业获得长足发展。根据 Energy Institute 发布的《2023 年世界能源统计年鉴》，2022 年日本太阳能光伏装机总量达到 78 833 MW（兆瓦）的历史新高，相比 2013 年的 6 632 MW 增长了 10.9 倍，占全球光伏总装量的 7.5%，在亚太仅次于中国，居第 2 位。风能装机总量达到 4 577 MW 的历史新高，相比 2013 年的 2 646 MW 增长了 0.7 倍，占全球光伏总装量的 0.5%，在亚太居第 4 位。2022 年日本发电量为 1 033.6 TWh，其中水电和可再生能源发电量达到 312.4 TWh，占比达到 30.2%。[①]2016 年，日本水电和可再生能源发电量为 163.1 TWh，2016—2022 年这 6 年间水电和可再生能源发电量增幅为 91.5%。

日本氢能及氢燃料电池技术的研发与应用处于世界领先水平。日本在氢能及氢燃料电池领域拥有的优先权专利数量占全球数量的 50%以上，东丽公司的碳纤维、千代田公司的有机储氢材料、川崎重工的液氢储运技术和装备等，都在各自细分领域具有显著影响力。丰田公司于 2014 年推出全球首款量产的 MIRAI 氢能汽车，本田公司于 2015 年发布 CLARITY 氢能汽车，代表了日本在氢能汽车领域的探索与突破。2017 年 5 月，丰田、日产、本田、新日本石油和日本发展银行等公司联合出资成立“Japan H2 Mobility”联盟，该联盟横跨金融、基础设施建设和终端设备制造等多个领域，打通了氢能产业链各个环节和产业推进的各个步骤。千代田化工、三菱、三井、日本邮船公司组成“先进氢能供应链技术开发联盟”，共同设立基金，开发氢能供应链技术。[②]

绿色采购制度是日本促进可持续消费的重要手段之一。2001 年《绿色采购促进法》生效后，绿色采购主要通过绿色采购网络联盟来实现，当年绿色采购已涵盖 14 个领域 101 个品类。这种由政府部门、民间企业和社团组织共同组成的绿色采购联盟，通过积极宣传绿色采购观念、提供绿色采购信息以及会员间的信息交流起到了良好推动作用。2015 年联合国发布 SDGs 目标后，为了实现目标中推行可持续的公共采购的要求，绿色采购网络联盟每年

① Energy Institute. 2023 Statistical Review of World Energy（72nd ed.）［R/OL］. https://www.energyinst.org/__data/assets/pdf_file/0004/1055542/EI_Stat_Review_PDF_single_3.pdf.

② 符冠云，熊华文. 日本、德国、美国氢能发展模式及其启示［J］. 宏观经济管理，2020（6）：84－90.

对地方政府绿色采购举措进行评估，并发布年度评估结果排名。该评估基于日本环境省“绿色采购案例研究数据库”中的信息进行评估，包括采购政策制定情况、组织实施状况以及绿色采购比例为80%以上的领域数量。基于评估结果，日本地方政府不断完善政府采购相关政策，优先采购绿色产品，使绿色采购成为可持续发展的重要推动力量。2017 年，日本绿色采购扩大到21 个领域的 274 个品类，包含约 15 000 种产品的环保信息。2020 年，绿色采购进一步扩展到 27 个种类和 275 个品类的产品，包括办公类用品、灯具、纺织品、太阳能发电设备和交通工具。

日本致力于低排放发展战略，将 CCUS（Carbon Capture, Utilization and Storage；碳捕捉、利用和封存）视为实现碳中和目标的关键技术，加速实现 CCUS 商用化和产业化。在二氧化碳封存—回收与再利用方面，日本东芝公司开发出可将二氧化碳转化为一氧化碳的高速固碳技术，可在约 23 厘米 × 12 厘米的信封大小的面积内实现每年高达 1 吨的二氧化碳处理量。在可吸收二氧化碳的建筑材料技术方面，日本达成建设公司开发出“绿色混凝土”技术，通过利用从大气和工厂中回收的二氧化碳制成碳酸钙，并基于此生产混凝土等建筑材料，可在 1 立方米的混凝土内最多固定 170 千克的二氧化碳。[①]日本制铁开发了“蓝碳”项目，JEF 钢铁公司和太平洋水泥、地球环境产业技术研究机构共同开发二氧化碳的碳酸盐固定技术。2016 年，日本启动首个全链 CCS（Carbon Capture and Storage，碳捕捉和封存）示范项目，每年将捕集 10 万吨二氧化碳并封存在 Tomakomai 港区的海上储层中，充分展示了通过 CCS 技术在地震多发国家的海上能够安全可靠地进行碳储存。2020 年，三菱造船公司与航运公司川崎汽船公司和日本海事协会一起推进对船基二氧化碳捕捉示范厂进行试运行和测量的项目。2021 年 6 月，日本和东盟与东亚经济研究院（ERIA）启动亚洲 CCUS 网络，旨在分享知识和改善整个亚洲地区利用 CCUS 的商业环境。

---

① 田正，刘云. 日本构建绿色产业体系述略［J］. 东北亚学刊，2023（2）：120－134.

第四章　绿色发展国际合作机制

一、全球层面的绿色发展国际合作

绿色低碳转型是一场广泛而深刻的经济社会变革，从绿色发展国际合作层面看，在现有联合国、国际可再生能源署、国际能源署和清洁能源部长级合作机制等多边合作机制下，世界各国携手同行、同舟共济和深化合作，共同推进全球绿色转型，共建地球生命共同体。

（一）联合国与绿色发展国际合作

以气候变暖、环境污染和生物多样性丧失等为代表的绿色挑战，构成全球绿色发展的传统议题。1992 年《联合国气候变化框架公约》（简称《公约》）的签订，为国际社会合作应对气候变化奠定了坚实的法律基础。在《公约》框架下于 1997 年达成的《京都议定书》和 2015 年达成的《巴黎协定》被视为全球应对气候变化的两大标志性成果。[①]进入 21 世纪，随着国际社会对全球绿色发展的认知和实践的深化，以联合国为中心的全球绿色治理全面启动，全球绿色发展迎来新的格局。

1.《联合国气候变化框架公约》

1896 年，瑞典科学家斯凡特·阿伦尼斯警告说，二氧化碳大量排放可能会导致全球变暖。直到 20 世纪 70 年代，随着科学家们的逐渐深入了解，地球大气系统才引起了大众的广泛关注。20 世纪 80 年代末 90 年代初，为了响

① 张海滨. 全球气候治理的历程与可持续发展的路径［J］. 当代世界，2022（6）：15-20.

应越来越多的科学认识，这期间举行了一系列以气候变化为重点的政府间会议。1992 年 6 月，联合国环境与发展大会（地球峰会）在巴西里约热内卢召开，大会提交并签署了《公约》。《公约》是世界上第一个为全面控制二氧化碳等温室气体排放，应对全球气候变暖给人类经济和社会带来不利影响的国际公约，也是国际社会在应对全球气候变化问题上进行国际合作的一个基本框架。截至 2023 年 10 月，共有 198 个缔约方。其中，欧盟作为一个整体也是《公约》的一个缔约方，《公约》常设秘书处位于德国波恩，中国于 1992 年 6 月 11 日正式签署该《公约》。

《公约》缔约方作出许多旨在解决气候变化问题的承诺。每个缔约方都必须定期提交专项报告，其内容必须包含该缔约方的温室气体排放信息，并说明为实施《公约》所执行的计划及具体措施。《公约》于 1994 年 3 月生效，奠定了应对气候变化国际合作的法律基础，是具有权威性、普遍性、全面性的国际框架。《公约》由序言及 26 条正文组成，具有法律约束力。《公约》将全球各国分成两组：附件 I 成员，即那些对气候变化负有最大历史责任的工业化国家；非附件 I 成员，主要由发展中国家构成。《公约》根据公平原则以及“共同但有区别的责任”原则要求附件 I 国家首先采取行动，在 2000 年年底以前将温室气体排放量降低到本国 1990 年的排放水平。附件 I 国家还必须定期提交“国家信息通报”，在报告中详细阐述本国气候变化政策和规划，以及温室气体排放清单的年度报告。

缔约方会议是《公约》的最高决策机构，1995 年 3 月首次在柏林举行，之后每年召开一次，截至 2024 年 10 月已举行 28 次，并达成一系列显著成果。1997 年，在日本京都举行的第 3 次缔约方会议通过著名的《京都议定书》，为发达国家设定了第一承诺期（2008—2012 年）的减排指标。2007 年，在印度尼西亚巴厘岛举行的第 13 次缔约方会议确立“巴厘路线图”，建立了双轨谈判机制，即以《京都议定书》特设工作组和《公约》长期合作特设工作组为主进行气候变化国际谈判。2011 年，在南非德班举行的第 17 次缔约方会议决定设立“加强行动德班平台特设工作组”，负责 2020 年后减排温室气体的具体安排。2012 年，在卡塔尔首都多哈举行的第 18 次缔约方会议暨

《京都议定书》第 8 次缔约方会议通过《京都议定书》修正案，为 38 个发达国家缔约方设定2013—2020年的第二承诺期的温室气体量化减排指标。2015年，在法国巴黎举行的第 21 次缔约方会议由全球 178 个缔约方共同签署《巴黎协定》，是对 2020 年后全球应对气候变化行动作出的统一安排。《巴黎协定》的长期目标是将全球平均气温较前工业化时期上升幅度控制在 2 摄氏度以内，并努力将温度上升幅度限制在 1.5 摄氏度以内，并提出“国家自主贡献”及其减缓、适应、资金、技术、透明度、遵约机制和全球盘点等实施规划，标志着 2020 年后的全球气候治理将进入一个前所未有的新阶段，具有里程碑式的意义。

2.《京都议定书》

为了人类免受气候变暖的威胁，1997 年 12 月，《公约》第 3 次缔约方大会在日本京都召开，会议通过旨在限制发达国家温室气体排放量以抑制全球变暖的《京都议定书》。《京都议定书》为 38 个工业化国家，其中包括 11 个中东欧国家，规定了具有法律约束力的限排义务，即这 38 个工业化国家在2008—2012 年的承诺期内，把温室气体排放量较 1990 年排放水平平均大约降低 5.2%。具体而言，各发达国家 2008—2012 年必须完成的削减目标是：与 1990 年相比，欧盟削减 8%，美国削减 7%，日本削减 6%，加拿大削减6%，东欧各国削减 5%～8%。新西兰、俄罗斯和乌克兰可将排放量稳定在 1990 年水平上。《京都议定书》同时允许爱尔兰、澳大利亚和挪威的排放量较 1990 年分别增加 10%、8%和 1%。

《京都议定书》需要在占全球温室气体排放量 55%以上的至少 55 个国家批准，才能成为具有法律约束力的国际公约。中国于 1998 年 5 月签署并于2002 年 8 月核准该议定书。欧盟及其成员国于 2002 年 5 月 31 日正式批准《京都议定书》。2004 年 11 月，俄罗斯总统普京在《京都议定书》上签字，使其正式成为俄罗斯的法律文本。2007 年 12 月，澳大利亚签署《京都议定书》，批准国家的人口数量占全世界总人口的 80%。限排的目标覆盖 6 种主要的温室气体：二氧化碳、甲烷、氧化亚氮、氢氟碳化物、全氟化碳以及六氟化碳。《京都议定书》还允许这些国家自由组合选取这六种温室气体勾画这些国家的减排策略，包括一些土地利用变化和森林活动项目，诸如森林采伐和再造林等的排放或者从大气中吸收二氧化碳的活动。《京都议定书》是人类历史上首次以法规的形式限制温室气体排放。为了促进各国完成温室气体减排目标，《京都议定书》允许采取以下四种减排方式：

第一，两个发达国家之间可以进行排放额度买卖的“排放权交易”，即难以完成削减任务的国家，可以花钱从超额完成任务的国家买进超出的额度。

第二，以“净排放量”计算温室气体排放量，即从本国实际排放量中扣除森林所吸收的二氧化碳的数量。

第三，采用绿色开发机制，促使发达国家和发展中国家共同减排温室气体。

第四，可以采用“集团方式”，即欧盟内部的许多国家可视为一个整体，采取有的国家削减、有的国家增加的方法，在总体上完成减排任务。

3. 清洁发展机制

《京都议定书》建立了三个合作机制，合作机制的设计目的在于帮助工业化国家（附件Ⅰ国家）通过在其他国家而不是本国以较低的成本获得减排量，从而降低附件Ⅰ国家实现其减排目标的成本。①

第一，国际排放贸易。允许附件Ⅰ国家之间相互转让它们的部分“容许的排放量”（“排放配额单位”）。

第二，联合履行机制。允许附件Ⅰ国家从其在其他工业化国家的投资项目产生的减排量中获取减排信用，实际结果相当于工业化国家之间转让了同等量的“减排单位”。

第三，清洁发展机制。允许附件Ⅰ国家的投资者从其在发展中国家实施的，并有利于发展中国家可持续发展的减排项目中获取“经核证的减排量”（CERs）。

这三个合作机制给予附件Ⅰ国家及其私人经济实体在世界上任何地

---

① 刘兰翠，吴刚. 我国 CDM 项目的现状与思考［J］. 能源与环境，2007，29（3）：34-40.

方——只要减排成本最低——实施温室气体减排项目的选择机会，产生的减排量可以用于抵减投资方国家的温室气体减排义务。尤其是清洁发展机制，其目的在于通过促进工业化国家的政府机构以及商业组织对发展中国家的环境友好投资，帮助发展中国家实现可持续发展。通过清洁发展机制渠道筹集的资金，有助于发展中国家实现经济、社会、环境和可持续发展目标，诸如更清洁的空气和水资源，改善土地利用方式，促进农村发展、就业以及消除贫困等伴随的社会效益。

根据《联合国气候变化框架公约》的数据，截至 2021 年 8 月 31 日，全球注册备案 CDM（清洁发展机制）项目数共计 8 217 个，已登记已发放 CERs 项目 3 401 个，签发量约为 21.57 亿吨二氧化碳当量。① CDM 项目大部分来自发展中国家和新兴经济体，注册项目数量排前三名的是中国、印度和巴西。从 2005 年至 2012 年，全球 CDM 项目注册数量逐年攀升，而在 2013 年以后出现了急剧减少，全球的 CDM 项目开发在第一承诺期后几乎处于停滞的状态。这一方面是由于《京都议定书》政策的不连续，2012 年后 CDM 执行理事会对 CDM 项目注册实施严格的限制政策，增加了项目的审查和注册难度。另一方面是由于 CDM 市场的大幅震荡，欧盟作为 CDM 项目 CERs 的最大买方，2013 年削减了排放交易系统中使用 CDM 的碳配额，宣布仅接受来自不发达国家 CDM 项目的 CERs 用于履约，这进一步加重了 CDM 项目投资前景的不确定性。此外，以美国为首的部分发达国家相继退出《京都议定书》，也给全球气候合作进展带来较大的冲击。②

4. 推动全球绿色治理

绿色发展是世界经济发展的主要趋势和全球发展治理的现实要求，联合国在推动全球绿色治理方面发挥着重要作用。2008 年 12 月，联合国秘书长潘基文在联合国气候变化大会上提出《绿色新政》，呼吁全球领导人在投资

① FCCC. 清洁发展机制执行理事会提交作为《京都议定书》缔约方会议的《公约》缔约方会议的年度报告［R/OL］. https://unfccc.int/sites/default/files/resource/cmp2021_04C.pdf.

② 万攀兵，杨冕，王怡怡. 清洁发展机制的“降碳”与“增长”协同效果评估［J］. 世界经济，2023（6）：158－182.

方面转向能够创造更多工作机会的环境项目。在应对气候变化方面进行投资，促进绿色经济增长和就业，以修复支撑全球经济自然生态系统。

为了应对 2008 年国际金融危机，联合国环境规划署（简称“UNEP”）启动“全球绿色新政及绿色经济计划”，倡导各国政府建立低能耗、环境友好、可持续的“绿色经济”增长模式，以复苏和升级世界经济。2009 年 3 月，UNEP 发布《全球绿色新政：政策简报》，并于同年向 G20 峰会提交《全球绿色新政政策概要》。根据 UNEP 的倡议，各国领导人在两年内（2009—2010 年）将全球国内生产总值的 1%，也就是 7 500 亿美元投入五大关键领域中。这五个关键领域包括：（1）提高新旧建筑的能效；（2）发展风能、太阳能、地热能和生物质能等可再生能源；（3）推广清洁能源车辆，发展高速列车、公共汽车等便捷公交系统；（4）对淡水、森林、土壤、珊瑚礁等地球生态基础设施进行投资；（5）发展包括有机产品在内的可持续农业。①

2011 年 2 月，UNEP 发布《绿色经济报告》，描绘全球绿色发展的新蓝图，指出绿色经济是全球经济增长的新引擎、就业机会的新来源，将成为实现可持续发展和消除长期贫困的重要战略。2012 年，联合国可持续发展大会重点审议了如何发展绿色经济，大会发布并通过题为《我们憧憬的未来》的成果文件，肯定绿色经济是实现可持续发展的重要手段之一，鼓励各国根据不同国情和发展阶段实施绿色经济政策，对确立全球可持续发展方向具有重要的指导意义。文件还决定建立高级别政治论坛，并敦促发达国家履行官方发展援助承诺，向发展中国家转让技术和帮助加强能力建设。2013 年，UNEP、国际劳工组织和联合国工业发展组织等共同启动“绿色经济行动合作伙伴关系”计划（简称“PAGE”），合作伙伴的联动能够覆盖绿色经济的主要要素，并提供一套全面的综合性服务及工具来帮助国家战略性地开发绿色经济发展路径。②目前，PAGE 帮助 22 个国家开展国民经济结构转型，倡导应用清洁技术、资源节约型基础设施、雇用掌握环保技能的劳动力，对生态系统进行管理。

---

① 李飞，宋玉祥，付加锋. 全球“绿色新政”及其对中国的启示［J］. 生态经济，2010（6）：105－107.

② 周全，董战峰，杨昭林，等. 绿色经济发展的国际经验及启示［J］. 环境经济，2020（6）：56－61.

UNEP 与各种非政府组织、企业、研究平台和联合国有关机构协同推动绿色金融体系。2014 年，UNEP 发起成立了“可持续金融体系设计探寻”项目，旨在通过政策设计提高绿色金融体系的投资有效性。2019 年，UNEP 发起“联合国环境规划署金融倡议”（简称“UNEP FI”），通过与全球金融部门建立合作伙伴关系，为全球可持续发展调动私营部门资金。UNEP FI 建立或与其他机构合作创建的框架包括负责任银行原则、可持续保险原则和负责任投资原则，与 350 余家成员单位（包括银行、保险公司和投资机构）以及 100 多家支持机构合作，成员承诺将环境和社会风险因素纳入金融机构的日常运作决策。2021 年 4 月，UNEP FI 和可持续市场倡议金融服务工作组共同发起成立净零银行业联盟，成员来自 23 个国家和地区的 43 家银行，总资产达 28.5 万亿美元，致力于确保其投资组合中的碳排放量符合“2050 年实现净零排放目标”的途径。①

（二）国际可再生能源署与绿色发展国际合作

国际可再生能源署（International Renewable Energy Agency，简称“IRENA”）是为了推动全球各国加速能源转型而成立的国际组织。2009 年 1 月，IRENA 在德国波恩成立，中国于 2014 年正式加入该组织，截至 2024 年 10 月，成员包括欧盟和 168 个国家。IRENA 的总部设在阿布扎比，作为国际合作交流的主要平台，它旨在帮助各国加速能源转型，并且拥有关于可再生能源的政策、技术、资源以及金融知识等方面的丰富积累。②

1. IRENA 的地位及运行架构

IRENA 旨在推动可再生能源的广泛与可持续利用，帮助各国实现并推动能源的可持续发展、能源可及性、能源安全以及低碳式的经济发展。IRENA 提供全方位的产品和服务，包括：（1）可再生能源数据和统计数据；（2）关

---

① 联合国启动净零金融［EB/OL］.（2021-04-21）［2024-03-15］. https://www.unep.org/zh-hans/xinwenyuziyuan/xinwengao/lianheguoqidongjinglingjinronglianmeng.

② 约翰内斯·尤玻莱纳，泰斯·范·德·格拉夫. 国际可再生能源机构：制度创新的一个成功案例［J］. 国外理论动态，2017（2）：77-88.

于最佳实践、政策开发等方面的建议；（3）对金融机制以及技术专长的分析建议；（4）建设规划能力；（5）丰富的出版物和其他资源。

IRENA 大会拥有最终决策权，由各成员国派出一名代表组成。大会每年召集一次，主要负责讨论和决定工作方案、预算等问题，根据全球能源话语和优先事项，共同决定机构的战略方向和计划活动，以加速全球可再生能源转型的部署。IRENA 的理事会对大会负责，由 21 个成员组成，任期 2 年，在确保发展中国家和发达国家有效参与的基础上开展工作。理事会在条例第 10 条规定的其他职责范围内，促进成员之间的磋商与合作，并负责制订工作计划草案、预算草案以及年度报告。IRENA 秘书处由总干事及其工作人员组成，为大会、理事会及其附属机构提供行政和技术支持。秘书处负责编制和提交机构的工作计划、预算、年度报告以及实施工作计划。

2. IRENA 的主要合作框架平台

IRENA 建立可再生能源、绿氢发展、关键材料和能源地缘政治合作等多个合作框架，旨在促进能源转型关键方面的点对点合作和知识交流，同时可作为多个利益攸关方合作和协调行动的平台，将公共、私营、政府间和非政府行为体聚集在一起，支持和加速全球能源转型。

可再生能源合作框架，旨在促进各成员制定跨部门战略，使可再生能源发展与水、粮食和健康等可持续发展目标保持一致，鼓励跨境互联互通和促进可再生电力跨境贸易，推进能源系统创新，引入技术、经济、金融和社会解决方案，实现成本效益高的可再生能源整合。该合作框架制定跨境互联、能源系统运行以及能源系统的规划作为三个试点工作流程。绿氢合作框架是对话、合作和协调行动的有效工具，旨在加快绿氢的开发和部署，促进全球可再生能源转型。该合作框架以欧盟委员会和摩洛哥为共同协调方，利用 IRENA 在绿氢方面的优势以及成员中存在的丰富知识和专业知识，与其他实体进行更广泛的全球合作。

随着气候目标变得更加雄心勃勃，可再生能源成为净零排放承诺不可或缺的支柱，需要采取多种战略以确保这些关键材料在世界范围内的及时供应和可负担性，同时保持可持续性。2022 年 3 月，IRENA 成员启动关键材料合作框架，秘鲁和英国被选为合作框架的共同协调方，合作框架下的工作小组旨在加深对市场状况和前景的研究，制定战略以降低关键材料供应的风险，并提高对新的更可持续的采矿项目的接受程度。能源地缘政治合作框架的目的是更深入地了解正在进行的能源转型和大规模转向可再生能源的地缘政治后果。该合作框架于 2020 年启动，以全球能源地缘政治委员会的工作为基础，选择氢经济的地缘政治和气候—能源关系为主要关注点。2022 年 1 月，IRENA 发布《能源转型的地缘政治：氢能因素》报告，以支持各国政府应对能源地缘政治冲击。

3. IRENA 推动绿色发展的行动联盟

2014 年 1 月，IRENA 和来自世界各地的 35 家可再生能源企业共同成立一个行动联盟，以促进更广泛、更快地采用可再生能源技术。IRENA 行动联盟形成一个重要的国际合作网络，讨论行业趋势、确定行动，以及分享知识和交流最佳实践，以推动全球能源转型。行动联盟的使命是召集非政府和政府利益相关者之间的全球对话，以采取行动来增加可再生能源在全球能源结构中的份额。目前，该联盟汇集全球 140 多个领先的可再生能源参与者，包括私营企业、行业协会、民间社会、研究机构和政府间组织。行动联盟由商业及投资者工作组、能源社区工作组、终端用户部门脱碳工作组等六个工作组构成，各工作组主要行动如下：

其一，商业及投资者工作组。该工作组通过专家网络研讨会、国别文件和公私对话，在高潜力市场开展针对具体国家的工作，分析在新兴和成熟市场扩大可再生能源投资面临的障碍，并向决策者提出关键建议。

其二，能源社区工作组。该工作组重点推动社区能源投资，并推动使社区和公民参与能源决策的政策实施。工作组定期发布关于社区能源最佳实践的白皮书，开发具备可操作的路径，并与利益相关者合作，在全球范围内推广能源社区倡议。

其三，终端用户部门脱碳工作组。该工作组从政策、创新、技术、社会经济和制度等方面研究终端用户部门脱碳路径，在白皮书中提供绿色氢的最佳实践和政策建议，并发布绿色氢认证技术的简报。

其四，农业可再生能源工作组。该工作组在联合国粮食系统峰会上发表联合声明，提出农业可再生能源解决方案在共同推进粮食安全转型和能源转型方面的战略，并与利益相关方合作，在全球范围内扩大将可再生能源纳入农业的项目。

其五，可持续能源就业工作组。该工作组由可持续能源就业平台发展而来，通过知识交流和最佳实践分享开展能力建设，解决可持续能源就业方面的知识差距，提供分析挖掘能源转型增加整体就业的能力。

其六，迈向 100% 可再生能源工作组。该工作组发布了政府、公用事业和行业向 100% 可再生能源转型的白皮书，探讨全球能源转型中的关键角色、部门和情景，以及通过部门紧密合作获得全球能源加速转型的利益和把握发展机遇。

4. IRENA 推动多边合作倡议和建立融资平台

IRENA 推动发起小岛屿发展中国家灯塔倡议、全球地热倡议和全球海上风电倡议等多边绿色发展合作倡议。小岛屿发展中国家灯塔倡议是一个行动框架，IRENA 是该倡议的协调者和推动者，旨在支持小岛屿发展中国家从依赖化石燃料向依赖可再生能源转型。该倡议汇集 40 个小岛屿发展中国家以及 44 个合作伙伴，包括发达国家、区域和国际组织、多边机构、私营公司、研究机构和非营利组织。

2015 年，在第 21 届联合国气候变化大会上，IRENA 提出全球地热倡议并建立联盟，旨在增加地热能源的利用，包括发电和直接利用热能，为全球地热行业、政策制定者和利益相关者之间的对话、合作和协调行动提供平台，目标是到 2030 年实现地热发电装机容量增长 5 倍，地热供暖装机容量增长 2 倍以上。该联盟提出营造有利环境以吸引地热能源投资，为具有地热市场潜力的地区和国家提供最佳方案支持，促进地热能源价值链中主要利益相关者之间经验交流，确定并推广共享和降低风险的模式以吸引私人投资并将地热设施纳入能源市场。

2022 年，在第 27 届联合国气候变化大会上，丹麦、国际可再生能源署和全球风能理事会共同发起并创立全球海上风电联盟。全球海上风电联盟的目标是通过动员和创建全球实践社区，通过专题工作组、讲习班和能力建设等方式，促进加入联盟的国家间的知识交流和学习，为海上风电的利用创造全球驱动力，到 2030 年实现全球海上风电至少 380GW 总装机容量的目标。

2021 年，在第 26 届联合国气候变化大会上，IRENA 与阿联酋宣布共同启动能源转型加速器融资平台（简称“ETAF”），ETAF 计划前期融资 10 亿美元，其中阿联酋承诺将通过阿布扎比发展基金会（简称“ADFD”）为平台注资 4 亿美元。作为气候变化大会的重要成果之一，该平台旨在加快发展中国家向可再生能源转型的步伐，为解决全球气候问题提供必要的资金支持。ETAF 是由 IRENA 管理的具有包容性的多方利益相关者气候融资平台，通过加强资本动员为可行的可再生能源项目提供资金，以实现适应性和弹性的能源转型，并加强对发展中国家的经济和社会影响。该平台已收到 ADFD、亚投行、瑞士再保险公司和欧佩克基金等机构的认捐，总额达 12.5 亿美元，用于到 2030 年实现 1.5GW 可再生能源项目的规模。

5. IRENA 与多边机构协同推动绿色发展

IRENA 与 70 多个组织合作，专注于不同地区和主题，以推进能源转型，如气候变化适应、可持续金融和电气化。这些协同效应结合了 IRENA 和合作组织的知识、工具和专业知识，通过动员资本和能力建设等多种活动，创造合作和优化能源转型的努力。

2016 年，IRENA 与美国国际开发署在可持续发展联合倡议和活动方面建立合作伙伴关系，以促进撒哈拉以南非洲地区的可再生能源增长。合作伙伴关系的重点是扩大信息共享，通过 IRENA 的可持续能源市场和非洲清洁能源走廊开展项目合作，以确保实现到 2030 年所有人都能获得负担得起的、可靠的、可持续的现代能源的目标。2019 年，IRENA 和《公约》共同加大应对气候变化力度，推动可再生能源的广泛采用和可持续利用。新的战略伙伴关系建立在长期合作的基础上，旨在根据可持续发展目标和《巴黎协定》，确保建立低碳、适应气候变化的世界。

自 2020 年起，IRENA 对外国际合作交流步入快车道，2020—2022 年这三年间，IRENA 就与联合国人类住区规划署、欧洲复兴开发银行等 34 家机构建立了合作关系，合作领域涵盖可持续电力、城市可持续发展、可再生能源、绿色金融和低碳经济发展等多个领域。2020 年，欧洲复兴开发银行与联合国人类住区规划署签署谅解备忘录，在城市发展的背景下就可持续能源进行合作；与欧洲复兴开发银行建立合作伙伴关系，以迅速增加可再生能源在欧洲复兴开发银行运营国家的份额，最大限度地帮助减少气候影响和更可持续地使用电力；与阿布扎比国际金融中心签署谅解备忘录，共同致力于在阿联酋和更广泛的地区推进可持续金融；与加勒比共同体（简称“加共体”）发展基金签署谅解备忘录，以支持加勒比小岛屿发展中国家从对化石燃料的依赖向更具弹性和可持续性的低碳经济发展模式转变。2021 年，IRENA 和联合国业务支持部签署谅解备忘录，以促进在维和特派团中使用东道国生产的可再生能源；与亚投行签署谅解备忘录来支持亚洲的能源转型，并促进私人资本发展可再生能源。

（三）国际能源署与绿色发展国际合作

国际能源署（International Energy Agency，简称“IEA”）是一个政府间的能源机构，在 1973—1974 年的中东战争引发石油危机后，于 1974 年 11 月成立。IEA 是隶属于经济合作和发展组织的一个自治机构，由 29 个成员组成，总部设在巴黎。通过协调政府间开展的能源项目合作，IEA 旨在为成员国及相关国家提供稳定、清洁和可负担的能源。

1. IEA 的运行架构和机制

IEA 最高权力机构为理事会，由每个成员选派 1 位部长或其他高级官员组成，负责通过相关决议。秘书处由管理委员会任命的执行总裁领导，负责收集、分析信息，评估成员的能源政策，编制预测报告和开展研究工作，并就能源领域的一些特别问题向成员政府提供建议。常设部门和专门委员会包括长期合作与政策研究部、能源研究和技术委员会、紧急情况部、石油市场部和非成员办公室，这些部门由成员能源领域的专家组成，并在国际能源机构框架内进行活动。

在组织定位上，IEA 的主要职能由短期临时趋向长期稳定，IEA 从严重石油危机的短期应对机制演化为全球能源治理中的常设专门机构。在 IEA 的制度设计中，应急反应机制居于核心地位，也是西方发达国家集体能源安全保障体系的核心。其中，《国际能源计划协定》第一章到第四章确立的石油紧急共享机制，要求成员在遭遇石油供应量减少 7% 及以上的重大石油供应危机时交流石油数据信息，必要时动用储备、限制需求、转换燃料或增加国内生产。[①]从 20 世纪 80 年代中后期开始，IEA 开始扩大议题，尤其是增大对可再生能源、可持续发展和气候变化等议题的关注度。在涉及议题上，IEA 在维护能源安全的同时以引领全球能源转型为优先方向，聚焦清洁能源发展，积极参与全球气候治理和环境治理。在对外关系上，IEA 从 20 世纪 90 年代开始逐渐扩大“朋友圈”，积极开展与新兴能源消费国以及其他能源领域国际组织的合作。

2. IEA 绿色发展合作框架和平台

早在 1977 年，IEA 就建立氢能技术合作计划，它是主导国际氢能合作的重要领导组织之一，旨在组织并协调世界各国开展与氢能相关的研究与合作，对促进氢能在全球的发展起着重要作用。截至 2021 年，氢能技术合作计划有 26 个缔约方（包括 24 个国家以及欧盟委员会、联合国工业发展组织）。[②]进入 21 世纪以来，IEA 建立清洁能源转型计划、数字需求驱动电力网络和清洁能源转型全球委员会等多个合作框架，旨在促进能源转型关键领域的交流和合作，并作为新兴经济体的合作和协调行动平台，支持和加速全球能源转型。

2017 年，IEA 部长级会议启动了清洁能源转型计划（简称“CETP”）。作为 IEA 国际能源署的旗舰计划，CETP 旨在利用该机构的专业知识、见解和影响力，提供世界一流的分析、技术援助和能力建设，并重点关注新兴市场和发展中经济体，加快实现全球能源系统净零排放。CETP 的工作包括三大支柱：第一个支柱是支持新兴国家和发展中国家根据 2015 年《巴黎协定》

① 马妍. 试论中国与国际能源署的关系［J］. 现代国际关系，2015（10）：39-47，66.

② 张灿. 国际能源署氢能技术合作计划对我国氢能高质量持续发展的启示［J］. 可持续发展经济导刊，2022（8）：16-18.

的目标和联合国制定的可持续发展目标，来制定清洁能源转型目标；第二个支柱是促进 G20 等多边组织与联合国附属机构合作之间的协调；第三个支柱是展示国际能源署在全球范围内为实现和加速清洁能源转型所做的工作。2022 年，在 IEA 部长级会议上，15 个国际能源署成员和欧盟签署联合声明，承诺到 2030 年每年向 CETP 提供 2 000 万欧元资金，以支持新兴经济体的清洁能源投资，加速全球净零排放发展。

2019 年 9 月，联合国气候行动峰会在纽约联合国总部召开，联合国秘书长古特雷斯要求各国加大应对气候变化行动力度，并提出了操作性很强的应对措施。会后 IEA 发起了一项为期四年的跨部门倡议，即数字需求驱动电力网络（简称“3DEN”）。通过政策、法规、技术和投资指导，加快电力系统现代化和有效利用分布式能源的进程，旨在加强清洁能源应对气候变化的全球行动。3DEN 的重点区域包括巴西、哥伦比亚、印度、印度尼西亚、摩洛哥、南非、突尼斯，以及拉丁美洲、非洲和东盟等。在 3DEN 倡议下，IEA 利用整个机构和世界的分析、案例研究和经验，开发和传播可操作的工具和指导。3DEN 与相关组织合作，将不同的利益相关者聚集在一起，促进对话和分享经验，包括国际智能电网行动网络、清洁能源部长、使命创新和以用户为中心的能源系统、建筑和社区能源以及节能终端使用设备技术合作计划。

2021 年 1 月，IEA 成立“我们的能源未来：以人为本”的清洁能源转型全球委员会，该委员会由来自丹麦、比利时、欧盟和智利等国的政府领导人、部长和著名思想家组成。世界各国推进清洁能源发展将对个人和社区产生广泛的社会和经济影响，涉及公平和包容问题、性别平等，以及可负担性和公平性等诸多问题，委员会将深入探讨这些问题并提出相关建议，这些建议能够影响全球各国政府、资助者、投资者和国际组织的清洁能源政策和计划，以最大限度地为人们带来利益，并确保清洁能源在通往净零排放的道路上取得全面成功。

另外，IEA 发起了新兴经济体清洁能源转型行动（简称“CETEE”）和技术合作计划。CETEE 是根据《巴黎协定》实现全球清洁能源和气候的目标，重点关注巴西、中国、印度和印度尼西亚等主要新兴经济体及其所在地区，CETEE 的范围于 2021 年扩大到非洲，帮助这些新兴经济体实施清洁能源行动。CETEE 建立了更有效的知识和信息共享机制、加强政策行动和协调投资流动的能力建设、国际能源和气候计划，以及鼓励创新以促进清洁能源技术发展和相关投资。截止到 2024 年 10 月，CETEE 已出版 25 份报告、撰写 27 篇文章和新闻报道、组织 42 项公众活动，对目标国家的清洁能源发展起到促进作用。CETEE 对新兴经济体的政策制定产生直接影响，包括印度的清洁能源投资、印度尼西亚和泰国的可再生能源系统整合、中国实现净零排放的清洁能源创新和电力系统转型，以及巴西的研发和技术创新。IEA 技术合作计划支持独立的国际专家小组的工作，使世界各地的政府和行业能够在广泛的能源技术和相关问题上领导计划和项目，技术合作涵盖建筑、电力、交通、可再生能源等诸多领域。这些合作涉及全球超过 6 000 名专家，他们代表了 55 个国家的近 300 个公共和私人组织，其中许多来自 IEA 成员，如中国、印度和巴西。这些合作的专家致力于推进能源技术的研究、开发和商业化。每项合作的范围和战略都符合 IEA 关于能源安全、环境保护和经济增长的共同目标。

3. IEA 与多边机构协同推动绿色发展

2005 年，八国峰会（简称“G8”）首次邀请 IEA 秘书处的执行主任参加，并委托 IEA 设计一份能源领域的可持续发展路线图，即后来的“G8 格伦伊格尔斯规划方案”。[①]格伦伊格尔斯峰会不仅加强了 IEA 与 G8 的密切合作，也推动 IEA 增强对可持续发展、气候变化等领域的关注，开始积极参与全球气候治理。随着 IRENA 在 2009 年的正式成立，IEA 开始谋求加强合作。2012 年 1 月，IEA 与 IRENA 签署合作协议，双方将共建全球可再生能源政策和措施数据库。根据协议，现有的 IEA 数据库将更名为“IEA/IRENA 全球可

① Dries L，Thijs Van de G，Kirsten W. The G8's role in global energy governance since the 2005 Gleneagles Summit［J］. Global Governance，2009，15（2）：259－277.

再生能源政策和措施数据库”，涵盖 150 多个国家的可再生能源政策。①IEA 的诚意得到了 IRENA 的积极回应，IRENA 时任总干事阿德南·阿明公开表示：“IRENA 和 IEA 是推进全球可再生能源使用和部署的天然合作伙伴。”

IEA 积极参与清洁能源部长级合作机制，该机制于 2010 年由中国及其他 23 个主要经济体联合发起成立。IEA 作为观察员单位和协调员，参与发起电动汽车协议（2010）、清洁能源部长氢倡议（2019），旨在推进政策、计划和项目，加速电动汽车和氢能源的商业化和部署。IEA、欧盟和重点国家合作建立 EU4Energy 计划，由欧盟资助旨在支持重点国家实施可持续能源政策的愿望，并促进区域一级能源部门的合作发展。IEA 负责能源数据管理和使用、可持续能源、能源安全，以及通信和可视化。该计划的第一阶段从 2016 年 7 月持续到 2022 年 6 月，重点关注亚美尼亚、阿塞拜疆、白俄罗斯和格鲁吉亚等欧盟东部伙伴关系和中亚国家。

IEA 加紧吸纳中国、印度等新兴能源消费大国成为“积极联系国”，在 IEA 的努力下，印度于 2017 年作为协会成员加入了 IEA，并于 2023 年 10 月向 IEA 提出了正式成员资格的请求。在 2024 年 2 月举行的 IEA 部长级会议上，IEA 成员部长同意与印度启动成员资格谈判。这标志着 IEA 在吸纳印度的道路上更进一步。尽管中国没有加入 IEA，但双方近年来在能源转型和气候治理等议题上合作密切。2021 年 6 月，IEA 执行董事法提赫·比罗尔会见中国政府气候变化问题特使解振华，双方在重大能源和气候问题上进行了深入交流。2023 年，IEA 与中国能源基金会、北京大学能源研究所开展合作，在北京通过线上线下结合的方式发布了《2023 年世界能源投资》文件，并讨论中国国内外清洁能源投资的最新趋势。

IEA 在能源转型、气候变化等一系列全球治理议题中发挥着重要作用。在 2022 年 IEA 理事会部长级会议上，IEA 聚焦“以全球行动助力清洁能源发展与能源安全”，并在会后的公报中重申 IEA 推动全球能源转型、引领能

---

① IRENA. New IRENA-IEA partnership will heighten technology and innovation co-operation［EB/OL］.（2012－01－06）［2024－03－02］. https://www.irena.org/News/pressreleases/2012/Jan/New-IRENA-IEA-partnership-will-heighten-technology-and-innovation-co-operation.

源行业应对气候变化的决心，并明确指出，“本次部长级会议标志着 IEA 新阶段的启动，除了确保全球能源安全外，IEA 迎来一项新的指导原则，即支持各国以全球行动在本世纪中叶实现能源领域的温室气体净零排放”。这标志着 IEA 已经将发展清洁能源、助力温室减排提到了跟能源安全同样重要甚至更加优先的地位，努力在世界范围内引领全球能源行业的变革。

（四）清洁能源部长级合作机制下的绿色发展国际合作

清洁能源部长级合作机制（Clean Energy Ministerial，简称“CEM”）是全球范围内清洁能源领域唯一常设的部长级多边合作机制，于 2010 年 7 月在美国华盛顿成立。作为推动全球清洁能源领域协同创新的常设性国际合作机制，其目标是通过政策和最佳实践分享、提出倡议和行动等方式来推动全球向清洁能源经济转型。①截止到 2024 年 6 月，CEM 正式成员包括中国、英国、美国、澳大利亚、巴西、加拿大、法国、德国、印度尼西亚、印度和日本等 26 个国家以及欧盟。所有成员国清洁能源总产量全球占比达 90%，清洁能源投资总额全球占比达 80%。

1. CEM 的运行架构和职能

CEM 是国际清洁能源领导平台、召集平台和行动平台，帮助成员制定全球清洁能源议程，并推进具体清洁能源技术和解决方案的部署。作为一个自下而上、政府主导的社区，致力于建立网络和伙伴关系，促进清洁能源方面的协调行动，实现成员国内清洁能源目标。其目标是汇集 G20 以及有清洁能源领导力的国家、大型公司和国际专家，通过政策和最佳实践分享，组织各国协调一致行动，以提出专项的清洁能源倡议和行动等方式来推动全球向清洁能源经济转型。

CEM 建立全球行动联盟，以实现清洁能源目标并推进其转型。其运作通过三个主要支柱进行，包括部长会议、工作组和秘书处。每年召开部长、合作伙伴和社区的年度会议，由工作组负责在清洁能源领域积极开展一系列

① Who we are［EB/OL］.（2022－01－01）［2023－09－15］. https://www.cleanenergyministerial.org/who-we-are/.

国际活动和倡议，而秘书处对部长负责，负责日常行政事务。CEM 是由全球清洁能源领域具有领导力的国家、大型公司和国际专家构建成强大的合作社区，以实现清洁能源转型的使命。CEM 作为世界主要经济体之间的合作对话机制，通过专注于为世界各地的能源决策者提供最新的信息和工具，以改善清洁能源的政策环境。CEM 提倡更灵活、更具创造性的“分布式领导”模型，鼓励任何有意进一步发展清洁能源技术的政府寻找合作伙伴并继续推进；鼓励包括行业和非政府组织在内的私营部门积极参与，加速全球清洁能源的转型。

2. CEM 绿色发展合作框架和平台

CEM 聚焦清洁能源、绿色交通、清洁工业和绿色建筑等领域，发起和打造多项合作框架和平台以推动全球清洁转型。CEM 汇集全球主要清洁能源市场领导者，成员为聚焦清洁能源技术的公共研究和开发提供资金支持，支持对象包括世界领先的风力和光伏发电设备，同时包括碳捕捉等新兴市场。

在清洁能源领域，CEM 发起超级储能电池计划、核能创新—清洁能源未来和太阳能转型供应链等多项合作框架和倡议，推动太阳能、核能和储能电池等清洁能源快速发展。2022 年 9 月，在匹兹堡第 13 届 CEM 会议（CEM13）上正式启动太阳能转型供应链倡议，该倡议支持成员和非成员发展有弹性的供应链能力，并促进全球贸易伙伴之间的联系。作为全球性的倡议，旨在通过支持在世界不同地区建立大规模制造业来提高整体供应链的能力和弹性，制定支持当地和区域制造业生态系统的政策和法规。2023 年 7 月，在第 14 届 CEM 会议上，澳大利亚、加拿大、欧盟和美国确定建立一个超级储能电池新工作流程。在 2024 年第 28 届联合国气候变化大会上，CEM 发起“超级储能电池计划”，在全球范围内加强电池储能部署以实现净零排放目标。该计划由政策和规则、供应链和制造以及融资三个支柱构成，通过国际合作和协调，推动固定式电池储能的开发和部署，降低技术成本，建立多元化、可持续、负责任、安全和透明的供应链。核能创新—清洁能源未来倡议将核能从传统核论坛引入部长级和工作级机制，让核能和非核能政策制定者和利益相关者参与讨论核能在未来综合清洁能源系统中的作用，以确保能源政策制定者了解实现全球清洁能源目标所需的各种战略选择。

在绿色交通领域，CEM 发起电动汽车倡议、清洁能源海运枢纽和全球商用车零排放运动等合作框架和倡议。为应对能源与环境问题，推动交通电动化成为重要发展趋势，在 2010 年 CEM 会议上，中美两国共同提出电动汽车倡议，参加该倡议的国家达到 16 个，包括中国、美国、法国、德国、英国、挪威及日本等。随着电动汽车倡议工作进入新的发展阶段，相继提出 EV30@30 挑战行动和全球电动汽车示范城市发展项目（简称“PCP”）。EV30@30 挑战行动旨在推动电动汽车的广泛应用，目标是至 2030 年，电动汽车销量占到全球新车销量的 30%。PCP 是计划 5 年内在全球招募 100 个电动汽车友好城市，共同围绕电动汽车推广的政策法规、城市规划、充电技术、共享出行等方面开展广泛的国际合作与交流。清洁能源海运枢纽倡议是能源—海运价值链上私营部门与政府之间的首个合作伙伴关系，由巴西、加拿大、希腊、挪威、巴拿马、乌拉圭及阿联酋七国政府主导，联合国际航运公会（ICS）、国际港口协会（IAPH）及 CEM 共同推进。该倡议汇聚能源、海事、航运与金融领域各方力量，通过公私合作模式化解投融资风险，推动能源—海运供应链实现绿色低碳转型。全球商用车零排放运动是建立在技术变革战略基础上，确定零排放和接近零排放的技术在最有可能取得成功的商用车市场，旨在加速全球零排放和近零排放商用车市场的增长，目标是到 2025 年使近零技术具有商业竞争力，到 2040 年在特定的汽车细分市场和地区占据主导地位。

在清洁工业领域，CEM 发起工业脱碳倡议和超高效设备和部件应用等合作框架和倡议。工业脱碳倡议（简称“DDDI”）目前的成员包括加拿大、德国、日本、沙特阿拉伯、瑞典、阿联酋和美国。该倡议强调全球对低碳工业材料的需求，鼓励政府和私营部门购买低碳钢和水泥，为通用脱碳标准和目标寻找和共享数据。DDDI 与成员政府合作，并汇聚气候组织和世界经济论坛在内的组织，形成了行动联盟，努力使碳核算标准化，并制定雄心勃勃的公共和私营部门采购目标，鼓励对低碳产品开发和设计行业指南的投资。包括加拿大、德国和英国在内的参与国在 DDDI 框架下发起了绿色政府采购运动，预计到2025年将使至少10个政府作出绿色公共采购承诺，购买低排放或接近零排放的钢铁、水泥和混凝土产品。2030年，成员政府开始要求所有公共建设项目使用的钢铁、水泥和混凝土产品都是低排放的，并且“标志性项目”使用接近零排放的材料。超高效的设备和部件部署倡议是CEM倡议和能源效率中心工作组的联合倡议，25个成员政府加强合作来改善家电政策并迅速实施，旨在促进全球节能电器、照明和设备的制造和销售。

3. CEM与多边机构协同推动绿色发展

CEM与IEA、IRENA、世界能源理事会（World Energy Council）和世界银行等国际组织加强合作，协同推进绿色发展。

2018年5月，在哥本哈根举行的第九届清洁能源部长级会议上，CEM与全球能源互联网发展与合作组织共同启动区域和全球能源互联倡议（简称“RGEI”），以推动传统能源系统向以电力为中心和相互联系的现代能源系统过渡。RGEI的目标是讨论促进区域和全球能源系统一体化的政策和监管框架，就通过增加可再生能源在能源中的份额来促进能源转型达成共识，鼓励东亚经济论坛成员推进电网互联并积极参与区域经济全球化进程。[①]RGEI成员包括中国、智利、芬兰、韩国、南非和阿联酋等。2023年，RGEI的战略重点是将自己打造成区域电力池和区域能源市场一体化项目的主要全球论坛，在各国和各组织之间扩大RGEI的成员、伙伴关系和支持范围，在各区域之间交流最佳实践，以建立多国电力池，促进清洁能源的跨境贸易。RGEI向全球清洁能源倡议成员提供工具和资源，以支持跨境清洁能源贸易的国际制度发展和政策改革。

CEM与IEA、IRENA、世界银行、美国开发署和丹麦能源署等国家机构和国际组织共同打造了“21世纪电力伙伴关系”这一多边合作平台，旨在推动政策、监管、金融和技术解决方案出台，结合智能电网解决方案来大规模部署可再生能源。该伙伴关系侧重于与全球电力系统转型相关的四项关键活动，即支持国家层面的政策和监管实施，分享知识和最佳实践，加强和传播

① 朱峥，李帅虎. 清洁能源部长会议合作机制下区域与全球能源互联网倡议的机遇及挑战［J］. 科技导报，2022，40（24）：31–37.

电力部门分析、规划和管理的新工具，以及支持专家能力建设。伙伴关系的主要活动涵盖行动方案、电力系统转型和能效提升三个层面，所完成的研究报告——《电力行业快速脱碳的经验教训》提交给各国清洁能源部长，并于2022年9月在美国举行的第13届中欧经济合作会议上发布。在印度、墨西哥和南非开展“整合可变可再生能源的电网管理和市场运作的国际最佳实践”的研究工作，能源效率方面包括举办多个国家级研讨会，将能源效率目标纳入电力系统规划，以供相关国家政策制定者参考。

氢倡议于2018年在日本氢能部长级会议上被发起，CEM与IEA、氢和燃料电池国际伙伴关系及使命创新等其他国际组织和联盟合作，旨在推进氢政策、氢计划和氢项目，加速氢燃料和技术在经济各个方面的商业化和部署。氢目标工作组的第一次磋商已经完成，其成果用于IEA的《2021年全球氢评估》。2022年5月，氢倡议发布全球氢目标摘要，总结近70个国家政府关于氢能发展的具体目标。另外，CEM与IEA签署谅解备忘录，以开展生物能源领域的合作活动，重点是生物燃料和生物炼制。双方将分享各自的互补技能、知识和经验，开发新的合作项目和活动，提高已采取行动的效率和效力，以及监测生物能源政策及战略的影响和有效性。双方合作的目标通过交换信息和数据、分享专门知识、组织联合活动和就双方同意的主题进行研究来实现。

二、区域层面的绿色发展国际合作

在区域层面，绿色发展国际合作包括亚太经合组织（Asia-Pacific Economic Cooperation，简称“APEC”）和东盟与中日韩（10+3）机制绿色发展国际合作机制。另外，中国秉持共商共建共享原则，构建“一带一路”绿色发展国际联盟和“一带一路”能源合作伙伴关系两大新型多边合作机制，带来“一带一路”绿色发展核心要素的重新组合。

（一）APEC与绿色发展国际合作

APEC是亚太地区重要的经济合作论坛，也是亚太地区最高级别的政府间经济合作机制。亚太经合组织采取自主自愿、协商一致的合作原则，所作决定必须经各成员一致同意认可。亚太经合组织的组织机构包括领导人非正式会议、部长级会议、高官会、委员会和专题工作组等。其中，领导人非正式会议是亚太经合组织最高级别的会议。

2022 年，APEC 成员的总人口达 29.6 亿，占世界人口的 37%；国内生产总值之和超过 62 万亿美元，占世界的 62%；贸易额达到 30 万亿美元，占世界总量的 47%。[①]这一组织在全球经济活动中具有举足轻重的地位。在绿色发展合作方面，早在 1989 年 APEC 第一次部长会议上，能源、环境等问题就被确定为合作领域，这是 APEC 会议上最早提到环境领域合作。APEC 绿色发展国际合作的进程可分为起始阶段和机制化阶段，随着框架内多边合作领域扩展及合作程度深化，APEC 绿色发展合作不断推进，绿色发展合作机制逐渐完善，绿色合作实践日益多样化。

1. 绿色发展国际合作起始阶段特征与进展

2007 年 9 月，在悉尼召开的第 15 次 APEC 领导人非正式会议提出通过双边、区域和全球伙伴计划促进清洁发展，提出能效、森林、低排放技术和创新以及可替代和低碳能源等领域的行动计划，拉开 APEC 绿色发展国际合作发展的序幕。这一阶段 APEC 绿色发展国际合作的主要特征是，领导人非正式会议确定绿色发展合作的方向，推进成员在清洁能源、低碳城镇和可持续交通等领域的合作和行动计划。

2007 年 9 月，第 15 次 APEC 领导人非正式会议发布《亚太经合组织领导人关于气候变化、能源安全和清洁发展的悉尼宣言》，宣言中提出：“全球应对气候变化、能源安全和清洁发展挑战的努力对亚太地区利害攸关。经济增长和技术进步是我们未来共同应对方式中不可或缺的因素。这些巨大的挑战，需要我们采用新的具有创新精神的国际合作模式。”[②]会议通过 APEC 行

---

① APEC.APEC in Charts 2023［EB/OL］. https://www.apec.org/docs/default-source/publications/2023/11/223_psu_apec-in-charts-2023.pdf?sfvrsn=9eca541b_2.

② 亚太经合组织领导人关于气候变化、能源安全和清洁发展的悉尼宣言（译文）［EB/OL］.（2007－09－09）［2023－09－15］. https://www.mfa.gov.cn/web/gjhdq_676201/gjhdqzz_681964/lhg_682278/zywj_682290/200907/t20090730_9384074.shtml.

动议程以落实领导人共识，主要包括建立亚太能源技术网络，建立亚太森林恢复和可持续管理网络，加强环境商品和服务、航空运输，替代能源和低碳能源的使用等方面的合作。

2009 年 11 月，在新加坡举行的 APEC 第十七次领导人非正式会议发布《倡导新的增长方式，构建 21 世纪互联互通的亚太》，提出“未来的增长必须与全球保护环境和减缓气候变化的努力相协调”，“将探讨减少环境产品与服务贸易、投资壁垒的方法，并避免对环境产品与服务贸易设置新的壁垒，将分享提高能效的最佳范例，推广更清洁高效的能源技术，欢迎开展 APEC 能效同行审议。[①]2010 年，APEC 第九届能源部长会议在日本福井市召开，本次会议主题是“通往能源安全的低碳之路：以能源合作促进 APEC 可持续发展”，重点讨论加强亚太地区更加清洁地利用化石燃料、促进可再生能源和核能发展、智能电网技术、低碳城镇示范项目等方面议题，通过中日共同倡议的 APEC 低碳示范城镇项目，并确定天津滨海新区于家堡金融区作为首个低碳示范城镇。2011 年 9 月，APEC 交通能源部长会议在美国旧金山召开。此次会议的主题是“亚太经合组织交通领域的低能耗、低碳可持续发展”，旨在推动交通领域替代燃料的发展，促进节能与提高能效，会议通过《亚太经合组织面向低能耗、低碳、可持续交通未来迈进的行动计划》。[②]

2011 年 11 月，APEC 第十九次领导人非正式会议首次提出“绿色增长”，并与深化区域经济一体化和规制衔接性共同成为三大议题。会议发表《檀香山宣言——迈向紧密联系的区域经济》，APEC 成员在宣言中将致力于推动共同绿色增长目标，通过加强能源安全、创造新经济增长和就业机会等方式提高向全球低碳经济转型的速度，应对亚太地区面临的经济和环境挑战。为此，APEC 各经济体于 2012 年为制定一个对实现绿色增长和可持续发展目标有

---

① “倡导新的增长方式，构建 21 世纪互联互通的亚太”——亚太经合组织第十七次领导人非正式会议单独声明（中译文）［EB/OL］.（2009－12－4）［2023－09－17］. http://gjs. mofcom.gov.cn/article/af/ae/200912/20091206652873.shtml.

② 亚太经合组织交通能源部长会议召开［EB/OL］.（2011－09－15）［2023－10－16］. http://www.nea.gov.cn/2011-09/15/c_131139349.htm.

直接和积极贡献的亚太经合组织环境产品清单而开展工作。[①]

2. 绿色发展国际合作机制化阶段特征与进展

以 2014 年第十一届 APEC 能源部长会议成立亚太可持续能源中心为开端，开启 APEC 绿色发展国际合作的机制化阶段。2022 年，APEC 第二十九次领导人非正式会议提出了清洁和低碳能源转型、可持续贸易和投资、资源的可持续管理和资源效率，以及可持续废物管理这四个领域的绿色发展框架，并明确 APEC 各机制将共同推进上述议程，标志着绿色发展国际合作全面深化。这一阶段 APEC 绿色发展国际合作的主要特征是合作机制涵盖清洁能源、绿色供应链、绿色农业和中小企业绿色发展等多个层面，合作内容多样、合作机制丰富，推动 APEC 绿色发展国际合作快速发展。

2014 年 9 月，第十一届 APEC 能源部长会议在北京举行。本次会议围绕“携手通向未来的亚太可持续能源发展之路”主题，就加强能源安全和促进亚太地区能源投资和贸易、提高能源效率和发展可持续社区、促进清洁能源资源开发和化石能源的清洁化利用四大议题广泛交换了意见，达成一系列重要共识。会议发表《北京宣言》，与会各成员同意积极促进 APEC 各经济体在可再生能源领域开展全面深入合作，并重申“到 2035 年将亚太地区总能源强度比 2005 年降低 45%”的目标。会后，中国成立 APEC 可持续能源中心（简称“APSEC”），致力于通过 APEC 经济体间的政策交流、信息共享、能力建设、联合研发和技术合作等为亚太绿色发展积极贡献力量。2015 年，APSEC 举行第一届亚太能源可持续发展高端论坛，该论坛围绕亚太地区可持续城市与绿色建筑、清洁能源技术转移、城镇化与低碳能源等议题进行深入研讨，为亚太未来可持续发展的模式制定范本。2017 年举办的第三届亚太能源可持续发展高端论坛，成立了亚太地区清洁煤技术转移项目联合运营中心，旨在做好清洁煤技术宣传与推广工作。

2014 年 11 月，APEC 第二十二次领导人非正式会议在北京召开，会议围绕推动区域经济一体化，促进经济创新发展、改革与增长，加强全方位基

① APEC 会议宣言承诺加强区域经济联系［EB/OL］.（2011－11－15）［2023－10－18］. https://epaper.gmw.cn/gmrb/html/2011-11/15/nw.D110000gmrb_20111115_6-08.htm.

础设施与互联互通建设等重点议题，共商拓展和深化亚太区域经济合作，取得了一系列绿色发展重要成果。会议发表《北京纲领：构建融合、创新、互联的亚太——亚太经合组织第二十二次领导人非正式会议宣言》（简称《北京纲领》）和《共建面向未来的亚太伙伴关系——亚太经合组织成立 25 周年声明》。《北京纲领》高度评价亚太经合组织绿色发展高层圆桌会议及《亚太经合组织绿色发展高层圆桌会议宣言》，同意建立亚太经合组织绿色供应链合作网络，提出各成员支持推动传统经济转型升级，挖掘绿色经济和蓝色经济等发展前景良好的新经济形态，走绿色、循环、低碳和高效发展之路。①

2015 年 11 月，APEC 第二十三次领导人非正式会议在菲律宾举行，会议通过了《亚太经合组织加强高质量增长战略》，该战略提出发展资源集约型经济，推动发展低碳而有活力的社会，继续鼓励新型绿色产业和绿色就业。2017 年 11 月，APEC 第二十五次领导人非正式会议在越南召开，会议聚焦促进创新增长、包容和可持续就业，打造区域经济一体化的新动力，以及加强中小微企业的能力和创新。促进中小微企业健康可持续发展已成为 APEC 各经济体的广泛共识，会议批准《APEC 绿色、可持续和创新中小微企业战略》，通过推广绿色节能低碳技术应用，加大绿色能源供给，引导中小微企业加快转型步伐，为亚太地区可持续发展作出贡献。

后疫情时代的全球经济复苏正值应对气候变化和实现可持续发展的关键时期，绿色发展成为后疫情时代 APEC 成员经济复苏的重要引擎。2022 年 11 月，APEC 第二十九次领导人非正式会议在泰国曼谷举行，会议围绕“开放、联通、平衡”的主题进行讨论，通过了《2022 年亚太经合组织领导人宣言》和《生物循环绿色经济曼谷目标》两份成果文件。《生物循环绿色经济曼谷目标》是推进亚太可持续绿色发展的全面框架，确立推进可持续和包容性经济政策的目标，同时确保这些政策能应对环境挑战。该文件明确提出各经济体根据自身不同情况通过多样的路径推进清洁和低碳能源转型，进一步

---

① 北京纲领：构建融合、创新、互联的亚太——APEC 领导人宣言［EB/OL］.（2014－11－12）［2023－09－25］. http://foreignjournalists.fmprc.gov.cn/ziliao_674904/zt_674979/ywzt_675099/2014zt_675101/fzshyjxghd_675199/zxxx_675201/201411/t20141112_7954621.shtml.

加强亚太地区使用可再生能源和清洁低排放能源技术的能力；要推进包容可持续贸易和投资，落实《亚太经合组织互联互通蓝图》，加强供应链稳定、韧性和可持续性；要促进自然资源的可持续利用和管理，保护生物多样性；提高资源利用效率和可持续废物管理，实现“零废物”，加强可持续生产和消费。①

2023 年 11 月，APEC 第三十次领导人非正式会议在美国旧金山举行，会议围绕“为所有人创建强韧和可持续未来”的主题进行讨论，会上发表了《2023 年亚太经合组织领导人旧金山宣言》。该会议以《生物循环绿色经济曼谷目标》为基础，通过《贸易和投资政策包容和可持续旧金山原则》《亚太经合组织合作公正能源转型非约束原则》《通过可持续农业体系保障粮食安全原则》这三个成果文件，持续推动各成员在清洁能源发展、可持续贸易和投资和可持续农业体系的进一步发展。

（二）东盟与中日韩（10+3）机制下绿色发展国际合作

马来亚（现马来西亚）、菲律宾和泰国于 1961 年 7 月 31 日在曼谷成立东南亚联盟。1967 年 8 月 28 日—29 日，马、泰、菲三国在马来西亚的吉隆坡举行部长级会议，决定由东南亚国家联盟取代东南亚联盟（简称“东盟”）。1995 年，东盟曼谷首脑会议建议举行东盟与中日韩领导人会议。1997 年，马来西亚作为东盟轮值主席国承办第二届东盟首脑非正式会议，积极促成了东盟与中国、日本和韩国领导人非正式会议的召开，东盟—中日韩（10+3）合作机制正式启动。2004 年，各方一致同意将东盟—中日韩（10+3）作为建立东亚共同体这一长期目标的主渠道。在绿色发展合作方面，东盟—中日韩形成以领导人会议为核心，以能源部长对话机制、环境部长会议和工作组会议为支撑的合作体系。

1. 领导人会议机制下的绿色发展合作

2007 年，第十一次东盟—中日韩（10+3）领导人会议在新加坡举行，

① 生物循环绿色经济曼谷目标[EB/OL].(2022-11-19)[2023-10-10]. http://foreignjournalists.fmprc.gov.cn/ziliao_674904/zt_674979/ywzt_675099/2014zt_675101/fzshyjxghd_675199/zxxx_675201/201411/t20141112_7954621.shtml.

会议回顾了东盟与中日韩合作 10 周年所取得的重要成果，并发表了旨在深化东盟与中日韩合作基础的《第二份东亚合作联合声明》。会上签署了《2007—2017 年东盟与中日韩合作工作计划》，这一计划对《第二份东亚合作联合声明》所列举的合作领域进行细化并制定较为具体的合作方式，绿色发展合作主要包括清洁能源合作以及环境和可持续发展两个层面间的具体合作方式。在清洁能源合作方面，通过对诸如太阳能、风能、潮汐和海浪、水力、地热、清洁煤技术、生物燃料、生物质能、汽油和沼气及其他可供选择的可再生新能源开发开展信息交流和研究，促进能源节约和能效提高以及诸如新汽车技术之类的清洁和环境友好型技术的使用。在环境和可持续发展方面，在保护环境和促进自然资源的可持续使用、减缓和适应气候变化，以及技术开发、转让和推广方面形成更密切的合作，并确定在先进环境友好型技术和最优做法的应用、城市环境管理和控制等十个领域加强合作。①

2009 年 10 月，第十二次“10+3”领导人会议发表了《东盟与中日韩关于粮食安全与生物能源开发合作的声明》，与会领导人同意促进生物能源贸易和技术创新，增强在应对气候变化相关问题上的合作。2010 年，第十三次“10+3”领导人会议提出推进落实“10+3”合作的各项协议，建立更紧密的区域合作关系，会后成立了第二东亚展望小组来负责起草未来 15 年“10+3”合作具体举措。2012 年，在柬埔寨举行的第十五次“10+3”领导人会议发布《第二东亚展望小组（EAVGII）报告》，在经济合作领域提出加强在自然资源有效供应和利用、节能、核能民用和绿色技术发展等方面的合作。2016 年，第十八次“10+3”领导人会议发布《“10+3”关于促进可持续发展合作声明》。与会领导人承诺将共同努力，在未来几十年实现东盟与中日韩合作框架下的 17 项可持续发展目标；领导人呼吁各国本着平等、合作、包容的精神，采取全面、迅速和切实的行动，推动落实可持续发展目标，并在落实过程中加强地区和国际伙伴关系。2020 年以来，疫情的暴发和全球蔓延带来公共卫生危机，区域经济发展滞后和气候变化威胁形成新的挑战，2021 年，

① 2007—2017 年东盟与中日韩合作工作计划［EB/OL］.（2007-11-20）［2023-10-15］. https://www.mfa.gov.cn/web/gjhdq_676201/gjhdqzz_681964/lhg_682518/zywj_682530/200907/t20090729_9386066.shtml.

“10+3”领导人会议发布《关于加强经济金融韧性合作、应对新挑战的声明》，提出通过鼓励合作来促进获得负担得起的、可靠的、可持续的和现代的能源，重申遵循国际原则，打造可持续的高质量基础设施，增强供应链韧性和可持续性。

2023 年 9 月，第二十六次“10+3”领导人会议发布《东盟与中日韩（10+3）合作工作计划（2023—2027）》，该工作计划是促进“10+3”未来五年合作、推动实现由东盟驱动的东亚共同体这一长远目标的重要纲领文件。该工作计划以“10+3”以往工作计划成果为基础，助力实现《东盟共同体愿景2025》及其后续文件所设目标。在清洁能源发展方面，支持东盟能源中心工作和东盟能源合作及整合工作计划，支持可再生能源整合工作计划，就替代、新兴、可再生、低碳能源技术开展知识分享、技术转让和联合研究，加强可再生能源领域的标准化合作，探讨举办高级别政策对话，研究能源政策和脱碳路径。在保护环境、促进生物多样性和自然资源的保护和可持续利用层面，支持“10+3”环境高官会、“10+3”环境部长会等“10+3”环境合作机制，促进制定循环经济行动计划和生物多样性战略，支持落实《东盟环境战略计划（2018—2025）》。在应对气候变化影响层面，推进政策磋商和能力建设，支持东盟成员国根据《巴黎协定》第六条研究和参与碳市场，加强农业领域温室气体（GHG）减排和适应的能力和机制建设。①

2. 部长对话机制下的绿色发展合作

2002 年，在东盟倡议下启动了东盟—中日韩（“10+3”）环境部长会议机制，为本地区的生态环境和绿色发展合作提供了良好的对话平台。2002 年，在老挝举行的第一届“10+3”环境部长会议上，部长们同意在 10 个优先领域探讨合作的可能性。2003 年，在缅甸举行的第二届“10+3”环境部长会议上，部长们继续支持在拟定优先领域的合作行动。2005 年，第 5 届“10+3”环境部长会议通过“关于可持续发展的宿务决议”，重申《东盟行动计划》的可持续发展方针，该方针强调东盟的社会和环境议程与东盟共同

① 10+3 合作工作计划（2023—2027）[EB/OL].（2022-11-15）[2023-10-22]. http://russiaembassy.fmprc.gov.cn/web/gjhdq_676201/gjhdqzz_681964/lhg_682542/zywj_682554/202211/t20221115_10975401.shtml.

体的经济和安全支柱密不可分，并决心努力建设一个环境可持续的东盟共同体。2017 年，第 14 届“10+3”环境部长会议提出根据《2025 年东盟共同体愿景》更好促进区域环境合作，通过《2016—2020 年中国—东盟环境合作行动计划》和《东盟—联合国环境与气候变化行动计划》。2021 年 9 月，第 16 届“10+3”环境部长会议发布联合声明，提出采取集体区域行动来解决可持续消费和生产以及循环经济等交叉环境问题，会议欢迎东盟可持续发展框架，该框架概述了采取措施和支持可持续发展目标进展的关键优先事项，以及促进可持续粮食系统、建立绿色产品和采购的良好做法，并在城市和农村环境中促进可持续生活方式。此次会议通过《中国—东盟关于加强绿色与可持续发展合作的联合声明》，供中国—东盟领导人会议审议。2023 年，第 17 届“10+3”环境部长会议通过《东盟—日本气候与环境合作倡议：东盟气候与环境战略计划》，并启动东盟—日本环境周和东盟—日本气候与环境战略计划。

2010 年 4 月，中国—东盟环境保护合作中心成立，搭建了中国与东盟之间的绿色合作平台。大湄公河次区域有关各方携手建立环境合作机制，海洋环境保护、跨境生态安全、热带雨林保护、泛北部湾环境保护等合作不断深入。中国与东盟国家还发挥各自优势，开展了清洁能源、节能环保等绿色产业的互利合作。例如，中国与泰国共同组织实施了面向东南亚、南亚地区建筑太阳能系统的研发与示范国际科技合作项目。2014 年以来，基于中国—东盟技术转移中心合作平台，中国与越南、缅甸、老挝等国就太阳能等领域的技术转让达成多个协议。2015 年 6 月，中国与东盟能源中心签署合作协议，共同推动设立中国—东盟清洁能源能力建设中心，帮助东盟进行相关领域的能力建设和核电人才培训。

东盟与中日韩（“10+3”）能源部长对话机制是开展清洁能源合作的重要平台。从 2003 年起，中日韩与东盟之间就开始了能源对话与合作，并在“10+3”内设立“亚洲能源合作工作组”，而可再生能源和清洁型替代能源的发展和合作逐渐成为“10+3”能源部长会议的重要议题。2009 年，第 6 届“10+3”能源部长会议发表了《第六届东盟+3 能源部长会议联合声明》，声明强调清洁能源发展机制合作取得的进展和合作计划，部长们赞赏东盟能源中心和韩国能源管理公司在清洁能源发展机制方面进一步提升合作。在核能方面，部长们同意推进民用核能发展，进一步满足区域能源需求，同时确保安全和不扩散。2020年，第17届“10+3”能源部长会议强调通过宣传最佳做法、小组讨论、政策研讨会、研发和新技术的示范等加强清洁煤（CCT）和CCUS技术的贸易促进工作。2022年，在第19届“10+3”能源部长会议上，中国提出在清洁能源合作伙伴关系等倡议指引下，共同筹备建立中国—东盟清洁能源合作中心，推进清洁能源技术共享，加强能力建设和金融支持，携手为推动区域能源转型和可持续发展贡献力量。

（三）“一带一路”绿色发展国际联盟与绿色发展国际合作

2019年，中国与联合国相关机构以及25个国家启动“一带一路”绿色发展国际联盟，截止到2024年5月，“一带一路”绿色发展国际联盟已拥有42个中外会员单位、43个国家的152个合作伙伴。该绿色联盟参与面广、影响力突出，在绿色政策国际对话、绿色先进技术的交流与转让、共建国家绿色解决方案等方面成效显著。

1.“一带一路”绿色发展国际联盟的准备和提出阶段

2015年3月，中国国家发展改革委、外交部、商务部联合发布《推动共建丝绸之路经济带和21世纪海上丝绸之路的愿景与行动》，明确提出强化基础设施绿色低碳化建设和运营管理，在建设中充分考虑气候变化影响；在投资贸易中突出生态文明理念，加强生态环境、生物多样性和应对气候变化合作，共建绿色丝绸之路。①

2017年4月，环境保护部、外交部、国家发展改革委和商务部联合发布《关于推进绿色“一带一路”建设的指导意见》，提出要“以绿色‘一带一路’建设为统领，统筹并充分发挥现有双边、多边环保国际合作机制，构建环保合作网络，创新环保国际合作模式，建设政府、智库、企业、社会组织和公

① 经国务院授权 三部委联合发布推动共建“一带一路”的愿景与行动［EB/OL］.（2015-03-28）［2023-10-25］. https://www.gov.cn/xinwen/2015-03/28/content_2839723.htm.

众共同参与的多元合作平台”。[①]

2017 年 5 月，习近平主席出席第一届“一带一路”国际合作高峰论坛开幕式，并发表题为《携手推进“一带一路”建设》的主旨演讲，指出要抓住新一轮能源结构调整和能源技术变革趋势，建设全球能源互联网，实现绿色低碳发展。习近平强调，要践行绿色发展的新理念，倡导绿色、低碳、循环、可持续的生产生活方式，加强生态环保合作，建设生态文明，共同实现 2030 年可持续发展目标。习近平还指出，将设立生态环保大数据服务平台，倡议建立“一带一路”绿色发展国际联盟，并为相关国家应对气候变化提供援助。[②]

2.“一带一路”绿色发展国际联盟的确立

2019 年 5 月，在第二届“一带一路”国际合作高峰论坛上，生态环境部和国家发展改革委联合主办绿色之路分论坛，该论坛主题为“建设绿色‘一带一路’，携手实现 2030 年可持续发展议程”，来自 30 多个国家政府部门、相关国际组织、研究机构和工商界的近 300 位中外嘉宾代表出席会议。时任生态环境部部长李干杰表示，“一带一路”不仅是经济繁荣之路，也是绿色发展之路。中国始终秉持绿色发展理念，注重与联合国《2030 年议程》对接，推动基础设施绿色低碳化建设和运营管理，在投资贸易中强调生态文明理念，加强在生态环境治理、生物多样性保护和应对气候变化等领域的合作，为共建“一带一路”各方绿色发展带来新机遇。与会的联合国环境规划署、联合国工业发展组织等国际组织负责人以及比利时、捷克等多国代表在发言中也表示，愿与各方合作，共同推进绿色“一带一路”建设，中国与联合国环境规划署、联合国工业发展组织以及 25 个国家共同启动“一带一路”绿色发展国际联盟。

“一带一路”绿色发展国际联盟的主要目标是促进实现“一带一路”绿

① 关于推进绿色“一带一路”建设的指导意见［EB/OL］.（2017-04-26）［2023-11-15］. https://www.mee.gov.cn/gkml/hbb/bwj/201705/t20170505_413602.htm.

② 习近平在“一带一路”国际合作高峰论坛开幕式上的演讲［EB/OL］.（2017-05-14）［2023-11-19］. http://www.xinhuanet.com//politics/2017-05/14/c_1120969677.htm.

色发展国际共识、合作和一致行动，将可持续发展融入“一带一路”倡议，助力“一带一路”共建国家完成2030年可持续发展目标中的环境与发展有关指标。根据联盟的章程，联盟的宗旨是凝聚“一带一路”绿色发展国际共识，开展开放、包容、共赢的“一带一路”绿色发展国际合作和行动实践，助力共建“一带一路”国家实现绿色、低碳和可持续发展。联盟旨在打造政策对话和沟通平台、打造环境知识和信息平台、打造绿色技术交流与转让平台。在政策对话和沟通平台方面，联盟将致力于分享绿色发展理念与政策，为“一带一路”利益相关方搭建沟通渠道，推动建设联合研究网络，为“一带一路”绿色发展提供支持与政策建议。在环境知识和信息平台方面，联盟通过分享生态环境保护和污染防治知识与数据，提供与绿色“一带一路”相关的数据与分析，推动环境管理能力建设和提高相关国家环境意识。在绿色技术交流与转让平台方面，联盟将促进绿色技术合作，提升“一带一路”相关国家生态环境保护、气候行动与污染防治能力，促进先进绿色与低碳技术的交流与转让，推动绿色基础设施建设、绿色投资与贸易的发展。

3. 绿色发展国际合作机制建设与进展

“一带一路”绿色发展国际联盟在绿色政策国际对话、绿色先进技术的交流与转让、共建国家绿色解决方案等方面成效显著。成立以来，联盟已建立全球气候变化治理及绿色转型、绿色金融与投资等10个专题伙伴关系，启动《“一带一路”项目绿色发展指南》项目，推动制定“一带一路”项目分级分类指南，建立绿色发展投融资合作伙伴关系，蒙古国成为联盟第一个绿色发展示范国家。

在专题伙伴关系方面，绿色能源和能源效率专题伙伴关系由中国国家发展改革委能源研究所和全球能源互联网发展合作组织共同承担，工作重点是搭建伙伴关系网络，制定专题伙伴关系的运行规程，举办“一带一路”绿色能源和能源效率论坛。绿色金融与投资专题伙伴关系由清华大学国家金融研究院金融与发展研究中心、国际可持续发展研究院和世界资源研究所共同承担，以加强中国及其他国家金融机构与投资者支持“一带一路”共建国家低碳可持续发展为目标，通过开展研究、对话和研讨活动，强化各利益相关方绿色投资能力建设。可持续交通专题伙伴关系由中国交通运输部规划研究院、中国公路学会和国际道路联盟共同承担，主要工作目标是组织开展“一带一路”国家绿色交通合作机制与路径研究，加快合作伙伴联络，开展高端研讨和参与能力培训，推动绿色设施建设，分享各国最佳实践。全球气候变化治理及绿色转型专题伙伴关系，旨在推动将应对气候变化和绿色转型理念融入“一带一路”建设，由中国国家应对气候变化战略研究和国际合作中心、能源基金会（美国）北京办事处和美国环保协会等共同承担，将结合《巴黎协定》目标及其实施细则，关注国家自主贡献的更新及气候融资创新机制，评估“一带一路”共建国家更新和实现国家自主贡献的困难与挑战，帮助其更新国家自主贡献。

2023 年 10 月，第三届“一带一路”国际合作高峰论坛绿色发展高级别论坛发布《“一带一路”绿色发展北京倡议》，并正式启动《绿色发展投融资合作伙伴关系》。《“一带一路”绿色发展北京倡议》由来自 21 个国家的政府与环境主管部门、国际组织、研究机构、金融机构及企业等 30 余个机构共同发起。该倡议提出践行共商共建共享原则，加强绿色低碳发展的政策沟通与战略对接，分享绿色发展理念与实践，支持各国实现 2030 年可持续发展目标，促进人与自然和谐共生，共建清洁美丽世界。在绿色基础设施互联互通方面，鼓励建设环境友好和有气候韧性的基础设施，鼓励相关项目采用高环境标准和最佳实践，并加强企业的环境、社会和公司治理；在绿色能源领域合作方面，支持发展中国家能源绿色低碳发展，鼓励各国制定基于国家自主贡献的可再生能源发展目标，支持发展中国家获得可负担、可持续的清洁能源；在绿色交通领域合作方面，支持各方制定交通行业绿色低碳发展战略、计划与标准，鼓励各方加强新能源和清洁能源车船等节能低碳型交通工具的推广使用与标准互认；在绿色金融领域合作方面，鼓励各国和各金融机构加强绿色金融工具的开发和使用，鼓励金融机构落实《“一带一路”绿色投资原则》（简称“GIP”），深化各国气候投融资交流与合作，支持建立绿色发展投融资合作伙伴关系，推动绿色低碳项目投融资合作机制创新，促进各方加强面向应对气候变化和环境友好型项目的融资。[①]

《绿色发展投融资合作伙伴关系》由“一带一路”绿色发展国际联盟、国家开发银行和美国波士顿大学全球发展政策中心等合作伙伴共同发起，伙伴关系遵循开放包容、互利共赢、市场运作的原则，旨在发挥合作伙伴各自的专业优势，积极推动绿色发展投融资合作，探索开展绿色投融资与绿色项目评价工作，完善项目的 ESG 评价和管理，为解决绿色“一带一路”建设中面临的投融资瓶颈，打造沟通合作平台并提供务实解决方案。2023 年 12 月，绿色发展投融资合作伙伴关系第一次工作会议在中国北京召开，此次会议就伙伴关系工作方案进行了深入讨论，包括伙伴关系的定位和作用、分阶段目标、运作模式和近期重点工作等。与会代表就工作方案进行了深入讨论，结合各自领域提出了工作建议。与会各方表示愿以绿色发展投融资合作伙伴关系为依托，在绿色项目遴选、绿色项目设计、项目融资对接、绿色项目发展与推广等绿色实践领域共同努力，推动共建绿色“一带一路”投融资生态圈，共同推动绿色“一带一路”建设走深走实。

（四）“一带一路”能源合作伙伴关系与绿色发展国际合作

“一带一路”能源合作伙伴关系经历准备、提出、确立三个阶段并于 2019 年 4 月成立，截至 2024 年 10 月已经拥有 34 个成员，建立“共商、共建、共享”的新型能源合作制度规则，打造了“一带一路”能源部长会议和“一带一路”能源合作伙伴关系论坛两大平台，为促进绿色发展国际合作贡献中国智慧。

1.“一带一路”能源合作伙伴关系的准备和提出阶段

2014 年 6 月，习近平总书记在中央财经领导小组第六次会议上发表重要讲话强调，能源安全是关系国家经济社会发展的全局性、战略性问题，对国家繁荣发展、人民生活改善、社会长治久安至关重要。面对能源供需格局新变化、国际能源发展新趋势，保障国家能源安全，必须推动能源生产和消费

---

① “一带一路”绿色发展北京倡议在京发布［EB/OL］.（2023－10－26）［2024－02－27］. https://www.yidaiyilu.gov.cn/p/0IFPHQIC.html.

革命。习近平总书记就推动能源生产和消费革命提出 5 点要求：推动能源消费革命、能源供给革命、能源技术革命、能源体制革命和全方位加强国际合作。

2015 年 3 月，国家发展改革委、外交部和商务部联合发布《推动共建丝绸之路经济带和 21 世纪海上丝绸之路的愿景与行动》（简称《“一带一路”愿景与行动》）。《“一带一路”愿景与行动》提出中国愿与沿线国家一道，不断充实完善“一带一路”的合作内容和方式，共同制定时间表、路线图，积极对接沿线国家发展和区域合作规划。[①]由此可见，无论是“丝绸之路经济带”倡议的提出，还是能源革命论述的提出，再到《“一带一路”愿景与行动》对能源和国际合作的规划，都为进一步的“一带一路”能源合作伙伴关系建构提供重要思想和制度上的准备工作。2017 年 5 月，国家发展改革委和国家能源局共同发布《推动丝绸之路经济带和 21 世纪海上丝绸之路能源合作愿景与行动》，该文件第一次有针对性地提出了“一带一路”能源合作伙伴关系建构的具体方案，即“共建‘一带一路’能源合作俱乐部，为更多国家和地区参与‘一带一路’能源合作提供平台，增进理解、凝聚共识。”[②]

2.“一带一路”能源合作伙伴关系的确立

2018 年 10 月，第一届“一带一路”能源部长会议暨第三届国际能源变革论坛成功举办。29 个经济体、国内主要能源企业和有关金融机构负责人、部分国际知名能源企业负责人，就共建“一带一路”能源合作伙伴关系、为世界各国能源发展提供新动能等重要议题进行充分交流。习近平主席在贺信中强调，能源合作是共建“一带一路”的重点领域。“我们愿同各国在共建‘一带一路’框架内加强能源领域合作，为推动共同发展创造有利条件，共同促进全球能源可持续发展，维护全球能源安全。希望与会嘉宾就深化能源国际合作和促进全球能源变革等重大问题深入交流、凝聚共识，推动建立‘一带

---

① 推动共建丝绸之路经济带和 21 世纪海上丝绸之路的愿景与行动［EB/OL］.（2015－03－28）［2023－09－25］. http://www.xinhuanet. com//world/2015-03/28/c_1114793986.htm.

② 推动丝绸之路经济带和 21 世纪海上丝绸之路能源合作愿景与行动［EB/OL］.（2017－05－12）［2023－09－27］. http://www.nea.gov.cn/2017-05/12/c_136277473.htm.

一路’能源合作伙伴关系，为推动构建人类命运共同体作出积极贡献。”①

会上，中国、土耳其、阿尔及利亚、阿塞拜疆和巴基斯坦等 18 个国家共同发布《建立“一带一路”能源合作伙伴关系部长联合宣言》，其具体内容共分为五部分：第一，强调了当前国际能源形势正处于深刻变革中，开展能源国际合作是解决能源问题、应对气候变化和可持续发展的必由之路；第二，指出作为一个开放性的国际合作平台，“一带一路”为能源合作带来了契机和动能；第三，提出建立“‘一带一路’能源合作伙伴关系”，将其打造为推动能源互利合作的合作平台；第四，同意将遵循共商、共建、共享的原则，实现参与合作的国家在能源领域的共同发展、共同繁荣；第五，决定在此原则和务实协商的基础上，于 2019 年正式成立“‘一带一路’能源合作伙伴关系”。

2019 年 3 月和 4 月，“一带一路”能源合作伙伴关系先后举办了两次富有成效的磋商会，各成员就伙伴关系建设中的重要事项达成共识。2019 年 4 月 25 日，“一带一路”能源合作伙伴关系成立仪式在北京举行，来自 30 个伙伴关系成员国及 5 个观察员国的能源部长、驻华大使、能源主管部门高级别代表出席成立仪式。会议期间，伙伴关系成员国共同发布《“一带一路”能源合作伙伴关系合作原则与务实行动》。该文件包含了伙伴关系合作目标、原则和务实行动，目标涵盖为能源合作提供政策支持、形成开放稳定的全球能源市场、加强能源科技创新合作、促进清洁能源和能效合作，以及开展能力建设和人才培训合作。六大合作原则是开放包容、互利互赢、市场运作、能源安全、可持续发展和社会责任。务实行动方面，提出每两年举办一次“一带一路”能源部长会议，开展人员培训和能力建设项目，推动政府间政策交流与合作意向沟通，搭建合作与技术交流平台，以及根据需要联络其他国际组织。②

① 习近平向“一带一路”能源部长会议和国际能源变革论坛致贺信［EB/OL］.（2018－10－18）［2023－11－25］. http://www.mod.gov.cn/gfbw/gc/xjp/2018_213418/4826985.html.

②“一带一路”能源合作伙伴关系合作原则与务实行动［EB/OL］.（2019－04－25）［2023－11－10］. http://www.nea.gov.cn/2019-04/25/c_138008739.htm.

3. 绿色发展国际合作机制建设与进展

“一带一路”能源合作伙伴关系提出“迈向更加绿色、可持续且包容的能源未来”价值观，强调开放与合作、和谐与包容，《“一带一路”绿色能源合作青岛倡议》建议成立“一带一路”能源合作伙伴关系合作网络，建立绿色能源、智慧能源（创新）和绿色金融工作组，为共建国家绿色发展注入新动力。

2021 年 10 月，第二届“一带一路”能源部长会议在青岛国际会议中心开幕，会议举行了“一带一路”能源合作伙伴关系扩员仪式，迎来古巴、摩洛哥等新成员，使得伙伴关系拥有了 33 个成员。国务院副总理韩正在北京以视频方式出席并发表致辞，韩正指出，在应对气候变化危机的大背景下，要抓住机遇，凝聚共识，携手推动“一带一路”国家能源供给向高效、清洁、多元化方向发展，迈向更加绿色、包容的能源未来。会议通过《“一带一路”能源合作伙伴关系章程》（简称《章程》）和《“一带一路”绿色能源合作青岛倡议》（简称《青岛倡议》）两个重要文件，发布“一带一路”能源合作最佳实践案例，并成立“一带一路”能源合作伙伴关系合作网络。

《章程》是“一带一路”能源合作伙伴关系的第三个文件，标志着“一带一路”能源合作伙伴关系进入新发展阶段。《章程》提出，“一带一路”能源合作伙伴关系的价值观为迈向更加绿色、可持续且包容的能源未来，秉持共商、共建、共享原则，充分考虑成员的不同情况、需求和首要目标，推动国际能源务实合作。根据《章程》，“一带一路”能源合作伙伴关系建立了“一带一路”能源部长会议和“一带一路”能源合作伙伴关系论坛这两大合作平台。“一带一路”能源部长会议每两年举办一次，配套举办高官磋商会，为成员国能源部长、国际组织负责人和商业领袖进行政策对话和重大议题讨论提供平台。“一带一路”能源合作伙伴关系论坛每两年举办一次，推动共建国家政府、企业以及相关组织进行项目对接和经验分享。

共同绿色发展是“一带一路”顶层设计中的重要内容，2021 年 4 月，习近平主席在博鳌亚洲论坛 2021 年年会开幕式上提出：“要建设更紧密的绿色发展伙伴关系，加强绿色基建、绿色能源、绿色金融等领域合作，让绿色切实成为共建‘一带一路’的底色。”《青岛倡议》提出推动绿色“一带一路”发展的七大倡议，包括制定更有雄心的绿色能源发展规划与目标、改善绿色能源供给的可靠性和韧性、营造更具吸引力的绿色能源投资环境、加强绿色能源技术创新合作、提升绿色能源发展的经济与民生效益、降低绿色能源项目融资成本以及加强绿色能源领域能力建设与技术援助。“一带一路”能源合作最佳实践案例，涵盖了几内亚凯乐塔（凯雷塔）水电站、俄罗斯亚马尔液化天然气合作项目等 5 大类共 15 个能源国际合作最佳实践案例，涉及绿色发展、惠民生、技术创新、能力建设、第三方合作等领域。“一带一路”能源合作伙伴关系合作网络确立包括绿色能源、智慧能源（创新）和绿色金融在内的工作组，致力于推进伙伴关系间的绿色发展务实合作。

2023 年 5 月，第三届“一带一路”能源合作伙伴关系论坛在厦门成功召开，本届论坛主题为“迈向能源高质量发展之路”，参会各方围绕“加强高质量‘一带一路’能源合作，携手应对能源发展的共同挑战”等重要议题进行充分交流，达成广泛共识，为后续务实合作奠定了基础。伙伴关系成员国能源部长一致表示，“一带一路”能源合作对共建各国经济、社会发展发挥了积极作用，各国愿继续加强在“一带一路”能源合作伙伴关系下的交流，积极发展绿色低碳能源，促进更多绿色能源领域务实合作。

第五章　共建绿色“一带一路”高质量发展动因、战略与机理

一、共建绿色“一带一路”高质量发展的动因

共建“一带一路”倡议自 2013 年提出后，从理念到蓝图，从方案到实践，从愿景到现实，从谋篇布局到精耕细作，已经成为惠及全球发展的重要国际公共产品和构建人类命运共同体的重要实践平台。中国弘扬和发展丝路精神，积极应对全球气候危机和落实《2030 年议程》，提出并推动共建绿色“一带一路”高质量发展，引领全球环境治理新秩序。

（一）应对气候危机，维护全球生态安全

进入 21 世纪，气候变化成为全人类面对的严峻挑战。2020 年，大气层中二氧化碳的浓度达到工业化前的 1.5 倍，全球平均气温比工业化前高出 1.1℃，对全球气候产生严重影响。2020 年 12 月，联合国秘书长古特雷斯呼吁各个国家进入“气候紧急状态”。[1]“一带一路”许多共建国家拥有复杂的地理条件，经济发展较为依赖水、土以及能源和资源开发，工业化和城市化发展对于化石能源的大量消耗使得“一带一路”沿线碳排放量居高不下，使得环境问题更加突出、空气污染加重，进一步加剧生态环境的脆弱性。

① UN chief calls on world leaders to declare states of “climate emergency” [EB/OL].（2023－08－06）[2024－02－12]. http://www.xinhuanet.com/english/2021-09/17/c_1310192391.htm.

从“一带一路”区域碳排放量在全球碳排放量中所处的地位来看，区域碳排放量不断增加，在全球碳排放量中占比不断提升。2013 年，“一带一路”区域碳排放量为 178.31 亿吨，占全球碳排放量的 54.6%；2019 年，“一带一路”区域碳排放量为 197.75 亿吨，占全球碳排放量的比重已提升到 58.1%。2020 年暴发的新冠疫情叠加世界经济的下滑，使得全球能源消费出现 4.5% 的下滑，全球碳排放量下降 5.2%；而“一带一路”区域碳排放量为 194.39 亿吨，仅比 2019 年碳排放量下降 1.7%，在全球碳排放量中占比进一步提升到 60.2%。2013—2022 年，“一带一路”区域碳排放量在全球碳排放量中的占比已经提升了 6.5 个百分点。全球碳排放量仅增加了 21.84 亿吨，而“一带一路”区域碳排放量增加了 26.56 亿吨，这意味着全球碳排放增量都来自“一带一路”区域，表 5-1 是“一带一路”区域碳排放分布。

表 5-1　　2013—2022 年“一带一路”区域碳排放量分布　　单位：亿吨

区域	2013 年	2014 年	2015 年	2016 年	2017 年	2018 年	2019 年	2020 年	2021 年	2022 年
独联体	20.63	20.53	19.95	20.23	20.27	21.12	20.92	19.86	21.42	20.33
中东	18.92	19.46	20.13	20.84	21.01	21.09	21.03	20.27	21.01	22.00
东亚	93.06	93.25	92.62	91.07	93.69	97.11	100.28	101.99	106.28	106.08
南亚	21.18	22.81	23.76	24.93	25.89	26.97	27.35	25.72	28.26	29.38
东南亚	13.60	14.06	14.87	15.33	15.66	16.62	17.55	16.57	16.68	18.60
中东欧	10.92	10.64	10.19	10.66	10.95	11.04	10.62	9.98	10.64	9.86
总计	178.31	180.75	181.52	183.06	187.47	193.95	197.75	194.39	204.29	206.25
全球总额	326.77	327.79	327.74	328.18	333.06	340.14	340.44	322.85	340.52	343.74

资料来源：根据 Energy Institute（2023）①计算。

从“一带一路”共建国家的碳排放情况来看，根据 BP 世界能源统计的碳排放数据，2022 年全球十大碳排放国中，“一带一路”共建国家占据 6 个，

① Energy Institute. 2023 Statistical Review of World Energy（72nd ed.）[R/OL]. https://www.energyinst.org/_data/assets/pdf_file/0004/1055542/EI_Stat_Review_PDF_single_3.pdf.

包括中国、印度、印度尼西亚、俄罗斯、沙特和伊朗。这 6 个国家的碳排放量合计高达 165.75 亿吨，占全球碳排放量的 48.2%。2013 年，这 6 个国家的碳排放量为 141.67 亿吨，10 年间碳排放量增加 17.0%；而同期全球碳排放量仅增加 5.2%。“一带一路”沿线地区能源生产量和消费量庞大，在积极推动当地经济增长的同时，也带来了生态环境问题，能源可持续问题直接关系到区域生态文明建设和经济的可持续发展。“一带一路”区域是全球气象灾害发生频繁的区域之一，包括暴雨、洪涝、高温、干旱、台风等，2000—2019 年全球气候风险指数最高的前 10 个国家中，就包括缅甸、孟加拉国、菲律宾、巴基斯坦、泰国和尼泊尔这 6 个“一带一路”共建国家。[①]西亚作为全球较为炎热和干旱的地区之一，该地区气候变暖的速度是全球平均速度的 2 倍，生态系统极为脆弱。东南亚和南亚是台风、暴雨洪涝、高温热浪等自然灾害频发地区，2022 年，泰国、阿富汗、印度和巴基斯坦等多国更是饱受暴雨洪涝影响，尤其是 2022 年 6 月巴基斯坦的特大洪水，造成 1 738 人遇难，至少 200 万所房屋和 25 000 所学校损坏，经济损失高达百亿美元。

（二）推动可持续发展，为经济复苏注入新动能

2015 年 9 月，联合国可持续发展峰会通过《2030 年议程》，193 个联合国成员国采纳全球可持续发展目标，旨在消除贫困，保护生态，促进和平与繁荣。而随着以移动互联、人工智能、生物科技、清洁能源和量子计算等技术突破为代表的第四次科技革命大潮来临，发展清洁能源被视为第四次科技革命的核心任务，是实现人类社会可持续发展的关键环节。2020 年，中国和巴西等新兴经济体在太阳能光伏、风能等清洁能源领域投资高达 1 534 亿美元，自 2014 年以来首次超过发达国家。[②]中国已经成为推动全球绿色发展的引领者，水电、太阳能光伏和风电装机容量高居世界第一位，电动汽车产能

---

① Eckstein D, Künzel V, Schäfer L. Global Climate Risk Index 2021［R/OL］. https://www.germanwatch.org/sites/default/files/Global%20Climate%20Risk%20Index%202021_2.pdf.

② Renewables 2021 Global Status Report［R/OL］. REN21,https://www.ren21. net/wp-content/uploads/2019/05/GSR2021_Full_Report.pdf.

位居世界前列。2022 年，中国新增风能和太阳能光伏装机容量为 86.1GW 和 37.0GW，分别占全球新增装机容量的 74.2%和 46.2%；电动汽车销量为 688.7 万辆，占全球电动汽车总销量的 60%，连续 7 年高居世界第一位。

后疫情时代的全球经济复苏，正值应对气候变化和实现可持续发展的关键时期，绿色发展成为后疫情时代“一带一路”共建国家经济复苏的重要引擎。2015 年，第 27 届东盟峰会发布《关于建立东盟共同体的 2015 吉隆坡宣言》，提出打造一个促进社会发展和环境保护的可持续共同体。2021 年，东盟发布的《第四次工业革命全面战略》提出以创新驱动绿色发展；2023 年，第 42 届东盟峰会提出发展区域电动汽车生态系统战略，致力于建设全球电动汽车生产中心。2022 年，中亚五国元首会议通过《绿色议程》区域方案，通过扩大互利共赢的双边与多边合作，确保中亚绿色经济增长和可持续发展。海湾阿拉伯国家采取了自上而下的绿色发展战略规划，凭借自身天然气、太阳能和土地资源的优势大力发展氢能产业，作为后疫情时代经济转型和绿色发展的重要路径。沙特提出“绿色沙特”和“绿色中东”倡议，并于 2021 年耗资 84 亿美元建设全球最大的 NEOM 绿氢公司。阿联酋发布《2015—2030 年绿色议程》，发布“氢领导力路线图”，旨在成为低碳氢领域的全球领导者。[①]加快共建绿色“一带一路”发展，将通过优化跨区域、跨国资源配置，推进水电、太阳能和氢能等清洁能源系统建设，推动电动汽车基础设施和产能合作，促进绿色低碳基础设施互联互通。加快共建绿色“一带一路”高质量发展，与共建国家一道向高效、清洁、多样化的方向转型，走出一条资源节约和生态环境保护的新路，不仅是积极落实联合国《2030 年议程》，更是为共建国家提供生态修复的重要契机。加快推动发展理念和发展方式绿色转型，有助于实现“一带一路”共建国家跨越式可持续发展。

（三）推进高质量发展，引领全球环境治理新秩序

当今世界，百年未有之大变局加速演进，逆全球化思潮抬头，俄乌冲突

---

① 刘畅. 海湾阿拉伯国家绿色发展战略述评［J］. 阿拉伯世界，2022（6）：133－154，158.

加剧地缘冲突，全球环境治理正在经历复杂深刻的变革。全球环境治理中发达国家与发展中国家关于环境危机的成因和责任划分分歧加深，虽然在当前的国际环境治理谈判中关于发达国家的资金、技术等援助责任形成了较为广泛的共识，但在气候资金履行方面西方发达国家推延履行甚至规避自己的援助承诺，发展中国家则面临着经济发展和环境保护的双重挑战。[①]步入后工业化时期的西方发达经济体采取高生态环境标准，向发展中国家转移高碳、重污染产能和过剩淘汰产能，甚至输送高污染废弃物和固体垃圾，在国际层面则以“碳政治”话语延续和拓展不平等的全球环境治理旧秩序。以中国、印度和巴西等为代表的新兴经济体群体性崛起，国际影响力不断增强，是近代以来国际力量对比中最具革命性的变化。[②]中国在全球环境治理中发挥越来越重要的作用，通过团结发展中国家、共享发展红利和贡献中国方案，逐步成为重要的参与者、推动者甚至是引领者。

“一带一路”贯穿亚、欧、非大陆，沿线的俄罗斯、西亚和中亚等油气资源丰富的国家和地区，产业结构较为单一，面临较高的能源消耗和转型压力。而东盟、南亚和非洲等区域的众多国家工业基础薄弱、产业结构处于产业链低端，大多处于工业化起步和尚未完成工业化的发展阶段。2022 年，该区域供应全球 55.2%的原油、50.1%的天然气、78.9%的煤炭，消费全球 42.8%的原油、46.1%的天然气和 78.7%的煤炭，同时也消耗着大量的钢材、水泥和有色金属等初级生产原料。而共建国家在能源、水资源和木材消耗以及二氧化碳排放量方面，都远高于世界平均水平。[③]以钢铁和水泥为例，“一带一路”国家生产世界 71.1%的粗钢，但消费世界 70.7%的粗钢和 70.3%的成品钢材；而水泥生产量占世界的 81.8%，消费量却占世界的 83.2%。“一带一路”共建国家要发展经济、提高人民生活水平和增强国家实力，需要改善能源结构、提升能源效率，走低碳经济和绿色发展之路。

① 董亮. 习近平生态文明思想中的全球环境治理观［J］. 教学与研究，2018（12）：30－38.

② 黄高晓. 论习近平推动全球治理体制变革思想［J］. 广西社会科学，2016（6）：6－11.

③ 董战峰，等. “一带一路”绿色发展的战略实施框架［J］. 中国环境管理，2016（2）：31－35.

“一带一路”共建国家急需绿色发展的国际公共品，以加强对话沟通、技术交流和信息共享，来推动环境治理发展的实践。中国以自身的绿色、低碳和高质量发展为发展中国家环境治理打造新型模式和新样板。作为全球环境治理的积极倡导者和实践者，中国坚持共商共建共享原则，兼顾各方利益和合作意愿，致力于建构平等的伙伴关系以推动务实合作，顺应了沿线发展中国家的诉求和全球环境治理体系变革的内在要求，承载着对完善全球发展模式和全球环境治理的追求，有助于推动建立互利共赢、开放包容和公正合理的全球环境治理新秩序。

二、“一带一路”共建国家绿色发展战略

“一带一路”贯穿了亚、欧、非大陆，为应对气候变化，“一带一路”沿线已有多个国家和地区提出了碳中和或净零排放目标，沿线独联体、东盟、中东、南亚和中东欧国家制定应对气候变化的绿色发展战略，以推动可持续发展。

（一）独联体国家绿色发展战略

独联体国家经济模式大多为资源主导型，主要以自然资源的开采和初级产品的贸易来推动经济增长。这种单一的经济增长方式势必导致经济发展具有不平衡性。俄罗斯、哈萨克斯坦和土库曼斯坦等独联体国家，积极制定绿色发展战略来应对气候变化和促进经济社会可持续发展。

1. 俄罗斯绿色发展战略

2009 年 12 月，在联合国大会期间，俄罗斯时任总统梅德韦杰夫宣布，俄将承担减排责任，2020 年实现温室气体排放降低 15%～25%的目标（与 1990 年相比）。2013 年，全俄环保代表大会通过的《俄罗斯实行绿色经济原则宣言》提出，俄罗斯绿色经济政策的主要方向包括：提高经济的资源生产率，负责任地利用自然资源，采用先进技术实现经济现代化，有效利用资源来提高投资吸引力，生态和经济效益并重，引进国际先进经验来提高环境质量，教育民众形成生态文明。该宣言的发布标志着俄罗斯在政策层面发展绿

色经济共识的达成。①2015年，俄罗斯提交国家自主减排贡献方案，承诺与1990年相比，到2030年排放量降低25%～30%。2018年，俄罗斯总统普京签署《2024年前俄联邦国家目标和战略发展任务总统令》，确定2024年前俄罗斯在社会、经济、教育和科学等领域的国家发展目标和战略任务，其中生态转型被列为重点目标之一。

在发展绿色能源领域，俄罗斯的政策主要包括提高经济的能源效率和发展可再生能源。该国最优先的绿色发展方向是通过吸引消费者关注节能、提高单位能效、吸引投资提高国民经济的能源效率。俄罗斯有关能源的法律和战略强调提高资源利用效率的措施除提高单位能效外，还包括发展可再生能源、提高可再生能源在国家能源消费中的比重。2015年，俄罗斯出台的《2030年前俄联邦科技发展预测》报告将生物、节能和新材料等确定为技术攻关和产业发展的优先领域。2020年6月，俄罗斯政府总理米舒斯京批准能源部提交的新版《2030年前俄罗斯能源战略》，该战略提出要大力开发太阳能、生物质能，降低石油天然气消耗，增加核电、太阳能、生物能、水电及风能等可再生能源使用比例，大力推广与使用新能源汽车并改善新能源汽车基础设施。

俄罗斯绿色金融市场处于起步阶段，俄罗斯金融机构建立了绿色金融架构体系，积极为可再生能源项目提供绿色金融服务，支持发展先进的绿色低碳技术、建立绿色生产模式。2018年12月，莫斯科交易所首次发行绿色债券；2020年7月，俄罗斯对外经济银行发布该国首份绿色金融指导意见，该意见确立绿色金融的总体架构体系，向俄罗斯企业、银行明确了绿色工程、绿色贷款和绿色债券等概念。俄罗斯绿色金融的分类和标准与中国、欧洲的体系完全兼容，因此这为俄罗斯公司在欧洲和中国的交易所发行债券提供了方便。2021年，俄罗斯宣布通过与全球绿色投资定义一致的绿色资产分类标准，该分类标准涵盖废物管理、能源、建筑、工业、交通、水供应、生物多样性和农业等领域。

① 初冬梅. 绿色经济：俄罗斯的认知与行动［J］. 欧亚经济，2020（2）：44－59.

2. 其他独联体国家绿色发展战略

作为连接欧亚大陆的新兴经济体以及“一带一路”倡议的关键地区，哈萨克斯坦、乌兹别克斯坦、土库曼斯坦等独联体传统能源资源国，对加速推动“一带一路”区域低碳转型发展意义重大。

哈萨克斯坦积极出台相关法律法规，推动绿色经济发展。2009 年，哈萨克斯坦颁布《支持利用可再生能源法》，提出建立“支持可再生能源融资结算中心”；2013 年，哈萨克斯坦通过《发展替代和可再生能源 2013—2020 年行动计划》和《2050 年前绿色经济转型国家计划》，提出于 2020 年将清洁能源发电量在总发电量中的比例提升至 3%，2030 年达到 30%，2050 年实现占比 50%的目标。2017 年，该国修订《支持利用可再生能源法》，引入可再生能源竞拍机制。①2021 年，哈萨克斯坦参议院通过新《生态法典》草案，明确污染预防和管控措施，以及对环境造成损害后进行恢复的责任归属等问题；同时，重新规定了环境影响评价方法，完善了生产和消费废弃物的管理等内容。哈萨克斯坦阿斯塔纳国际金融中心（简称“AIFC”）成为该国绿色金融发展的主要推动者。自 2018 年成立之初，AIFC 就开始了哈萨克斯坦绿色金融体系的设计。2019 年，AIFC 制定《绿色债券制度》，对绿色产业的定义基于国际资本市场协会的《绿色债券原则》和气候债券倡议组织的《气候债券原则》。哈萨克斯坦政府于 2021 年 12 月正式批准绿色项目分类目录。在一系列政策法规推动下，哈萨克斯坦清洁能源发展跨入快车道，2021 年计划启动 23 个可再生能源电站项目，总投资 3.7 亿美元；2022 年建成总装机容量 583MW 的 25 个可再生能源项目，总投资约 5.1 亿美元。

乌兹别克斯坦政府重视清洁能源发展，相继出台一系列法规政策。2003 年，时任总统卡里莫夫签发《关于进一步发展可再生能源的措施》，规范可再生能源的发展。2016 年，该国出台《结构转型、生产现代化和多样化保障措施纲领（2015—2019 年）》，提出在能源保障措施中进行能源多元化尝试，改变以天然气为主的发电结构和发展水电工程。2017 年，乌政府颁布《乌兹

① 庞广廉，汪爽，王瑜. 中亚能源转型与可再生能源投资合作［J］. 国际石油经济，2022（2）：76－83.

别克斯坦 2017—2021 年发展可再生能源纲领》，计划将可再生能源所占比重从 2016 年的 12.7%提升至 2021 年的 19.5%。纲领包括新建太阳能为农村住房供暖、加大 81 项可再生能源建设投资等内容。2019 年，该国批准《2019—2030 年乌兹别克斯坦向绿色经济过渡战略》，提出将单位国内生产总值温室气体排放量降低 10%（相比 2010 年），使可再生能源的份额达到总发电量的 25%以上；保证所有居民和经济活动各领域均能获得现代化、廉价、可靠的能源供应；发展电气化交通，在 100 万公顷土地上引入滴灌技术并保证农作物增产 20%～40%等。[①]乌兹别克斯坦政府低碳发展相关战略有力促进了清洁能源的进一步发展，2020 年在水电项目上的投资为 13.77 亿美元，占本国国内生产总值的 2.4%。预计到 2030 年，可再生能源装机容量将占全国发电装机容量的 1/4 以上。

土库曼斯坦天然气资源丰富，但依然大力推进经济绿色转型。土库曼斯坦于 2014 年成立了太阳能专业研究中心，2020 年推进节能计划，制定出各州太阳能和风能发电方案，形成可再生能源发电系统。土库曼斯坦国内现已建成多个清洁能源发电项目，例如莱巴普州地区的光伏和风力发电项目用于服务移动通信，阿什哈巴德 4.5 千瓦光伏系统为制造大型风能太阳能混合系统收集数据、完善试验。2021 年 3 月，土库曼斯坦政府颁布《可再生能源法》。该法指出，为鼓励和支持可再生能源生产和使用，国家会在银行贷款、土地使用、设备进口关税等方面给予优惠，并提供国家补贴。

2018 年，吉尔吉斯斯坦颁布《绿色经济发展规划（2019—2023）》，重点关注绿色能源、绿色农业和绿色工业等领域，以支持社会向绿色经济发展。同年出台的《2018—2040 年国家发展战略》确定的优先发展方向包括能源、制造业、采矿业、轻工业、农业及农产品加工业、旅游业等领域。该战略提出将实施一系列水电大型项目，包括卡姆巴拉金 1 号水电站和纳伦河上游梯级水电站。实现可持续发展目标是吉尔吉斯斯坦政府的施政基础，已被纳入国家长期发展战略。吉尔吉斯斯坦政府正采取有效措施发展绿色经济，通过

① 乌总统批准《2019—2030 年乌向绿色经济过渡战略》[EB/OL].（2019-10-11）[2024-03-16]. http://www.mofcom.gov.cn/article/i/jyjl/e/201910/20191002905738.shtml.

了举办绿色经济日倡议和“绿色经济—2023”论坛的决议，成立了协调委员会确保绿色经济政策全面推进。

（二）中东地区国家绿色发展战略

为应对日益严峻的气候变化挑战，自2020年底起，中东多国逐步更新“国家自主贡献”，明确其减排目标。埃及已启动《2050年国家气候变化战略》，沙特提出“绿色沙特”和“绿色中东”倡议，宣布将在2060年实现碳中和。阿联酋推动实施《2015—2030年绿色议程》，成立绿色发展委员会，并成为首个宣布碳中和战略的中东产油国；卡塔尔、阿曼和巴林等国也相继提出碳减排或碳中和目标，将应对气候变化与工业多元化发展结合起来，致力于实现绿色发展。

1. 加强顶层设计，应对气候变化

中东国家加强顶层设计，制定应对气候变化的绿色战略和计划。2015年1月，阿联酋批准并正式实施《2015—2030年阿联酋绿色议程》，明确五个战略目标，包括知识型经济、社会发展与生活质量、可持续环境与高价值自然资源、清洁能源与气候行动，以及绿色生活和资源可持续利用。为确保议程顺利实施，阿联酋还成立绿色发展委员会对41个涵盖环境、经济与社会议题的绿色关键指标的实施情况进行监督和协调。2016年4月，沙特正式发布“沙特阿拉伯2030愿景”和“国家转型计划”，标志着沙特经济转型再次起航。其中，沙特能源战略转型是“2030愿景”背景下沙特经济转型的重要内容，能源战略转型包括维持沙特石油生产总体稳定、重点发展炼油化工产业、巩固和扩大亚太地区市场份额、大力发展天然气和新能源，以及通过石油工业带动其他经济领域发展，实现经济多元化。[①]2019年，科威特发布《2019—2030年国家适应计划》，摩洛哥制定《2030年国家气候计划》。2021年3月，沙特公布沙特绿色倡议和中东绿色倡议，积极落实节能减排，到2030年可再生能源项目提供超过50%的电力供应，降低1.3亿吨碳排放量，废物

① 刘畅．海湾阿拉伯国家绿色发展战略述评［J］．阿拉伯世界，2022（6）：133－154，158．

利用率提高到94%以上。①

2021年，中东多个国家出台气候变化行动计划或战略。卡塔尔部长理事会批准《国家气候变化行动计划》，目标是到2030年减排25%的温室气体，并确立减少空气污染物排放、恢复生物多样性等五类优先事项。埃及宣布将执行《埃及国家气候变化战略2050》，阿联酋宣布2050年前实现“碳中和”，是中东产油国中首个提出碳中和战略的国家。2021年10月，沙特召开首届“绿色中东倡议”峰会，旨在协调中东各国的环保和应对气候变化政策并制定相关路线图，共同努力将该区域碳减排量提升至全球总量的10%以上。在该峰会上，沙特宣布将投资逾1 800亿美元，到2060年达成净零排放目标。

中东国家积极举办与气候变化问题相关的国际会议，展现了致力于全球治理的强烈意愿。2022年11月，《公约》第27次缔约方会议（COP27）在埃及沙姆沙伊赫成功举行，埃及以此塑造其在中东地区绿色发展的先行者和引领者地位。在COP27期间，埃及和沙特共同主持第二届“绿色中东”倡议峰会，提倡中东国家开展区域性合作，减少区域内碳排放。埃及还与阿联酋签署了新能源合作协议，两国将在埃及合作建设装机容量为10GW的全球最大陆上风电厂。2023年11月，阿联酋主办《公约》第28次缔约方会议。连续两届气候变化大会在中东国家召开，不仅显示出中东国家成为气候变化问题全球治理的重要参与者，而且标志着国际社会高度重视中东地区的气候变化问题和国际气候变化合作。

2. 大力发展清洁能源，培育新兴产业

氢能清洁高效、来源广泛，是构建未来可持续发展能源体系的重要载体。阿曼在氢能探索方面走在地区前列，其目标是清洁氢气（绿氢和蓝氢）发电量到2025年达到1GW，到2030年达到10GW，到2040年达到30GW，成为全球主要的氢生产国和出口国。作为世界上的主要氢生产国之一，沙特的目标是到2030年将本国的氢气产能提升至400万吨/年的水平。阿联酋则在2021年第26届联合国气候变化大会上正式提出了本国的氢能发展路线图，

① 沙特宣布“绿色沙特倡议”和“绿色中东倡议”[EB/OL].（2021－04－10）[2024－03－12]. http://sa.mofcom.gov.cn/article/jmxw/202104/20210403051173.shtml.

目标是到2030年阿联酋占全球氢市场的份额不低于25%，并通过以下五个关键因素来支持阿联酋的氢经济发展战略：（1）由相关政策、激励措施、标准和认证体系支持的明确的监管框架；（2）通过地区内外合作伙伴关系和充满活力的国内研发结构提供一流的氢工艺技术；（3）利用现有和新的政府间关系加速国内生态系统增长；（4）可支持国内生产的现成土地和基础设施资源；（5）阿联酋国内和国际资本市场的绿色融资。2021年1月，阿布扎比国家石油公司，以及阿联酋两大主权财富基金穆巴达拉投资公司和阿布扎比发展控股公司宣布成立阿联酋国家氢能联盟，旨在利用各自行业优势，建立实质性氢能经济，将该国打造成可信赖的氢气出口国。截至2021年底，中东氢能投资的总价值已接近500亿美元，预计到2030年全球氢能投资总额将达5 000亿美元，到2070年全球氢气需求量将达5.2亿吨。

阿联酋已成为太阳能光伏开发的地区领跑者，预计到2025年，阿联酋可再生能源产能年复合增长率将超过31%，可再生能源发电占比将从2020年的7%增加到2030年的21%。沙特、阿联酋和卡塔尔逐步推进碳捕捉、利用与封存技术，减少碳排放。埃及、摩洛哥和阿尔及利亚等国增加太阳能等清洁能源生产项目，摩洛哥可再生能源的旗舰项目——努奥太阳能发电园已建设完成，并全部投产。埃及政府大力发展太阳能和风能，并计划到2035年将可再生能源产量提高到能源总产量的42%。为吸引和加大可再生能源投资，阿联酋、摩洛哥、约旦等国逐步取消了对汽油和燃油的补贴。

3. 推动绿色金融发展，助推绿色发展

以阿联酋、卡塔尔和沙特为代表的中东国家，积极推动绿色金融发展，并将ESG因素融入其业务运营中，为推动社会可持续发展作出积极贡献。

2016年，阿联酋的迪拜出台《可持续金融宣言》，并加入《联合国可持续证券交易所倡议》，开启绿色金融之路。2019年，阿联酋阿布扎比国际金融中心推出世界首个完全受监管的碳信用交易所和清算所；2020年，迪拜金融服务管理局联合多家机构发布该国第一套《可持续金融指导原则》，鼓励不同部门和机构引入可持续发展指标。2021年，阿联酋与IRENA共同启动能源转型加速器融资平台（简称“ETAF”），旨在加快发展中国家向可再生能源转型的步伐，为解决全球气候问题提供必要的资金支持。根据协议，ETAF 计划先期融资 10 亿美元，其中阿联酋承诺将通过阿布扎比发展基金会为平台注资 4 亿美元。2023 年，阿联酋阿布扎比国际金融中心宣布实施可持续金融监管框架。该框架包括一系列支持可持续金融的监管举措，以可持续发展为导向的投资基金、管理投资组合和债券的规则，以及在 ESG 方面的披露要求等。

2016 年，卡塔尔加入《联合国可持续证券交易所倡议》，并于 2018 年建立可持续交易所平台，鼓励企业发布 ESG 披露报告。卡塔尔绿色金融产品主要包括绿色债券和绿色伊斯兰债券。2020 年，卡塔尔国家银行发布卡塔尔 ESG 债券框架，并发行了 6 亿美元绿色债券。2021 年，卡塔尔多哈银行成立 ESG 债券委员会，以支持多哈银行发行 20 亿美元绿色债券的计划，同时，委员会也会为资金池提供担保服务，确保资金用于可持续发展建设中。2022 年，卡塔尔金融中心发布了《卡塔尔绿色债券框架》，为其金融机构发行绿色伊斯兰债券提供依据。

2021 年 3 月，沙特提出“绿色沙特倡议”和“绿色中东倡议”，开启了沙特绿色金融之路。2022 年 2 月，沙特公共投资基金颁布《绿色金融框架》，以此和国际资本市场协会的《2021 绿色债券原则》及贷款市场协会的《2021 绿色贷款原则》接轨。沙特绿色债券在募集资金、资金使用、项目评估和选择、利润管理和报告等方面都遵守国际通行准则的指导。同年 10 月，沙特公共投资基金成功完成首次国际绿色债券的发行，总金额为 30 亿美元（约 112.5 亿里亚尔）。截止至 2024 年 10 月，该公共投资基金已发行价值 78 亿美元的绿色债券，旨在筹集资金支持 2021—2025 年的绿色转型。

（三）东盟绿色发展战略

进入 21 世纪，随着东盟国家社会与经济快速发展，以传统化石能源为主的能源消耗水平不断攀升。2022 年，东盟碳排放量达到 18.76 亿吨，与 2013 年相比增加了 36.8%，是此期间全球碳排放量增长速度的 7 倍。二氧化碳排放量的大幅增加会直接导致气候变暖问题加剧，由此带来的负面影响在东盟开始显现。为此，东盟国家近年来积极加强应对气候变化制度和机制建设，大力推动绿色发展战略和规划，力求建设一个环保、可持续发展的绿色新东盟。

1. 凝聚共识，打造“绿色东盟”

绿色发展已成为东盟各国的普遍共识和一致行动，1997 年 12 月，东盟首脑会议发布《东盟 2020 愿景》，提出绿色东盟愿景，即“我们期待建设一个清洁、绿色、可持续发展机制完备的东盟以确保该地区环境的保护、自然资源的可持续性以及人民的高质量生活”。①2003 年 11 月，第九次东盟环境部长会议发布《可持续发展仰光决议》，强调可持续发展可以通过综合协调地处理环境保护、经济增长和社会发展的关系来实现，并确定全球环境问题、促进无害环境技术和清洁生产、可持续发展监测和报告等十个优先发展领域。②2007 年 11 月，第十三届东盟首脑会议将气候变化问题作为主题之一，签署《东盟环境可持续发展宣言》，提出加强区域和国际合作、应对气候变化、促进使用可再生能源和替代能源以及加强资源保护等 28 项倡议，表明东盟国家对环境保护的承诺以及同国际社会共同对付气候变化的决心，由此“绿色东盟”初露端倪。2010 年 4 月，第十六届东盟首脑会议通过《东盟经济复苏和可持续发展联合声明》和《东盟应对气候变化联合声明》，进一步奠定了“绿色东盟”的坚实基础。在 2016 年的《巴黎协定》中，东盟国家一致同意定期提交“国家自主贡献报告”（简称“NDC”），从而参与到全球应对气候变化行动中，随后均向联合国提交 NDC，并提出适合本国国情的减缓气候变化的措施。

“绿色复苏”对于东盟应对疫情和气候变化，提升经济社会发展韧性和可持续性具有重要战略意义。2020 年 11 月，第 37 届东盟峰会通过《东盟全面复苏框架》，主要战略目标就是“重建更加清洁的家园”，强调为东盟各国

---

① 1997 Asean Vision 2020 ［R/OL］. https://cil.nus.edu.sg/wp-content/uploads/2019/02/1997-ASEAN-Vision-2020-1-1.pdf.

② Yangon resolution on sustainable development［EB/OL］.（2003－12－20）［2024－03－12］. https://asean.org/ yangon-resolution-on-sustainable-development/.

打造一个更具韧性和可持续性的未来。在该框架下，东盟“绿色复苏”包括绿色增长、绿色就业、绿色投资、绿色基础设施和可再生能源转型等主要领域。[①]2021 年 10 月，第 38 届东盟峰会通过《东盟领导人关于蓝色经济的宣言》，明确蓝色经济是可持续、有韧性和包容性地利用、治理、管理和保护海洋，由东盟协调理事会监督全面实施、探讨和发展蓝色经济的合作方式。2022 年 11 月，第 40 届东盟峰会发布《东盟国家领导人关于东盟互联互通 2025 后议程的声明》，提出 2025 年后东盟互联互通应促进以人为本、可持续发展、区域经济一体化和面向未来的政策，包括气候适应型和可持续的政策基础设施、能源转型和绿色增长以及有效的伙伴关系。2023 年 9 月，第 43 届东盟峰会在印度尼西亚首都雅加达举行，主题为“东盟举足轻重：打造经济增长中心”，峰会发布《关于打造经济增长中心的联合声明》成果文件。在绿色经济发展方面，东盟提出努力实现碳中和，实现净零排放，包括促进负责任的消费和生产，采用绿色技术，制定有利的法规和框架，实现公正和包容性的能源转型，发展循环经济。[②]

2. 多措并举推动绿色经济

东盟可再生能源资源丰富、类型多样，生物质能、地热能和水能资源丰富，风能、太阳能等具有开发潜力。东盟各国采取绿色发展规划、财政激励和税收优惠等措施来支持可再生能源产业、电动汽车等绿色产业的发展。

其一，实施绿色计划，提供坚实保障。东盟各国纷纷出台绿色发展政策推动绿色产业发展，切实推动实现“碳中和”目标。印度尼西亚于 2017 年出台绿色技术总体规划（2017—2030 年），计划到 2030 年实现 430 亿美元的收入，并创造 20 多万个绿色就业岗位；到 2020 年将可再生电力供应能力提高到总装机容量的 8%左右，并到 2030 年将温室气体排放占 GDP 的比例较 2005 年降低 35%。马来西亚颁布《国家能源政策（2020—2040）》，为未来

① 东盟正式发布《东盟全面复苏框架》［EB/OL］.（2020－11－07）［2024－03－10］. http://asean mofcom.gov.cn/article/zthdt/dmjmdt/202011/20201103016495.shtml.

② ASEAN leaders' declaration on ASEAN as an epicentrum of growth［R/OL］. https://asean.org/wp-content/uploads/2023/09/ALD-Epicentrum-of-Growth-merged.pdf.

20年可再生能源发展制定路线图。越南通过《2011—2020年绿色增长和2050年愿景》的国家战略以尽快成为"碳中和经济体",并于2023年批准实施《(第八份)国家电力发展规划》(PDP8)以促进能源转型,力求到21世纪中叶实现碳中和。柬埔寨实施《2019—2023年国家发展战略计划》和《2015—2025年工业发展计划》,重点推进可负担、可持续的可再生能源行业发展。缅甸在《国家能源政策》和《缅甸能源总体规划》中,着重强调发展可再生能源基础设施和设立可再生能源社区项目。[①]泰国出台《替代能源发展计划(2012—2021)》并规划电动汽车发展的最新路线图,以促进可再生能源和电动汽车发展;老挝发布《水电可持续发展政策》和《实施水电可持续发展政策指南》推动水电发展。

其二,出台财政改革措施,推动清洁能源发展。东南亚国家光照充足,具有天然的光伏发电优势。马来西亚、泰国和印度尼西亚等东盟国家采取一系列政策措施来支持光伏电池储能市场的发展,这些政策包括提供财政激励、税收优惠、上网电价以及补贴等,旨在促进光伏、电池储能技术的应用和产业的增长。2016—2022年,马来西亚实施三期净能源计量(NEM)计划,鼓励更多的用户安装光伏系统,并将多余的发电量以电价抵扣的方式卖给马来西亚电力公司。[②]2021年,泰国政府批准投资24亿泰铢,开展"光伏进村"项目,支持发展三大类发电项目:社区供电站,包括光伏、生物能、沼气发电等;光伏抽水系统;不通电地区的自发电项目。泰国的投资促进政策将可再生能源领域多个产业列为重点支持对象,其中太阳能电池和原材料的制造项目、可再生能源发电项目可最长13年免征企业所得税,100%外资持股可获得土地所有权,进口设备和原材料则免征关税。2022年11月,印度尼西亚在G20峰会期间发布"确切能源转型伙伴关系",并承诺在未来3~5年内投入200亿美元加速清洁能源开发。

其三,大力发展电动汽车,打造电动汽车制造中心。东盟致力于打造

① 杨超,覃娟. RCEP背景下中国与东盟绿色发展合作研究[J]. 广西社会科学,2022(9):80-86.

② 屈婕,毕世鸿. 面向后疫情时代的东盟"绿色复苏":举措、困境与中国角色[J]. 印度洋经济体研究,2022(5):130-151.

电动汽车生态系统，以促进地区国家打造更清洁、更可持续的交通系统，并成为世界上重要的电动汽车制造中心之一。泰国是东盟国家最大的汽车生产国和第二大汽车销售市场，2021 年 6 月，泰国国家电子汽车政策委员会发布总体规划，计划分别以 5 年、10 年、15 年为期，重点围绕零排放汽车、下一代汽车技术和商业模式创新三大领域，打造完整的电动汽车产业链。按照该计划，到 2030 年，泰国政府机构和公共部门用车全部实现零排放，本土制造中 30%的新车为零排放汽车。围绕这一目标，泰国投资委员会推出了一系列激励措施，包括：对生产一种以上电动汽车零部件的汽车厂商实施免税；降低新能源汽车购置税，并提供购车补贴；设立总额 27 亿美元的项目投资奖励基金等。2022 年 1 月起，马来西亚针对整车进口和本地组装的纯电动汽车推出对整车进口的纯电动汽车免征进口税和国内税等一系列税收优惠。马来西亚计划到 2025 年在全国建成 1 万个公共充电设施，到 2030 年实现电动汽车在该国汽车总销量中占比 15%。2022 年 1 月，马来西亚推出一系列针对电动汽车的税收优惠，电动汽车企业可申请 70%～100%的所得税减免，减免期限最长达 10 年。马来西亚计划到 2030 年实现电动汽车在汽车总销量中的占比达到 15%，到 2040 年将这一比例提高至 38%。柬埔寨计划到 2050 年将电动汽车数量占汽车总量的比例提高到 40%。该国公共工程与运输部正在推动充电基础设施建设。2023 年，印度尼西亚政府为电动汽车产业发展制定路线图，并推出相关优惠政策，包括为电动汽车领域企业提供最高达 100%的企业所得税减免、为购买电动汽车的消费者提供补贴等。

（四）南亚区域绿色发展战略

南亚面向印度洋，与孟加拉湾和阿拉伯海毗邻，是连接东亚、东南亚与西亚、北非地区的重要桥梁。南亚人口多，发展潜力巨大，是亚洲经济增长极之一。南亚各国经济发展带来能源需求的快速增长，也导致了高化石能源消费和高能源进口依赖的“双高”问题。为应对气候变化，南亚加速推动能源电力的清洁低碳转型发展，推动产业结构全面升级，促进区域社会经济低碳发展。

1. 印度的绿色发展战略

作为目前全球第五大经济体、人口最多的国家，印度也是全球第三大碳排放国。印度采取更绿色、更可持续的方式实现经济增长，以实现 2070 年净零排放的战略目标。印度强化气候目标，不仅与全球绿色转型的趋势紧密相连，更是基于应对气候变化风险的迫切需要。由于其地理位置，印度受气候变化影响较大，其官方记录的自然灾害在 1900—2000 年共有 402 次，仅在 2001—2021 年的 20 年间就高达 354 次。

2008 年 6 月，印度政府推出“国家气候变化行动计划”，正式将应对气候变化纳入国家战略的一部分。2009 年 11 月，印度施行《国家太阳能计划》，第一阶段的重点是太阳能集热利用并推广离网系统；第二阶段，政府建成规模化和有竞争力的太阳能发电系统，到 2022 年，计划发电能力达到 2 万 MW 水平。莫迪政府从执政之初起就把发展清洁能源、推进能源革命作为应对能源短缺和气候变化的重要战略。2014 年，莫迪宣布到 2022 年印度将新增 100GW 的光伏装机容量。2015 年 1 月，印度正式宣布系统的清洁能源发展目标，即到 2022 年将清洁能源装机容量提升到 175GW。2016 年，莫迪提出了印度能源未来发展的四大支柱——能源获取、能源效率、能源可持续性以及能源安全，其中绿色能源在能源获取以及能源可持续性的建设领域中发挥着重要作用。2016 年，印度宣布的国家自主贡献（NDC）中最核心的目标是 GDP 排放强度 2030 年较 2005 年降低 33%～35%，以及非化石燃料发电装机容量 2030 年占比达到 40%。①2017 年，印度国家转型委员会发布《印度国家能源政策草案》，强调绿色能源在印度脱碳进程中的重要性。2018 年 4 月，莫迪政府发布的《国家电力规划》设定 2027 年清洁能源装机规模达到 275GW 的目标。2021 年 11 月，印度总理莫迪在第 26 届联合国气候峰会（COP26）上承诺在 2070 年前实现净零碳排放，并提出四大目标：（1）到 2030 年，印度非化石能源产能将达到 500GW；（2）到 2030 年，印度将其经济的碳强度降低到 45%；（3）到 2030 年，印度通过可再生能源满足其 50%的能

① 李程宇，耿紫玲. 印度清洁能源计划及其经济效应分析［J］. 上海商学院学报，2018，19（5）：29－38.

源需求；（4）到 2030 年，印度从预计排放总量中减少 10 亿吨碳排放。2022 年 8 月，印度向《公约》提交了更新后的 NDC，其中，碳减排强度目标从 33%～35%提高到了 45%，非化石燃料装机容量占比目标从 40%提升到 50%。

印度大力发展绿色金融，根据气候政策倡议 2022 年的报告，为实现《巴黎协定》下的国家自主贡献目标，2015—2030 年，印度累计需要 162.5 万亿卢比（近 2.5 万亿美元）。2020 年，印度成立由各部委和监管机构代表组成的可持续金融工作组，以支持制定可持续活动分类草案等工作。2022 年 11 月，印度发布主权绿色债券框架。根据该框架，主权绿色债券的本金和利息支付将不依赖于合格项目的绩效，投资者不会因任何项目相关风险受到不利影响。印度政府还成立了绿色金融工作委员会，负责监督项目的选择和资金分配，委员会成员来自环境、森林和气候变化部，财政部经济司和预算司等相关职能部委。2023 年 1 月，印度最大的贷款机构印度国家银行发布了适用于债券和贷款的 ESG 融资框架。根据该框架，符合条件的绿色项目类别包括绿色生物多样性、清洁交通、气候变化适应、能源效率、可再生能源等。

印度积极推动碳市场建设，计划到 2030 年减少 10 亿吨碳排放量。2022 年，印度议会批准《2022 年节能修正案》，为该国碳市场的建设奠定法律基础。该法案首次提出建设全国碳市场，集中各个行业碳和环境的信用交易，将于 2025 年开始。2023 年 6 月，印度电力部发布《2023 年碳信用交易计划》，规定碳市场的框架结构和各利益相关者的角色。该文件确立能源效率局为碳市场主管部门，同时成立一个由主要部委代表组成的国家指导委员会。该委员会将向能源效率局提供为履约主体制定排放目标和轨迹、有关印度境外发行和交易碳信用等方面的具体建议；而中央电力监管委员会则负责监管市场运行和维护市场秩序。

2. 南亚其他主要国家绿色发展战略

巴基斯坦是一个能源相对贫乏的国家，原油高度依赖进口，天然气资源短缺，巴政府采取绿色发展政策和通过中国和巴基斯坦的能源合作缓解能源短缺状况。巴政府通过政策引导来提高清洁能源在能源生产和消费中的比重。2011 年，巴政府发布《替代和可再生能源政策》，提出要在 2030 年实现总能源需求中可再生能源占5%的目标。[①]巴政府将应对气候变化与国家发展战略相结合，积极推动“绿电”产业发展，先后颁布《可再生能源发展政策》、《风力发电购电协议》（PPA）、《综合能源规划》、《独立发电商上网电价确定导则》等多项相关政策，鼓励风电、光伏等绿色电力形式的应用，以减少火力发电市场份额占比，为清洁能源发展营造有利政策环境。2020年，巴政府出台《可再生能源和替代能源政策（2020）》，这是该国绿色能源转型的“指导纲要”，提出到2025年，该国可再生能源的发电占比将从目前的6%提升至25%，到2030年将进一步提升至30%。在绿色金融发展方面，巴基斯坦证券交易所在2009年发布《公司（企业社会责任）通令》，要求所有公司必须公开与联合国SDGs中6项目标相关的活动，其中包括清洁水源和清洁能源。在该国国家银行激励政策的支持下，以绿色信贷为主的绿色金融市场初步形成。2016年和2017年，该国国家银行分别出台《巴基斯坦国家银行可持续发展金融计划》和《绿色银行指导方针》，鼓励私有投资参与绿色项目，为绿色项目贷款提供优惠汇率，并着重强调与环境相关的金融风险。[②]

作为一个受气候变化和能源短缺严重挑战的国家，孟加拉国制定相关的目标，期望能够减少碳排放，实现可持续发展。[③]孟加拉国政府于2008年出台《可再生能源政策》，旨在挖掘可再生能源资源潜力，计划至2015年实现利用可再生能源发电至少800MW，使其惠及人民，并允许、鼓励和促进公共及私营部门投资。2012年12月，孟加拉国通过《可持续和可再生能源发展机构法案》，根据法案，可持续和可再生能源发展机构将制订短期、中期和长期计划，以实现政府的政策目标。该机构将监控由公共和私人实体实施的所有可再生能源项目和活动，还将为这些项目创新融资机制和激励机制。孟加拉国在第26届联合国气候变化大会（COP26）上承诺在2030年自主减少27.56兆吨二氧化碳当量。在能源绿色转型方面，孟加拉国也制定相关的

① 闫世刚.“一带一路”下中国能源合作新模式与新机制研究［M］. 北京：对外经济贸易大学出版社，2022.

② 共建“一带一路”国家ESG政策法规研究［EB/OL］.（2023-10-27）［2024-03-8］. https://finance.sina.com.cn/esg/zcxs/2023-10-27/doc-imzspyfk0279609.shtml.

③ 吴磊，詹红兵. 孟加拉国能源可持续发展问题探析［J］. 南亚研究，2018（2）：55-72.

发电目标，到2025年可再生能源发电量将达到2 624MW。同时，为致力于应对气候变化和拥抱清洁能源解决方案，孟加拉国放弃了10个煤电项目，总投资约100亿美元。2021年，孟加拉国启动“气候繁荣计划”，确定保障国家能源安全的方向，表明该国面对日益加剧的气候危机，正在从陈旧、过时和昂贵的化石燃料进口向变革性绿色经济转型。孟加拉国积极出台系列政策，建设可持续银行业务的监管框架。根据孟加拉国能源部的规划，该国到2030年底要实现可再生能源占比30%的目标，到2041年要将占比进一步提高至40%，同时还将加强跨境电力贸易，从邻国进口水电、太阳能等清洁电力。在绿色金融方面，2011年，孟加拉国银行发布“绿色银行业务政策导则”和“环境风险管理指引”，鼓励银行在信用评估过程中进行系统环境风险分析。2013年，绿色银行业务政策延伸至所有非银行金融机构。同年，孟加拉国银行引入统一的报告格式。2017年2月，孟加拉国银行发布《孟加拉国银行和金融机构环境和社会风险管理指南》，作为2011年企业风险管理指导方针的更新。2020年，孟加拉国银行出台《可持续金融政策》，将ESG纳入该国银行和金融机构的投资组合中。①

（五）中东欧绿色发展战略

为实现《欧洲绿色新政》下的2050年温室气体净零排放和“不让任何人和地区掉队”的目标，同时，促进经济发展与煤炭资源消耗脱钩，中东欧国家在清洁能源、绿色金融和绿色交通等多个领域出台政策，大力推动绿色低碳发展。

1. 积极出台绿色发展政策

捷克、波兰、匈牙利和斯洛伐克作为中东欧地区的重要成员，在欧洲绿色经济转型中发挥着重要作用。2018年，捷克发布《气候保护政策》，明确到2030年气候保护领域的目标，并提出低碳排放发展的长期战略。2019年，捷克公布《国家复苏计划》，该计划包含基础设施和绿色转型以及数字化转

① 共建“一带一路”国家 ESG 政策法规研究［EB/OL］.（2023－10－27）［2024－03－18］. https://finance.sina.com.cn/esg/zcxs/2023-10-27/doc-imzspyfk0279609.shtml.

型等 6 大支柱，而在基础设施和绿色转型领域的投资高达 907.26 亿克朗，占计划总投资的 45%。[①]2021 年 1 月，捷克政府批准 2030 年国家环境政策，首要目标是减少有害物质和温室气体的排放，该政策制定未来 10 年将达成的 10 项战略目标和 32 项具体任务以及 2050 年远景目标。捷克于 2021 年 4 月成立绿色协议委员会，由环境、农业、工贸等部委组成，旨在推动绿色经济发展。

波兰是欧洲的主要煤炭生产国之一，煤炭在其能源结构中占比近 70%。而煤炭的消耗则是温室气体排放的主要来源之一，气候变化是波兰当前面临的主要挑战。2015 年 2 月，波兰通过《可再生能源法案》，法案旨在完善本国可再生能源支持体系，推动发电企业采用低成本发电技术，引入以竞价系统为基础的新支持措施。2016 年，波兰政府制定《负责任发展战略》，提出一系列绿色转型目标。2019 年，欧盟推出《欧洲绿色政纲》，将波兰绿色发展提升至新高度。2020 年，波兰发布国家氢能战略——《波兰 2030 年前的氢战略和 2040 年前的远景规划》，根据规划，波兰将建立完整的产业链，发展氢能及其衍生物的生产、储存、分配、利用技术，支持氢能在电力、供暖、交通和工业领域中的广泛应用，发展绿色氢经济。2021 年，波兰发布《2040 年能源政策》（简称“PEP 2040”），为波兰的能源转型设定框架。PEP 2040 涵盖公正转型、零排放能源体系和良好空气质量三大支柱，将海上风电和核电确立为两大战略性新兴产业，计划到 2030 年可再生能源占比超过 23%。到 2040 年，海上风电场装机达 11GW，建设 6 座核电机组，旨在为落实《巴黎协定》以及欧盟气候与能源政策作出贡献。

匈牙利政府专门制订可再生能源支持计划（简称“KAT”），规定可再生能源上网电价由 KAT 系统确定，确保生产的电力全部由国家电网收购，且 KAT 支持政策将持续约 25 年。2019 年 9 月，匈牙利在联合国气候行动峰会上宣布将“增加其太阳能发电装机容量至现有装机容量的 10 倍，并扩大其核电站的发电装机”的计划。2020 年 1 月，匈牙利政府批准新的《国家能源

---

① 捷克国家复苏计划［EB/OL］.（2021－08－08）［2024－03－12］. http://cz.mofcom.gov.cn/article/ztdy/202108/ 20210803189318.shtml.

战略》和《国家能源和气候计划》，修订后的战略框架以清洁、智能和廉价能源这三大战略支柱为基础，包括 40 多项措施；提出到 2050 年，将温室气体排放量（较 1990 年）减少 95%。2020 年 6 月，匈牙利通过一项气候保护法，要求到 2030 年，碳排放量在 1990 年的基础上减少至少 40%，到 2050 年实现碳中和。

2019 年，斯洛伐克公布《环境战略 2030》，提出在气候方面的目标是到 2030 年温室气体排放量比 1990 年减少 53%。2020 年，斯洛伐克发布“斯洛伐克共和国至 2030 年低碳发展战略，展望 2050 年”，提出到 2050 年实现气候中和的长期战略路线图选择的目标。同年 8 月，斯洛伐克政府批准《实施适应气候变化战略行动计划》，对水资源保护、可持续农业发展、自然环境和生物多样性等方面提出最新要求，积极推进绿色基础设施建设。

2. 大力推动清洁能源，促进绿色金融发展

从清洁能源产能来看，中东欧主要国家太阳能光伏和风电产能不断增加，尤其是太阳能光伏产能在欧洲清洁能源生产中的占比不断提升，表 5－2 是 2013—2022 年中东欧主要国家太阳能装机容量。2013 年，捷克、波兰、匈牙利和希腊等中东欧六国的太阳能光伏装机容量为 5 974MW，占欧洲太阳能光伏装机容量的 7.1%。2022 年，这六国太阳能光伏装机容量达到 24 290MW，十年间装机容量提升了 4.1 倍，在欧洲太阳能光伏装机容量中占比提升到 10.3%。中东欧六国中，波兰和匈牙利太阳能光伏装机产能增长态势显著，十年间波兰太阳能光伏装机容量从 2MW 大幅增长到 11 167MW，匈牙利从 35MW 大幅增长到 2 988MW，而捷克和斯洛伐克太阳能光伏装机容量增长缓慢。

中东欧的捷克、黑山、匈牙利和波兰等国出台绿色金融发展政策，积极打造绿色金融体系。早在 2004 年，捷克就公布了可持续发展战略，其遵循欧盟出台的《可持续金融信息披露条例》，积极支持本国相关金融机构的环境信息披露，支持对绿色项目投资。匈牙利央行于 2019 年启动“绿色计划”，以缓解气候变化相关风险，促进国内绿色金融服务发展。随后，又颁布一系列政策文件促进能效抵押贷款、绿色债券等的发展。在非欧盟国家中，黑山

较为活跃，虽然在政策层面仅在2009年黑山证券交易所发布了关于企业ESG信息自愿披露的文件，但其与欧洲投资银行的绿色贷款合作、与欧洲复兴开发银行（EBRD）合作的新项目“绿色经济贷款”也在积极进行中。在绿色信贷方面，中东欧国家与欧洲投资银行、欧洲复兴开发银行合作密切。2019年，欧洲复兴开发银行在中东欧的绿色投融资水平增长了1倍。2021年12月，欧洲投资银行为匈牙利提供3亿欧元绿色贷款，为捷克提供1.42亿欧元绿色贷款。在绿色债券方面，波兰是较早参与发行的中东欧国家之一，2016年发布《绿色债券框架》，同年发行第一只绿色主权债券。根据国际金融中心《2020年新兴市场绿色债券发行报告》，捷克、匈牙利分别占据发行量的第三名和第四名，仅次于中国和智利，不但引领着中东欧绿色债券的发行，且仍在快速增长之中。[①]

表5-2　2013—2022年中东欧主要国家太阳能装机量　单位：MW

国家	2013年	2014年	2015年	2016年	2017年	2018年	2019年	2020年	2021年	2022年
捷克	2 064	2 067	2 075	2 068	2 075	2 081	2 111	2 172	2 246	26 27
波兰	2	27	108	187	287	562	1 539	3 955	7 416	11 167
罗马尼亚	761	1 293	1 326	1 372	1 374	1 386	1 398	1 383	1 394	1 414
匈牙利	35	89	172	235	344	728	1 400	2 131	2 968	2 988
希腊	2 579	2 596	2 604	2 604	2 606	2 652	2 834	3 288	4 277	5 557
斯洛伐克	533	533	533	533	528	472	590	535	537	537
总计	5 974	6 605	6 818	6 999	7 214	7 881	9 872	13 464	18 838	24 290

资料来源：Energy Institute（2023）[②]。

① 深化中国—中东欧绿色合作　以绿色金融助推“一带一路”高质量发展［EB/OL］.（2022-03-06）［2024-05-12］. https://iigf. cufe. edu.cn/info/1012/4860.htm.

② Energy Institute. 2023 Statistical Review of World Energy（72nd ed.）［R/OL］. https://www.energyinst.org/_data/assets/pdf_file/0004/1055542/EI_Stat_Review_PDF_single_3.pdf.

三、共建绿色“一带一路”高质量发展的科学内涵

共建绿色“一带一路”高质量发展，要坚持共商、共建、共享原则，坚持平等合作、互助共赢、尊重包容的共享发展理念，坚持开放、绿色、廉洁，坚持高标准、惠民生和可持续，在新型国际关系框架下，推动共建国家实现低碳、绿色、健康的可持续发展。

（一）中国引领“一带一路”区域绿色发展

全球绿色发展发生深刻变革，以中国、印度和巴西为代表的新兴经济体已成为推动全球能源治理向低碳化、清洁化转型的重要力量。中国积极制定绿色发展战略和政策，打造绿色产业发展体系，以绿色动能谋求新的经济增长点，水电、太阳能光伏和风电等清洁产能高居世界第一位，电动汽车产能位居世界前列，已经成为推动全球绿色发展的引领者。

1. 中国绿色发展战略和政策演进

1996 年 3 月，第八届全国人民代表大会第四次会议批准了《国民经济和社会发展“九五”计划和 2010 年远景目标纲要》，提出实施可持续发展战略。1997 年，党的十五大进一步明确将可持续发展战略作为我国经济发展的战略之一。实施可持续发展战略，是一项惠及子孙后代的战略性举措，是中华民族对于全球可持续发展的积极贡献。

进入 21 世纪，绿色发展是人类发展的共同追求，也是新时代推动我国现代化发展的重要理念之一。2005 年 8 月，时任浙江省委书记习近平在安吉余村考察时强调“绿水青山就是金山银山”。同年，中国通过《中华人民共和国可再生能源法》（以下简称《可再生能源法》），涵盖资源调查与发展规划、产业指导与技术支持、推广与应用、价格管理与费用分摊和经济激励与监督措施等诸多环节，以促进可再生能源的开发利用，增加能源供应，改善能源结构，保障能源安全，保护环境，实现经济社会的可持续发展。

2005 年 7 月，国务院发布《关于加快发展循环经济的若干意见》，规定

运用价格杠杆促进节能、节水和控制污染，制定支持循环经济发展的财税和收费政策。2007 年 9 月，国家发展改革委发布的《可再生能源中长期发展规划》提出，可再生能源包括水能、生物质能、风能、太阳能、地热能和海洋能等，资源潜力大，环境污染低，可永续利用，是有利于人与自然和谐发展的重要能源。2008 年 4 月 1 日施行的修订后的《中华人民共和国节约能源法》提出，国家鼓励、支持开发和利用新能源、可再生能源。2008 年 8 月，《中华人民共和国循环经济促进法》明确了循环经济概念。所谓循环经济，是指在生产、流通和消费等过程中进行的减量化、再利用、资源化活动的总称。2010 年 10 月，《国务院关于加快培育和发展战略性新兴产业的决定》明确指出，要加快培育和发展战略性新兴产业、构建国际竞争新优势，推动节能环保和新能源等新兴产业快速发展。

2012 年党的十八大以来，中国将生态文明建设纳入“五位一体”总体布局，树立了新发展理念，从制度体系、发展规划、政策保障和社会动员等各方面推动绿色发展、建设生态文明。2012 年 12 月，国家发展改革委发布《可再生能源发展“十二五”规划》，2013 年 1 月，国务院发布《能源发展“十二五”规划》，这两项规划提出，要提高清洁低碳化石能源和非化石能源比重，大力推进煤炭高效清洁利用，科学实施传统能源替代，加快优化能源生产和消费结构。2014 年 11 月，国务院发布《能源发展战略行动计划（2014—2020 年）》，提出要坚持“节约、清洁、安全”的战略方针，要重点实施节约优先、立足国内、绿色低碳、创新驱动四大战略，加快构建清洁、高效、安全、可持续的现代能源体系。2016 年 3 月，“十三五”规划将绿色发展同创新发展、协调发展、开放发展、共享发展并列为五大发展理念。新发展理念的提出，是中国在党的十八大把生态文明建设纳入中国特色社会主义事业“五位一体”总体布局之后的理论升华。

2017 年党的十九大报告提出“我们要建设的现代化是人与自然和谐共生的现代化”，要“推进绿色发展”。要形成绿色发展方式和生活方式，坚定走生产发展、生活富裕、生态良好的文明发展道路，建设美丽中国，为人民创造良好生产生活环境，为全球生态安全作出贡献，成为全球生态文明建设的重要参与者、贡献者、引领者。2020 年 4 月，习近平主席出席领导人气候峰会，并发表题为《共同构建人与自然生命共同体》的重要讲话，宣布中国将力争 2030 年前实现碳达峰、2060 年前实现碳中和。[①]2021 年，“十四五”规划纲要再次强调绿色发展在我国现代化建设全局中的战略地位，提出“生态文明建设实现新进步”的发展目标，具体内容包括：国土空间开发保护格局得到优化，生产生活方式绿色转型成效显著，能源资源配置更加合理、利用效率大幅提高，单位国内生产总值能源消耗和二氧化碳排放分别降低 13.5%、18%，主要污染物排放总量持续减少，森林覆盖率提高到 24.1%，生态环境持续改善，生态安全屏障更加牢固，城乡人居环境明显改善。[②]2022 年 10 月，党的二十大报告提出：“我们要推进美丽中国建设，坚持山水林田湖草沙一体化保护和系统治理，统筹产业结构调整、污染治理、生态保护、应对气候变化，协同推进降碳、减污、扩绿、增长，推进生态优先、节约集约、绿色低碳发展。”[③]2023 年 12 月，国务院发布《中共中央、国务院关于全面推进美丽中国建设的意见》，提出到 2027 年和 2035 年的主要目标，明确加快发展方式绿色转型、持续深入推进污染防治攻坚和提升生态系统多样性稳定性持续性等战略举措。“十四五”时期，中国生态文明建设进入了以降碳为重点战略方向、推动减污降碳协同增效、促进经济社会发展全面绿色转型、实现生态环境质量改善由量变到质变的关键时期。中国把“双碳”纳入生态文明建设整体布局，制定出台“1+N”政策体系，以经济社会发展全面绿色转型为引领，推动中国实现高质量发展。

2. 中国绿色发展成效显著

中国坚持创新、协调、绿色、开放、共享的新发展理念，以创新驱动为

---

① 习近平在“领导人气候峰会”上的讲话（全文）[EB/OL].（2021－08－08）[2024－04－10]. http://www.qstheory.cn/yaowen/2021-04/22/c_1127363007.htm.

② 中华人民共和国国民经济和社会发展第十四个五年规划和 2035 年远景目标纲要 [EB/OL].（2021－03－13）[2024－04－10]. http://m.xinhuanet.com/2021-03/13/c_1127205564.htm.

③ 高举中国特色社会主义伟大旗帜 为全面建设社会主义现代化国家而团结奋斗——在中国共产党第二十次全国代表大会上的报告 [EB/OL].（2022－10－25）[2024－04－10]. https://www.gov.cn/xinwen/2022-10/25/content_5721685.htm.

引领，塑造经济发展新动能和新优势，以资源环境刚性约束推动产业结构深度调整，以强化区域协作持续优化产业空间布局，经济发展既保持量的合理增长，也实现质的稳步提升，开创了高质量发展的新局面。

中国实施创新驱动发展战略，把科技创新作为调整产业结构、促进经济社会绿色低碳转型的动力和保障，战略性新兴产业成为经济发展的重要引擎，经济发展的含金量和含绿量显著提升。截至 2021 年底，中国节能环保产业有效发明专利 4.9 万件，新能源产业有效发明专利 6 万件，分别是 2017 年底的 1.6 倍和 1.7 倍。2011—2020 年，中国环境技术发明专利申请总量接近全球的 60%，是全球布局环境技术创新最积极的国家。可再生能源产业发展迅速，风电、光伏发电等清洁能源设备生产规模居世界第一，多晶硅、硅片、电池和组件占全球产量的 70%以上。节能环保产业质量效益持续提升，形成覆盖节能、节水、环保、可再生能源等各领域的绿色技术装备制造体系，绿色技术装备和产品供给能力显著增强，绿色装备制造成本持续下降，能源设备、节水设备、污染治理、环境监测等多个领域技术已达到国际先进水平。综合能源服务、合同能源管理、合同节水管理、环境污染第三方治理、碳排放管理综合服务等新业态新模式不断发展壮大，2021 年节能环保产业产值超过 8 万亿元。①

中国持续推进绿色制造体系，完善绿色工厂、绿色园区、绿色供应链和绿色产品评价标准，引导企业创新绿色产品设计、使用绿色低碳环保工艺和设备，优化园区企业、产业和基础设施空间布局，加快构建绿色产业链供应链。截至 2021 年底，累计建成绿色工厂 2 783 家、绿色工业园区 223 家、绿色供应链管理企业 296 家，制造业绿色化水平显著提升。中国加快构建新型能源体系，推动清洁能源消费占比大幅提升，加快构建适应新能源占比逐渐提高的新型电力系统，能源结构绿色低碳转型成效突出。截至 2022 年，包括核能、水电和可再生能源在内的清洁能源消费达到 42.82 艾焦，占能源消费的比重已经由 2012 年的 14.5%提升至 26.9%；煤炭消费为 88.41

① 新时代的中国绿色发展［EB/OL］.（2023－01－09）［2024－04－12］. https://www.gov.cn/zhengce/2023-01/19/content_5737923.htm.

艾焦，占能源消费的比重由 2012 年的 68.5%降至 55.5%。2022 年，中国可再生能源发电量达到 1 367 TWh，占全球可再生能源总发电量的 32.5%，高居世界第一位，其中风电和光伏发电量分别为 762.7 TWh 和 427.7 TWh，均居世界第一。[①]

中国加快绿色交通运输体系建设，让交通运输更加环保、出行更加低碳。截至 2022 年，我国新能源汽车保有量达 1 310 万辆，同比增长 67.13%，呈高速增长态势；我国新能源公交车的保有量为 54.26 万辆，公交车新能源渗透率已经从 2012 年的 10.8%增加到 2022 年的 98.8%。2022 年，我国新能源客车产销量占全球总量的 95%以上，出口量超 7 000 辆，同比增长超过 140%；新能源公交车线路长度超 1 000 万千米，累计运送乘客超 5 000 亿人次。中国加快推动交通运输结构调整优化，持续推进大宗货物和中长距离货物运输“公转铁”和“公转水”。推动交通用能低碳多元化发展，持续提升公路沿线充电服务保障能力，推进新能源、清洁能源应用。推动绿色交通设施建设，加快交通领域绿色投资、发展交通领域绿色金融。倡导推广简约适度、绿色低碳的交通出行方式，通过生活方式绿色革命，推动生产方式绿色转型。[②]

中国系统推进生态文明宣传教育，倡导推动全社会牢固树立勤俭节约的消费理念和生活习惯。持续开展全国节能宣传周、中国水周、全国城市节约用水宣传周、全国低碳日和世界地球日等主题宣传活动，积极引导和动员全社会参与绿色发展。把绿色发展有关内容纳入国民教育体系，倡导尊重自然、爱护自然的绿色价值观念。广泛开展节约型机关、绿色家庭、绿色学校、绿色社区、绿色出行、绿色商场、绿色建筑等创建行动，将绿色生活理念普及推广到衣食住行游用等方方面面。积极推广新能源汽车、高能效家用电器等节能低碳产品。实施税收减免和财政补贴，持续完善充电基础设施。同时，不断完善绿色产品认证采信推广机制，健全政府绿色采购制度，实施能效水

① Energy Institute. 2023 Statistical Review of World Energy（72nd ed.）[R/OL]. https://www.energyinst.org/_data/assets/pdf_file/0004/1055542/EI_Stat_Review_PDF_single_3.pdf.

② 在可持续交通发展道路上迈出新步伐 [EB/OL].（2023－11－02）[2024－04－12]. https://www.gov.cn/zhengce/2023-01/19/content_5737923.htm.

效标识制度，引导促进绿色产品消费。推动绿色商场等绿色流通主体建设，鼓励推动共享经济、二手交易等新模式蓬勃发展，绿色消费品类愈加丰富，绿色消费群体持续扩大。[①]

（二）共建绿色“一带一路”高质量发展历程和科学内涵

以习近平同志为核心的党中央不断丰富和加强顶层设计与政策规划，形成共建绿色“一带一路”高质量框架体系，绘就中国与共建国家共同推动绿色发展、同创生态文明的宏伟画卷。

1. 共建绿色“一带一路”高质量发展历程

2013 年 9 月和 10 月，习近平主席先后提出共建“丝绸之路经济带”和“21 世纪海上丝绸之路”倡议，即共建“一带一路”倡议，得到国际社会的高度关注和有关国家的积极响应，成为世人瞩目的中国方案。习近平指出：“这是一项造福沿途各国人民的大事业。”我们要加强政策沟通、道路联通、贸易畅通、货币流通、民心相通，以点带面，从线到片，逐步形成区域大合作，实现共同发展、共同繁荣。

2015 年，中国发布《推动共建丝绸之路经济带和 21 世纪海上丝绸之路的愿景与行动》，文件明确指出，应重点突出生态文明的发展理念，在生态环境保护、保护生物多样性和应对日益严峻的气候条件恶化等方面，坚持以保护人类共有的生存环境为出发点，建设绿色丝绸之路。文件明确提出要打造绿色基础设施，共建绿色丝绸之路，[②]开启绿色“一带一路”新起点。

2017 年 5 月，中国相继发布《关于推进绿色“一带一路”建设的指导意见》（简称《指导意见》）和《“一带一路”生态环境保护合作规划》（简称《合作规划》）两大支撑文件，明确未来 10 年绿色“一带一路”发展的总体方向

① 新时代的中国绿色发展［EB/OL］.（2023－01－09）［2024－04－16］. https://www.gov.cn/zhengce/2023-01/19/content_5737923.htm.

② 经国务院授权三部委联合发布推动共建“一带一路”的愿景与行动［EB/OL］.（2015－03－28）［2024－04－16］. https://www.gov.cn/xinwen/2015-03/28/content_2839723.htm.

和全方位合作格局。[①]《指导意见》首次形成涵盖总体思路、主要任务和保障措施的“一带一路”绿色发展框架体系，从绿色发展服务“五通”建设、提升绿色政策、打造绿色合作平台和发挥地方优势这四个层面推进绿色“一带一路”建设。《合作规划》确立了生态环保体系建设进度和25个重点建设项目。

2018年8月，习近平出席推进“一带一路”建设工作五周年座谈会并发表重要讲话：“经过夯基垒台、立柱架梁的5年，共建‘一带一路’正在向落地生根、持久发展的阶段迈进。我们要百尺竿头、更进一步，在保持健康良性发展势头的基础上，推动共建‘一带一路’向高质量发展转变，这是下一阶段推进共建‘一带一路’工作的基本要求。过去几年共建‘一带一路’完成了总体布局，绘就了一幅‘大写意’，今后要聚焦重点、精雕细琢，共同绘制好精谨细腻的‘工笔画’。”[②]这标志着共建“一带一路”倡议由夯基垒台、立柱架梁阶段，正式向精耕细作的高质量发展阶段迈进。

面对新形势、立足新阶段，中国适时发布共建“一带一路”的进展总结和展望报告。2019年4月，习近平主席在第二届“一带一路”国际合作高峰论坛开幕式上发表主旨演讲，包括中国在内38个国家的元首和政府首脑以及联合国秘书长和国际货币基金组织总裁共40位领导人出席圆桌峰会，来自150个国家、92个国际组织的6 000余名外宾参加了论坛。习近平主席提出“共同绘制精谨细腻的‘工笔画’，推动共建‘一带一路’沿着高质量发展方向不断前进”，强调“把绿色作为底色，推动绿色基础设施建设、绿色投资、绿色金融，保护好我们赖以生存的共同家园”。[③]

此后，随着绿色发展政策的相继出台、绿色国际合作机制和绿色实践的不断发展，共建绿色“一带一路”开始步入“工笔画”阶段。2021年11月，习近平在第三次“一带一路”建设座谈会上强调，完整、准确、全面贯彻新

① 周军，等. 绿色“一带一路”与2030年可持续发展议程［M］. 北京：中国环境出版集团，2021.

② 习近平出席推进“一带一路”建设工作5周年座谈会并发表重要讲话［EB/OL］.（2018－08－27）［2024－01－26］. https://www.gov.cn/xinwen/2018-08/27/content_5316913.htm.

③ 齐心开创共建“一带一路”美好未来——在第二届“一带一路”国际合作高峰论坛开幕式上的主旨演讲［EB/OL］.（2019－04－26）［2024－04－20］. https://www.gov.cn/gongbao/content/2019/content_5389301.htm.

发展理念，以高标准、可持续、惠民生为目标，巩固互联互通合作基础，拓展国际合作新空间，扎牢风险防控网络，努力实现更高合作水平、更高投入效益、更高供给质量、更高发展韧性，推动共建“一带一路”高质量发展不断取得新成效，擘画新时代新征程。2022 年 3 月，国家发展改革委等四部委联合发布的《关于推进共建“一带一路”绿色发展的意见》(简称《意见》)提出共建绿色“一带一路”高质量发展的指导思想、基本原则和总体目标，部署了重点任务，明确支撑保障体系和组织实施，①是推进共建绿色“一带一路”高质量发展的重要标志、依据和行动指引。《意见》确立高标准、可持续、惠民生的目标，以绿色基础设施、绿色能源和绿色产业等领域为重点精耕细作，并充分发挥中国企业的市场主体作用，与共建国家绿色发展需求紧密结合，切实为共建国家提供更多高标准的项目。

2022 年 10 月，党的二十大报告指出，“共建‘一带一路’成为深受欢迎的国际公共产品和国际合作平台”，并提出了“推动共建‘一带一路’高质量发展”的要求。2023 年 10 月 18 日，习近平主席在第三届“一带一路”国际合作高峰论坛开幕式上做主旨演讲，提出“中方愿同各方深化‘一带一路’合作伙伴关系，推动共建“一带一路”进入高质量发展的新阶段，为实现世界各国的现代化作出不懈努力。”②习近平主席宣布中国支持高质量共建“一带一路”八项行动，其中第四项行动是促进绿色发展，“中方将持续深化绿色基建、绿色能源、绿色交通等领域合作，加大对‘一带一路’绿色发展国际联盟的支持，继续举办‘一带一路’绿色创新大会，建设光伏产业对话交流机制和绿色低碳专家网络。落实《‘一带一路’绿色投资原则》，到 2030 年为伙伴国开展 10 万人次培训。”

表 5－3 总结了共建绿色“一带一路”高质量发展的政策文件。

① 国家发展改革委等部门关于推进共建“一带一路”绿色发展的意见［EB/OL］.（2022－03－16）［2024－04－20］. https://www.ndrc.gov.cn/xxgk/zcfb/tz/202203/t20220328_1320629.html.

② 建设开放包容、互联互通、共同发展的世界——在第三届“一带一路”国际合作高峰论坛开幕式上的主旨演讲［EB/OL］.（2023－10－18）［2024－02－12］. http://www.news.cn/mrdx/2023-10/19/c_1310746291.htm.

表 5－3　　共建绿色“一带一路”高质量发展的政策文件总结

名称	发布时间和部门	主要内容
《推动共建丝绸之路经济带和 21 世纪海上丝绸之路的愿景与行动》	2015 年 3 月 国家发展改革委、外交部、商务部	强化基础设施绿色低碳化建设和运营管理，在建设中充分考虑气候变化影响；在投资贸易中突出生态文明理念，加强生态环境、生物多样性和应对气候变化合作，共建绿色丝绸之路
《关于规范银行业服务企业走出去　加强风险防控的指导意见》	2017 年 2 月 中国银监会	从信用风险管理、国别风险管理、合规风险管理等方面，建立服务“一带一路”建设长期、稳定、可持续、风险可控的金融保障体系
《关于推进绿色“一带一路”建设的指导意见》	2017 年 5 月 环境保护部、外交部、国家发展改革委、商务部	提出关于推进绿色“一带一路”建设的重要意义、总体要求、主要任务和保障措施
《“一带一路”生态环境保护合作规划》	2017 年 5 月 环境保护部	提出从政策、绿色设施、绿色贸易、绿色金融、民心沟通和能力建设等方面，着力推进 25 个重点项目建设
《关于促进应对气候变化投融资的指导意见》	2020 年 10 月 生态环境部、国家发展改革委、中国人民银行、中国银保监会、中国证监会	首次从国家政策层面将应对气候变化投融资提上议程。鼓励金融机构支持“一带一路”和“南南合作”的低碳化建设，推动气候减缓和适应项目在境外落地
《对外投资合作绿色发展工作指引》	2021 年 7 月 商务部、生态环境部	明确坚持绿色发展理念、推动绿色生产和运营、建设绿色基础设施、打造绿色境外经贸合作区、推进绿色技术创新、推动企业主体绿色转型、遵循绿色国际规则等十大重点任务
《国务院关于印发 2030 年前碳达峰行动方案的通知》	2021 年 10 月 国务院	明确推进绿色“一带一路”建设的原则、理念、与共建“一带一路”国家的合作领域，发挥新型合作机制作用，打造合作伙伴关系，加强国际合作
《关于推进共建“一带一路”绿色发展的意见》	2022 年 3 月 国家发展改革委、外交部、生态环境部、商务部	提出共建“一带一路”绿色发展的总体要求、重点领域，明确推进境外项目绿色发展、完善绿色发展支撑保障体系和加强组织实施这三大板块支撑

注：根据公开政策文件整理。

2. 共建绿色“一带一路”高质量发展的科学内涵

绿色发展深刻体现人与自然和谐共生、融合发展的鲜明价值取向。共建绿色“一带一路”高质量发展是高举人类命运共同体旗帜，弘扬共商、共建、共享原则，坚持开放、绿色、廉洁，坚持高标准、惠民生和可持续，与共建国家共同打造生态文明共同体。

其一，共建绿色“一带一路”高质量发展是系统性和集约式发展。绿色发展是“绿色”和“发展”的统一。“绿色”强调合理利用资源和保护生态环境，“发展”强调经济发展、社会进步以及当代人与后代人的永续发展。绿色发展是顺应自然、促进人与自然和谐共生，以最小的资源和环境成本实现最大的经济效益和社会效益的发展，是高质量、可持续的发展。节约资源、保护生态和环境治理也是实现可持续健康发展的重要前提。只有贯彻绿色发展理念，坚持节约资源、保护生态和治理环境并重，才能实现可持续发展，促进人的全面发展和社会的全面进步。

其二，共建绿色“一带一路”高质量发展以共商、共建、共享为原则，兼顾各方利益和合作意愿，致力于推动绿色发展务实合作。秉承共商、共建、共享的原则，坚持正确义利观、构建人类命运共同体等理念和举措，顺应时代潮流，符合“一带一路”共建国家利益。共建绿色“一带一路”高质量发展，致力于推动绿色国际合作平台的建设，推动各国在绿色国际合作中权利平等、机会平等和规则平等，推进新型治理规则民主化和法治化，更加平衡地反映各国国家意愿和利益，积极推进开放包容、普惠共享的利益共同体、责任共同体和命运共同体，为推动构建人类命运共同体作出积极贡献。在绿色“一带一路”高质量建设过程中，要倡导多边主义，强调共建国家无论大小、强弱或者贫富，都是平等的伙伴关系。在合作中摒弃零和博弈甚至对抗的思想，强调开放与合作、和谐与包容。充分尊重共建国家对绿色能源、绿色基础设施、绿色贸易和绿色金融等合作事项的发言权，任何国家都可以根据本国需要积极建言献策，对多边合作议程强调通过平等协商找到利益交汇点，确定合作领域并实现共同目标。

其三，共建绿色“一带一路”高质量发展坚持开放、绿色和廉洁。开放、绿色和廉洁是“一带一路”合作取得成功的基本准则，是“一带一路”合作保持活力的重要前提，更是“一带一路”合作实现高质量、可持续发展的必然要求。[①]要把绿色作为底色，推动绿色基础设施建设、绿色投资和绿色金融，保护好赖以生存的共同家园，坚持一切合作都在阳光下运作，共同以零容忍态度打击腐败。开放是人类文明进步的重要动力，是世界繁荣发展的必由之路。绿色“一带一路”高质量建设是开放的，所有感兴趣的国家都可以添加进入“朋友圈”。要以开放为导向，打造开放型合作平台。要建设更紧密的绿色发展伙伴关系，着力深化环保合作，践行绿色发展理念，加大生态环境保护力度，携手打造“绿色丝绸之路”。要加强国际反腐合作，加快形成系统完备的反腐败涉外法律法规体系，加大跨境绿色项目腐败治理力度，让“一带一路”成为廉洁之路。

其四，共建绿色“一带一路”高质量发展坚持高标准、惠民生和可持续。高质量推进绿色“一带一路”建设，要坚持经济发展、社会发展和环境保护协调发展，以高标准、惠民生、可持续为目标，实现各国共同发展。要对接国际公认的规则、标准和最佳实践，引入各方普遍支持的规则和标准，鼓励企业在尊重国家法律法规的前提下，在绿色项目建设、运营、采购和招投标等方面遵循国际规则和标准。要坚持以人为本的发展理念，以消除贫困、提升就业和改善民生为重点，使“一带一路”合作成果惠及共建国家民众，为当地经济和社会发展作出实实在在的贡献。要加强统筹规划，形成更加接地气、凝聚民心的合作成果，实施惠民共生的绿色民生工程，切实增强人民群众共同建设国家的幸福感。通过高质量的绿色“一带一路”建设提供富有成效的对外绿色援助，要始终坚持生态文明和可持续发展的理念，把绿色发展融入基础设施项目选择、实施和管理的各个环节。积极加强全球和区域层面的绿色发展国际合作，注重“一带一路”倡议同落实联合国《2030 年议程》的有效对接，为共建国家创造更多发展机遇和空间，协调推进环境保护、经济增长和社会发展，打造生态文明共同体。

---

① 孙吉胜，寇贺英. 推动共建“一带一路”高质量发展［J］. 前线，2024（4）：4－7.

四、共建绿色“一带一路”高质量发展的机理

共建绿色“一带一路”高质量发展契合共建国家发展与治理的现实需要，从观念层面到行动层面促进开放包容、互学互鉴和互利共赢，为共建国家提供创新性公共产品供给，为共建国家生态文明建设和可持续发展提供重要保障。

（一）共建绿色“一带一路”高质量发展的公共产品供给机理

作为一种创新性的公共产品供给模式，共建绿色“一带一路”积极推动新型国际发展合作，根据共建国家的不同需求搭建多元灵活的绿色合作平台，有效调动共建国家资源，使沿线发展中国家不断提升可持续发展能力。

1.“一带一路”倡议与国际公共产品供给

全球公共产品是一个或多个国家提供给国际社会共同使用的资源、制度、物品和设施等。“公共产品”的概念首先由保罗·萨缪尔森在1954年提出，具有消费的非竞争性和非排他性两大特征。后来，学者将公共产品延伸到国际领域，提出“国际公共产品”的概念。英吉·考尔将国际公共产品定义为“成本和收益超越一国范围、在某些情况下甚至超越世代的公共产品”，是国际生产专业化分工过程的衍生物。①而制度主义学派将制度引入公共产品的分析范畴，认为“国际制度可以在国际关系的各领域各层次普遍存在。它可以是区域性的、全球性的或是行业性的，也可以是正式的，或是非正式的”，因此，国际制度成为一种常见的国际公共产品。②

自美国知名学者罗伯特·吉尔平发展了国际公共产品的“霸权稳定论”之后，由“霸主或领导者”提供公用产品就主导了国际公共产品的供给。从全球经济层面来看，世界贸易组织、国际货币基金组织和世界银行这三大国际组织，都是在美国主导下的全球公共产品。这三大国际组织在全球经济治理中起着重要作用，并与其他国际组织和国家密切合作，共同推动全球经济

① 王安美. 公共产品视角下的“一带一路”[J]. 中国外资，2021（12）：44－45.

② 胡键.“一带一路”的国际公共产品功能与中国软实力的提升[J]. 国外社会科学，2020（3）：4－18.

增长、贸易自由化、减贫和可持续发展。但由于长期处于优势地位，一些发达国家也逐渐形成霸权主义，致使世界经济体系陷入垄断状态。作为传统公共产品供给的主要形式，主要发达国家供给的国际公共产品和地区国家供给的区域公共产品，均存在供给协商的过程不平等、供给产生的方式不合理和供给成果的分配不均衡等困境。①

进入 21 世纪，国际力量对比发生深刻变化，以中国、印度等为代表的新兴经济体群体性崛起，国际影响力不断增强，是近代以来国际力量对比中最具革命性的变化。②在全球治理体系变革的大趋势下，中国作为最大的发展中国家，积极参与全球治理、推动全球治理体系变革，不仅事关国际秩序和国际体系规则、方向的确定，而且展现全球负责任大国的担当。共建“一带一路”倡议的提出，打破了原有的西方的一元主义模式，带有强大的包容性和开放性，能够让共建国家乃至全世界人民受益。共建“一带一路”倡议是中国为世界提供的重要公共产品。其一，“一带一路”建设以“丝路精神”为指导，以共同发展为目标，为发展中国家参与国际经济合作提供机遇。其二，“一带一路”共建国家多数属于发展中国家，解决基础设施与互联互通瓶颈是实现共同发展的必要条件。互联互通为发展中国家实现经济起飞、参与国际分工奠定基础。其三，多元化合作机制既为不同类型共建国家开展合作提供便利，更为“一带一路”与全球治理体系对接创造条件。其四，作为推动构建人类命运共同体的重要实践平台，“一带一路”为解决全球治理赤字开辟了新路径。③

2. 共建绿色“一带一路”高质量发展创新性国际公共产品供给

共建绿色“一带一路”高质量发展是“一带一路”倡议持续推进绿色发展进程的集中体现，助力共建国家实现包容共享的绿色发展。后疫情时代，共建绿色“一带一路”高质量发展的提出反映了对“一带一路”区域生态环

---

① 沈铭辉，沈陈.“一带一路”高质量发展的内在机理与实践路径—基于公共产品供给的视角［J］. 中共中央党校（国家行政学院）学报，2023，27（4）：66－74.

② 黄高晓. 论习近平推动全球治理体制变革思想［J］. 广西社会科学，2016（6）：6－11.

③“一带一路”：向世界提供公共产品［EB/OL］.（2023－01－19）［2024－05－20］. https://m.gmw.cn/baijia/2023- 01/19/36313355.html.

境的高度重视和关注。共建国家都认识到，环境和生态恶化所带来的问题已成为需要共同面对和解决的危机。共建绿色“一带一路”高质量发展，是综合考虑国际、国内两个大局，大力提升共建国家可持续发展水平，积极参与全球环境治理，携手打造人类命运共同体。另外，由于经济基础相对薄弱，很多共建的发展中国家在绿色转型发展的理念、技术和制度上相对落后。通过共建绿色“一带一路”高质量发展，可以有效分享中国绿色发展的制度、技术、标准和经验，这有利于共同营造包容、共享、共赢的发展环境。

从绿色基建互联互通层面来看，自共建“一带一路”倡议提出以来，中国在印度尼西亚、老挝和肯尼亚等国家积极推动“绿色走廊”建设，中巴经济走廊、国际陆海贸易新通道等一批互联互通示范项目相继投运，大力提升绿色基础设施互联互通水平。以中国技术、中国标准结合共建国家气候和生态等实际情况，雅万高铁、中老铁路和蒙内铁路等相继运行，为建设清洁美丽、可持续发展的绿色基建之路树立典范。国际陆海贸易新通道形成覆盖全球 113 个国家和地区的 338 个港口的网络，以绿色电力供应、节能低碳运营和绿色物流开辟陆海新通道绿色新模式。

在新型绿色金融服务体系供给方面，中英两国金融机构于 2018 年 11 月签署《“一带一路”绿色投资原则》（简称“GIP”），提出将可持续性纳入公司治理和决策、使用绿色金融工具等绿色投资的一系列原则。截止到 2023 年 9 月，来自英国、法国、德国等 17 个国家和地区的 44 家机构加入 GIP，持有或管理的总资产已超过 50 万亿美元，GIP 已成为绿色金融领域具有国际影响力的倡议之一。由中国倡导并于 2014 年成立的亚洲基础设施投资银行（简称“亚投行”）积极推进绿色信贷，发展低碳环保项目，2016—2022 年间共批准包括水电、风能和太阳能等在内的 41 个绿色能源项目，总投资 74.7 亿美元，涵盖东南亚、中亚、南亚和西亚等区域的 15 个国家。[①]

从绿色发展国际合作机制和平台供给层面来看，一方面，中国在现有多边合作机制下，包括联合国、亚太经合组织、中国—东盟领导人会议、上海

---

① 根据 Asian Infrastructure and Investment Bank（AIIB）整理，Approved Projects Overview. https://www.aiib.org/en/projects/list/index.html?status=Approved。

合作组织等合作机制，加强与共建国家的绿色发展合作；另一方面，中国秉持共商共建共享，构建“一带一路”绿色发展国际联盟和“一带一路”能源合作伙伴关系两大新型多边合作机制，与28个国家发起“一带一路”绿色发展伙伴关系倡议，带来“一带一路”绿色发展核心要素的重新组合。在推动绿色技术、生态信息和知识共建共享方面，形成“一带一路”生态环保大数据服务平台和“一带一路”环境技术交流与转移中心，为共建国家绿色产业优势资源集聚、绿色技术交流与转移，以及生态绿色发展和决策支持提供有效支撑。

（二）可持续发展经济学与共建绿色“一带一路”高质量发展

传统经济学侧重于资源配置的经济效率，可持续发展经济学则研究在自然资本稀缺和保持生态系统非退化条件下，来提高社会福利和生活质量。即从物质扩张下的经济增长走向物质稳定状态下的人类发展，从追求“更大的经济”转变为追求“更好的经济”。可持续发展的资源配置则强调建立有利于经济、社会与生态环境可持续发展的资源配置机制，以合理地组合与匹配包括经济资源、社会资源与生态资源在内的社会总资源。①

1. 可持续发展经济学的研究视角

可持续发展经济学提出人类当前处在一个历史性的关头，限制人类继续繁荣的不再是人造资本的缺乏，而是自然资本的缺乏。其有关规模、效率和公平问题的研究结果，已经被深刻地用到全球应对气候变化的理论研究和政策研究之中。

可持续发展经济学立足全球性视角，重点关注资源有效配置和经济、社会的可持续发展。它认为更多的负外部性和快速的经济增长，与国家管理外部性的能力降低结合起来，对全球可持续发展的生态环境形成威胁。一方面，在经济全球化的情况下，区域层面对于物质规模的控制能力大为降低，尽管贸易可以提高任何一个区域超过本身生态规模后发展的可能性，但如果许多

① 马传栋. 论可持续发展经济学的基本理论问题［J］. 文史哲，2002（2）：160－164.

国家超过该区域内的可持续规模，那么累积起来就有可能超过地球整体可以承受的可持续规模。另一方面，发达国家环境改善本质上是污染型和资源消耗型产业全球转移的结果，对发展中国家和世界范围内生态环境造成了更大的损害。①

在宏观的经济增长和社会福利提高层面，可持续发展经济学强调社会总福利包括经济福利和非经济福利，即社会总福利是经济福利和非经济福利的总和，经济福利的增加可能导致非经济福利的减少，从而导致总福利的减少。可持续发展要求以国内市场为首要选择来发展国内生产和消费，只有在效率明显的情况下才使资源参与国际贸易，这样有利于经济增长和人民消费水平的提高，同时有利于保护全球生态环境。

可持续发展经济学提出，经济增长的物质规模是有极限的，良好的发展应该是一定物质规模下社会福利的不断增加。在效率方面，与主流经济学强调劳动生产率和资本生产率等传统要素不同，可持续发展经济学强调要同时重视提高土地、能源、水和其他稀缺自然资源等的资源生产率。在公平问题上，可持续发展经济学强调在物质规模一定的情况下，物质分配需要从占有过多的区域流向占有不足的区域，这样才能提升社会的公平性。

从理论建构可以看出，可持续发展经济学从根本上影响和改变着人类资源配置的方向、资源配置的预期目标和资源配置的内在机制，这为认识绿色“一带一路”高质量建设提供了更为广阔和深入的视角。可持续发展的目标是全人类共同价值所在，是所有国家都应努力践行的发展理念和目标，而绿色“一带一路”高质量建设就是可持续发展目标的中国方案和中国智慧，是为了经济的可持续发展以及构建人类命运共同体而作出的重大战略举措。

2. 可持续发展经济学视域下的绿色“一带一路”高质量发展

“一带一路”沿线多分布着发展中国家和新兴经济体，经济发展水平偏低、生态环境脆弱，推动经济可持续发展是共建国家的共同诉求。加快共建绿色“一带一路”高质量发展，对于共建国家共同解决人类社会面临的气候

---

① 诸大建. 超越增长：可持续发展经济学如何不同于新古典经济学［J］. 学术月刊，2013，45（10）：79-89.

变化、环境污染和能源危机等核心议题意义重大，是共谋全球生态文明建设的重要举措，是构建人类命运共同体、解决人类社会发展困境的中国智慧。

绿色“一带一路”高质量发展是缓解共建国家生态环境问题的根本方法。“一带一路”共建国家大多由发展中国家组成，经济发展水平相对落后。经济发展方式还停留在粗放式的时期，长期以来积累了较为严峻的生态环境问题与经济社会发展滞后问题，致使经济发展能力与生态承载能力之间的平衡难以为继。绿色“一带一路”高质量发展是对传统经济发展理论和发展方式的创新与突破，绿色发展作为一种创新式的新发展理念，旨在着力通过转变经济发展方式、优化经济结构、坚持经济高质量发展贯穿“一带一路”建设的各个领域。绿色“一带一路”高质量发展始终坚持生态优先、环境优先、资源优先的发展之路，借力“五通”建设，着力构建现阶段各共建国家经济发展与生态环境之间的动态平衡，从根本上解决“一带一路”共建国家的生态环境问题，实现经济社会的可持续发展。

绿色“一带一路”高质量发展是“一带一路”共建国家走出“先污染后治理”困境的必然选择。不少“一带一路”共建国家处于生态脆弱和环境敏感的区域，传统产业的发展带来环境承载能力困境。作为负责任大国，中国率先倡导并积极践行绿色发展理念，与各方共同探索从污染到治理的新路径。中国积极推动建立“一带一路”环境技术交流与转移中心，实施绿色丝绸之路使者计划，倡导中国企业以先进绿色技术和服务“走出去”，推动国家共建实现以绿色、循环、低碳为核心内容的技术、市场和产业共生，有效推动绿色发展。随着绿色产业和环保技术的快速发展，新的经济增长点正在形成。绿色发展为经济发展提供了新的动力，不仅带来了环境的改善，还推动经济结构的优化和产业的升级，有助于推动经济向高质量、高效率、低污染的方向转型升级。

绿色“一带一路”高质量发展是解决共建国家绿色发展不均衡的重要平台。随着“一带一路”建设的不断推进，参与共建的国家贯穿亚、欧、非大陆，共建国家在地理位置、要素禀赋、经济水平、政治环境等方面差异很大。然而，面对日益严峻的生态环境问题，具有不同区域特色的“一带一路”共建国家必须共同努力，解决当前生态恶化给经济社会发展带来的贫困和环境问题。绿色“一带一路”高质量发展坚持构建人类命运共同体的基本宗旨，旨在为共建国家构建“绿色共同体”发展新机制和平台，呈现显著的区域包容性和普惠性。绿色“一带一路”高质量发展将使不同地区的共建国家在更大程度、更广范围内受益，坚持以人为本，共建高质量发展体系，让所有国家和地区共同承担绿色发展的责任、共享绿色发展的成果。

绿色“一带一路”高质量发展是推动共建国家可持续发展的重要保障。一方面，在推进绿色“一带一路”建设过程中，提高资源利用效率、提升绿色技术水平和提高绿色经济发展效率，是促进“一带一路”绿色建设的必然要求。实现这些目标的关键是注重绿色“一带一路”的理念创新、技术创新和制度创新。绿色“一带一路”的高质量发展由创新驱动，创造性地赋予了共建“一带一路”倡议新的绿色发展内涵，丰富了“一带一路”的理论意义和实践价值。另一方面，在协同推进绿色发展的过程中，要不断培育包括新能源、可持续交通、低碳技术等在内的绿色新技术，同时营造更加高效和协调的绿色产业发展环境，形成激励与约束并重、协调与特色并重、普适性与特殊性并重的绿色体制机制。

绿色“一带一路”高质量发展作为新型发展理念，兼顾经济和生态的动态平衡，在生态承载能力范围内实现社会经济效益最大化。以资源消耗和环境破坏为代价的传统发展模式已不可持续，必须转变发展方式，将生态环境保护融入经济发展，走绿色发展之路。中国的生态文明建设不同于传统的工业文明发展范式。要尊重自然、顺应自然，追求社会正义和生态正义，保障生态安全，追求人与自然和谐相处。从这个角度来看，在绿色“一带一路”高质量发展的框架下，共建国家可以实现在经济发展的同时兼顾生态保护，实现“绿水青山就是金山银山”，真正做到经济、社会和生态的和谐共生。

第六章　共建绿色“一带一路”高质量发展的进展和挑战

一、绿色“一带一路”高质量建设的进展

中国积极倡导绿色发展观和生态文明观，积极加强顶层设计谋划、完善绿色框架体系，打造新型合作机制和绿色合作平台，推动绿色贸易、绿色基建、绿色能源和绿色投融资快速发展，绿色发展惠及共建国家民众。

（一）新型合作机制协同增效，绿色合作平台提质升级

从“一带一路”绿色合作层面看，一方面，中国在现有多边合作机制，包括国际可再生能源协会、亚太经合组织、金砖国家峰会、中国—东盟领导人会议等合作机制下，加强与共建国家的绿色发展合作；另一方面，中国秉持共商、共建、共享原则，构建“一带一路”绿色发展国际联盟和“一带一路”能源合作伙伴关系两大新型多边合作机制，与28个国家发起“一带一路”绿色发展伙伴关系倡议，带来“一带一路”绿色发展核心要素的重新组合。

1.“一带一路”绿色发展国际联盟成效显著

2019年，中国与联合国环境规划署以及俄罗斯、新加坡等25国组建“一带一路”绿色发展国际联盟，截止到2024年5月，联盟已拥有42个中外会员单位、43个国家的152个合作伙伴，在绿色政策国际对话、绿色先进技术的交流与转让，共建国家绿色解决方案等方面成效显著。成立以来，联盟已建立全球气候变化治理及绿色转型、绿色金融与投资等10个专题伙伴关系，

启动《“一带一路”项目绿色发展指南》项目，推动制定“一带一路”项目分级分类指南，形成了《“一带一路”绿色发展北京倡议》和《绿色发展投融资合作伙伴关系》等合作成果。

2023 年 10 月，第三届“一带一路”国际合作高峰论坛绿色发展高级别论坛发布了《“一带一路”绿色发展北京倡议》，并正式启动《绿色发展投融资合作伙伴关系》。《“一带一路”绿色发展北京倡议》由政府与环境主管部门、国际组织、研究机构、金融机构及企业等 30 余个机构共同发起。该倡议提出各方践行共商、共建、共享的原则，加强绿色低碳发展的政策沟通与战略对接，分享绿色发展的理念与实践，倡导各方加强应对气候变化和生态环境保护合作，加强绿色基础设施互联互通、绿色能源、绿色交通和绿色金融等领域的合作。①《绿色发展投融资合作伙伴关系》由“一带一路”绿色发展国际联盟、中国国家开发银行和美国波士顿大学全球发展政策中心等合作伙伴共同发起，伙伴关系遵循开放包容、互利共赢、市场运作的原则，旨在发挥合作伙伴各自的专业优势，积极推动绿色发展投融资合作，探索开展绿色投融资与绿色项目评价工作，完善项目的 ESG 评价和管理，解决绿色“一带一路”建设中面临的投融资瓶颈，打造沟通合作平台并提供务实解决方案。

2.“一带一路”能源合作伙伴关系注入新活力

2017 年 5 月，国家发展改革委和国家能源局共同发布《推动丝绸之路经济带和 21 世纪海上丝绸之路能源合作愿景与行动》，提出“共建‘一带一路’能源合作俱乐部，为更多国家和地区参与‘一带一路’能源合作提供平台，增进理解、凝聚共识。”②“一带一路”能源合作伙伴关系历经准备、提出、确立和创设四个阶段于 2019 年 4 月成立，截至 2024 年 10 月已经拥有 34 个成员，形成“一带一路”能源部长会议和“一带一路”能源合作伙伴关系论

① “一带一路”绿色发展北京倡议在京发布［EB/OL］.（2023－10－26）［2024－01－25］. https://www.yidaiyilu.gov.cn/p/0IFPHQIC.html.

② 推动丝绸之路经济带和 21 世纪海上丝绸之路能源合作愿景与行动［EB/OL］.（2017－05－12）［2024－01－25］. http://www.nea.gov.cn/2017-05/12/c_136277473.htm.

坛两大平台，构建了规范性的治理机制。[①]“一带一路”能源合作伙伴关系秉持“迈向更加绿色、可持续且包容的能源未来”价值观，强调开放与合作、和谐与包容，为共建国家绿色发展注入新动力。

2021 年，第二届“一带一路”能源部长会议发布《“一带一路”绿色能源合作青岛倡议》，提出包含绿色能源发展规划与目标、绿色能源投资环境、绿色能源技术创新合作等在内的七大绿色发展倡议，成立“一带一路”能源合作伙伴关系合作网络，建立绿色能源、智慧能源（创新）和绿色金融工作组，不断推进伙伴关系间绿色发展务实合作。在 2023 年举行的第三届“一带一路”能源合作伙伴关系论坛上，中国进出口银行联合渣打银行（中国）等 11 家金融机构发布《绿色金融支持“一带一路”能源转型倡议》，通过国有政策银行与国内外金融机构、基金和信用担保机构联合互动、协同合作，持续推进共建国家能源转型的步伐。

3. 平台建设支撑有力

在推动绿色技术、生态信息和知识共建共享方面，形成“一平台一中心”，即“一带一路”生态环保大数据服务平台（简称“大数据服务平台”）和“一带一路”环境技术交流与转移中心（简称“技术交流与转移中心”）。

“大数据服务平台”旨在借助“互联网+”、大数据、卫星遥感等信息技术，整理中国和共建国家的生态环境状况以及环境保护政策、法规、标准、技术和产业发展等相关信息，分享生态文明与绿色发展的理念与实践，搭建政策对话与交流平台、决策支持平台、科学研究平台和能力建设平台，为共建国家开展生态环保合作提供信息支撑，服务绿色“一带一路”建设。2016 年 9 月“大数据平台”正式启动并发布《“一带一路”生态环境蓝皮书——沿线重点国家生态环境状况报告（2015）》，对“一带一路”沿线 26 个国家和地区的环境状况及环保国际合作等情况进行了分析研究。截止到 2023 年 10 月，“大数据服务平台”已整合 60 余个共建国家的国别基础、法规标准和技术产业等层面数据，与联合国欧洲经济委员会、创绿研究院等国内外 78

① 吕江.“一带一路”能源合作伙伴关系：缘起、建构与挑战［J］. 东北亚论坛，2020（4）：113－126，128.

家机构形成伙伴合作关系，为共建国家及项目提供绿色解决方案，并为中国企业对外投资提供专业化咨询和技术支持。

“技术交流与转移中心”建立联合创新中心超过 50 家，储备绿色技术 500 多项，涉及企业 3 000 余家，带动中国与共建国实现绿色产业优势资源集聚。“技术交流与转移中心”构建绿色国际交流合作平台，已举办四届“一带一路”绿色创新大会，打造“一带一路”绿色发展短视频大赛和“一带一路”绿色产业创新创业大赛。2023 年征集的来自 20 多个共建国家的 400 余部绿色发展故事短视频，传播超过 1 亿次，有力地推进绿色发展理念的传播。该中心打造包括瑞典、印度尼西亚和俄罗斯在内的国外联络网络，推动成立“一带一路”绿色创新产业园，建立千余项绿色技术数据库。仅 2023 年，该中心举办技术对接 28 场，向 19 个国家推介中国绿色技术，有效地集成绿色产业优质创新资源，积极推进与共建国家的环保政策标准对接、绿色技术转移与合作。

（二）优化绿色贸易政策，加快绿色贸易发展

在绿色贸易方面，中国不断优化“一带一路”绿色贸易发展政策环境，支持绿色低碳节能环保等行业发展，扩大绿色节能技术出口，引导经营主体更好参与绿色服务贸易活动，加快“一带一路”绿色贸易发展。

1. 优化绿色贸易政策环境

绿色贸易是在国际贸易往来中，与环保、节能以及可持续发展相关的绿色产品和服务的交易。目前，中国是全球最大的绿色贸易参与国，绿色贸易在中国对外贸易中的份额超过 1/5。共建“一带一路”倡议提出以来，中国不断优化绿色贸易政策环境，与共建国家的绿色产品进出口贸易总额实现显著增长。环保科技产品在中国与共建国家绿色贸易中占主导地位，再生能源产品出口和废物处理、空气污染控制设备的进口增长态势良好。

2015 年，国家发展改革委、外交部和商务部联合发布《推动共建丝绸之路经济带和 21 世纪海上丝绸之路的愿景与行动》，明确提出“在投资贸易中突出生态文明理念，加强生态环境、生物多样性和应对气候变化合作，共建

绿色丝绸之路”。[①]2017 年 4 月，环境保护部、外交部、国家发展改革委和商务部联合发布《关于推进绿色“一带一路”建设的指导意见》，提出要“推进绿色贸易发展，促进可持续生产和消费。研究制定政策措施和相关标准规范，促进绿色贸易发展。将环保要求融入自由贸易协定，做好环境与贸易相关协定谈判和实施；提高环保产业开放水平，扩大绿色产品和服务的进出口；加快绿色产品评价标准的研究与制定，推动绿色产品标准体系构建，加强国际交流与合作，推广中国绿色产品标准，减少绿色贸易壁垒。加强绿色供应链管理，推进绿色生产、绿色采购和绿色消费，加强绿色供应链国际合作与示范，带动产业链上下游采取节能环保措施，以市场手段降低生态环境影响”。[②]2022 年 3 月，国家发展改革委、外交部、生态环境部和商务部联合发布的《关于推进共建“一带一路”绿色发展的意见》指出，“加强绿色贸易合作，持续优化贸易结构，大力发展高质量、高技术、高附加值的绿色产品贸易，加强节能环保产品和服务进出口”，[③]从而使绿色贸易在“一带一路”经贸合作中占据重要地位。

中国与“一带一路”区域的绿色贸易集中于东南亚、西亚和南亚等 21 世纪海上丝绸之路沿线地区，其中东南亚地区是中国绿色贸易的传统市场和重要引擎。2013—2022 年间，我国与“一带一路”共建国家绿色贸易规模逐年增长，于 2021 年超过欧盟成为全球第一大绿色贸易经济体。以光伏、锂电池和新能源汽车为代表的“新三样”成为出口新增长点，中国企业为全球贡献近 70%的光伏产能，风电机组产能占据全球六成以上市场份额。服务贸易方面，不断壮大服务贸易绿色发展新业态、新模式，将绿色元素贯穿建筑工程、运输服务、文旅服务、金融服务和数字技术服务等各个领域。加快国际绿色技术和服务贸易合作，与世界共享中国绿色服务的大市场和新机遇。

① 经国务院授权三部委联合发布推动共建“一带一路”的愿景与行动［EB/OL］.（2015－03－28）［2023－10－25］. https://www.gov.cn/xinwen/2015-03/28/content_2839723.htm.

② 关于推进绿色“一带一路”建设的指导意见［EB/OL］.（2017－04－26）［2023－11－15］. https://www.mee.gov.cn/gkml/hbb/bwj/201705/t20170505_413602.htm.

③ 国家发展改革委等部门关于推进共建“一带一路”绿色发展的意见［EB/OL］.（2022－03－16）［2024－01－15］. https://zfxxgk.ndrc.gov.cn/web/iteminfo.jsp?id=18766.

2. 绿色贸易规模增长显著

根据 2019 年中国政府发布的 64 个“一带一路”共建国家名录，“一带一路”倡议涵盖丝绸之路经济带和 21 世纪海上丝绸之路，包括独联体、中东欧、中亚、东南亚、南亚和西亚等主要地区。表 6－1 显示了 2013 年和 2021 年中国与“一带一路”沿线各地区绿色产品进出口的贸易金额和市场份额。从绿色出口来看，2021 年，东南亚、西亚和南亚地区在中国对共建国家绿色出口中的市场份额依次是 39.22%、17.65%和 15.64%，得益于海上运输成本低等优势，“一路”沿线地区成为中国绿色出口的重要市场。与此同时，中国面向“一带”沿线的独联体、中东欧和中亚地区绿色出口额从 2013 年的 360.44 亿美元攀升至 2021 年的 605.5 亿美元，虽然规模小于“一路”地区，但 9 年间出口份额保持稳定。与出口情况类似，东南亚、西亚和南亚地区也是中国自“一带一路”沿线地区绿色进口的主要市场，2021 年，“一路”沿线地区的绿色进口额占中国自“一带一路”共建国家的绿色进口比重为 78.65%。相较之下，9 年内中国自“一带”沿线地区绿色进口额增长缓慢，贸易份额下滑了 3.36%。从重点地区看，东南亚地区是中国面向“一带一路”开展绿色贸易的传统市场和重要引擎。2021 年中国与东南亚地区的绿色出口份额和进口份额分别提升至 39.22%和 52.94%，表 6－1 展示了中国与“一带一路”区域绿色贸易结构。

从贸易规模看，2013—2021 年间中国对“一带一路”共建国家的绿色产品出口额总体呈上升趋势。2021 年出口额达到 2 241.37 亿美元，较 2013 年增幅为 69.16%。相比之下，中国自共建国家的绿色产品进口规模较小但增幅可观，2021 年进口额为 781.78 亿美元，较 2013 年累计增长 52.92%。从贸易份额看，自共建“一带一路”倡议提出以来共建国家在中国绿色进出口中的份额持续攀升。2013—2021 年间，中国对共建国家绿色产品出口的份额从 22.59%增至 28.64%，而自共建国家绿色产品进口的份额也从 23.55%增至 27.38%。从产品结构看，环保科技产品在中国与共建国家绿色进出口中所占的份额最高，占中国对共建国家绿色出口的 50.70%和自共建国家绿色进口的 79.53%。在绿色“一带一路”建设中，中国积极研发和生产环保科技产品，通过绿色信贷支持企业，并向共建国家输出产品，同时引进优质技术产品以促进国内产业绿色转型。此外，2013—2021 年间中国对“一带一路”共建国家的再生能源产品出口额增长 112.75%，凭借在太阳能光伏板和风力发电机等设备上的技术和规模优势，推动共建国家的绿色基础设施建设和清洁能源合作。最后，2013—2021 年间中国自共建国家进口空气污染控制和废物处理设备的额度增幅较大，分别增长 286.0%和 97.0%。这些设备的进口旨在改善空气质量和提高废物处理效率，反映出近年来中国政府在“两山”理论指引下对国内环境治理的重视和与国际环境治理合作的深化。

表 6-1　　中国与“一带一路”区域绿色贸易结构 单位：亿美元，%

地区		绿色出口				绿色进口			
		2013 年		2021 年		2013 年		2021 年	
		金额	份额	金额	份额	金额	份额	金额	份额
一带	独联体	149.61	11.36	214.53	9.74	15.84	3.10	58.78	7.53
	中东欧	148.73	11.29	335.46	15.23	21.06	4.12	42.89	5.50
	中亚	62.10	4.72	55.51	2.52	89.37	17.49	64.93	8.32
一路	东南亚	499.71	37.95	863.70	39.22	217.79	42.63	413.16	52.94
	南亚	166.12	12.61	344.36	15.64	12.11	2.37	20.40	2.61
	西亚	290.67	22.07	388.74	17.65	154.73	30.29	180.30	23.10

资料来源：来自李博文[①]。

（三）积极推动绿色基建和绿色能源快速发展

中国积极发挥在绿色建筑、低碳公共交通和可再生能源等基础设施领域的引领作用，积极推动共建国家生态修复和基础设施绿色低碳化发展，实现经济增长与生态建设的协同发展。

① 李博文.“一带一路”绿色贸易的结构、潜力及影响因素［J］. 经济问题，2024（5）：61－66.

1. 为共建国家的绿色基建树立典范

中国企业为沙特、埃及和白俄罗斯等国打造的绿色建筑，成为这些国家可持续发展的标志性成果。埃及的阿拉曼新城是埃及政府 2030 规划中的重要战略城市之一，未来定位为埃及的“夏都”，成为集文化、服务、工业和旅游于一体的埃及北部海岸中心。阿拉曼新城超高综合体项目位于阿拉曼新城核心区，是继埃及新首都 CBD 项目后共建“一带一路”倡议下中埃合作的又一典范。其中，标志塔高约 300 米、建筑面积约 40 万平方米，由中建一局集团建设发展有限公司承建，建成后将成为全球高度前十的住宅楼之一及非洲最高的全钢筋混凝土超高层住宅。承建的中国企业通过建筑信息模型打造绿色建设方案，采用绿色材料和生态技术来降低施工污染和雨水的可循环利用。在沙特“2030 愿景”框架下，红海海岸正在打造一座绿色新城。红海新城项目位于沙特西部的塔布克省，占地 2.8 万平方千米，是沙特“2030 愿景”中的一项重点工程，被称为“新一代的城市”。项目预计 2030 年完工后，每年可接待 100 万人次国内外游客。新城建设的一大亮点是未来电力供应将 100%来自清洁能源，成为全球首个融合多能源互补系统的大型商业化公用设施项目和最大离网储能项目。

雅万高铁、中老铁路等相继投入运行，以中国技术、中国标准结合共建国家气候和生态等实际情况，为建设清洁美丽、可持续发展的绿色基建之路树立典范。连接印度尼西亚第一大城市雅加达和第四大城市万隆的雅万高铁，是印度尼西亚乃至整个东南亚地区的第一条高速铁路，也被视作中国和印度尼西亚两国务实合作以及共建“一带一路”倡议的标志性项目。雅万高铁全长 142 千米，是中印尼务实合作的旗舰工程，也是中国高铁首次全系统、全要素、全产业链在海外建设项目，全线采用中国技术、中国标准。雅万高铁开通后，为雅加达与万隆两地市民提供绿色出行方式，带来全新现代化高速交通方式，为减少二氧化碳排放作出贡献。同时，改变部分乘客的出行方式，有效缓解拥堵，实现环保高效，构建绿色生态圈。国际陆海贸易新通道是在“一带一路”框架下，以广西、云南、贵州、四川、重庆、甘肃、青海、新疆、陕西等中国西部相关省区市为关键节点，利用铁路、海运、公路等运输方式，向南通达新加坡等东盟主要国家，进而辐射澳大利亚和新西兰、中东及欧洲等区域，向东连接东北亚、北美等区域，向北与重庆、兰州、新疆等地的中欧班列连接，是西部地区实现与东盟及其他国家区域联动和国际合作、有机衔接“一带一路”的复合型对外开放通道。陆海新通道拉近中国中西部地区与东盟的地理距离和贸易联系，打造东盟国际生产网络，实现“通道+经贸+产业”联动发展，截至 2023 年 9 月，形成通达全球 120 个国家和地区的 473 个港口的网络，以绿色电力供应、节能低碳运营和绿色物流开辟陆海新通道绿色新模式。

2. 绿色能源建设发展强劲

“一带一路”共建伙伴中的发展中国家众多且拥有复杂的地理条件，工业化和城市化发展对于化石能源的大量消耗使得碳排放量居高不下，2022 年“一带一路”区域碳排放量高达 200.54 亿吨，占世界碳排放量的比重增加到 58.3%。绿色能源对共建国家优化能源结构、提升能源安全和气候治理水平发挥重要作用。从绿色能源发展水平来看，中国水电、太阳能光伏和风电装机容量都高居世界第一位，2022 年太阳能光伏和风电在全球装机总量中占比分别高达 37.3%和 40.7%，太阳能光伏和风电在原材料生产、设备制造、工程建设和运营维护等方面形成上下游的集成优势，已成为全球主要的新能源设备和技术出口国。[①]从绿色能源合作的实践来看，“一带一路”沿线地区的绿色能源投资、开发利用等合作整体呈增长态势，并形成了以工程总包、建厂、并购和研发为主的合作模式。

自共建“一带一路”倡议提出以来，中国企业参与投资的绿色能源合作项目呈现快速发展态势。在风电领域，哈萨克斯坦扎纳塔斯 100 MW 项目年发电量达 3.5 亿千瓦时，每年可节约标准煤 10.95 万吨，并减少超过 30 万吨各类污染物的排放；谢列克（Shelek）60 MW 项目则被誉为对中哈建交三十周年的“献礼”项目，为缓解哈萨克斯坦南部地区电力短缺问题作出了重要贡献。在中东的卡塔尔，2022 年足球世界杯最大场馆卢赛尔体育场，为可持

① 吴磊. 新能源发展对能源转型及地缘政治的影响［J］. 太平洋学报，2021（1）：62－70.

续体育场馆的建设提供了成功范例；卡塔尔首个绿色太阳能光伏项目——阿尔卡萨光伏电站是世界上单体容量排名靠前的光伏项目之一；新能源客车的加入使卡塔尔的绿色公交系统为球迷和游客提供了环保的出行方式，这背后都有着中国建设者的身影。在埃塞俄比亚，中方投资的阿达玛风电项目是该国首个投产的风电项目，一期、二期合计装机容量 204 MW，每年可提供 6.3 亿千瓦时以上的电量。在 2015 年 12 月南非“中非装备制造业展”开幕式上，中国国家主席习近平亲自向非洲各国政要推介该项目。阿伊萨风电二期项目总装机容量为 120 MW，建成后可以为亚吉铁路、沿线工业园区乃至整个埃塞俄比亚—吉布提经济走廊提供稳定的电力供应。埃塞俄比亚莱比垃圾发电厂装机容量 25 MW，是非洲第一座垃圾发电厂，也是中国和埃塞俄比亚在环保领域的首个合作项目。该项目地点原为该国最大的垃圾填埋场，占地面积 37 公顷。电厂建成后，每天以高效、环保的方式处理首都亚的斯亚贝巴近 3/4 的城市垃圾，提供该市 1/3 家庭的照明用电。中国企业对项目的参与形式也由初期的产品出口和工程承包，逐渐转向更加深度的股权融资和绿地投资。在新的参与模式下，中国企业在投资架构安排、融资方案设计、汇率风险规避及电网智能改造等方面开创了与欧洲复兴开发银行、亚投行等多方机构合作的先例，在投资市场化、标准规范化和运营专业化方面积累了丰富的经验。

从 2020 年起，中国在共建国家的绿色能源建设呈现全面提速之势。根据中国拟在建项目网的项目统计分析，2020 年 8 月—2023 年 12 月期间，中国在沿线东南亚、中东、中东欧、非洲等区域 52 个国家共实施 352 个绿色能源建设项目，其区域分布如图 6－1 所示。其中，在“一带一路”沿线区域实施 166 个太阳能光伏项目、78 个风电项目、52 个水电项目和 31 个储能项目。中国在东南亚实施 55 个太阳能光伏项目、49 个风电项目、24 个水电项目和 9 个储能项目；在中东实施 18 个太阳能光伏项目；在中东欧实施 11 个太阳能光伏项目和 5 个风电项目；在非洲实施 49 个太阳能光伏项目、7 个风电项目、9 个水电项目和 9 个储能项目；在拉美实施 27 个太阳能光伏项目、5 个风电项目和 6 个水电项目。

（四）推进绿色金融理念，推动绿色投融资发展

为体现“一带一路”建设中可持续发展的内在要求，打造绿色可持续的“一带一路”投融资体系，中英两国相关机构共同发布 GIP，不断推进绿色金融创新和绿色投融资，制定和分享与绿色投融资相关的资源准则和最佳经验，促进绿色金融领域能力建设，为支持和促进共建“一带一路”绿色发展提供更为灵活多元的金融支持和服务。

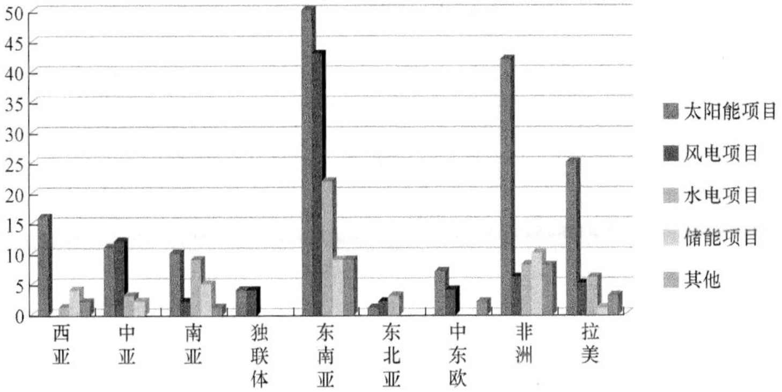

图 6-1 中国在“一带一路”区域绿色能源项目分布（单位：个）

资料来源：根据中国拟在建项目网中企海外项目数据整理统计①。

1. 积极打造绿色金融政策体系

为促进“一带一路”绿色发展，中国提出和发起多项绿色投融资方面的发展目标和政策措施。2017 年 4 月，环境保护部、外交部、国家发展改革委和商务部联合发布《关于推进绿色“一带一路”建设的指导意见》，提出要“加强对外投资的环境管理，促进绿色金融体系发展。推动制定和落实防范投融资项目生态环保风险的政策和措施，加强对外投资的环境管理，促进企业主动承担环境社会责任，严格保护生物多样性和生态环境；推动我国金融机构、中国参与发起的多边开发机构以及相关企业采用环境风险管理的自愿原则，支持绿色‘一带一路’建设；积极推动绿色产业发展和生态环保合作

① 根据中国拟在建项目网中企海外项目数据整理统计，http://www.bhi.com.cn/Research/ResearchList.aspx?columns=5245.

项目落地。”①2017 年，中国、阿根廷和沙特等 29 国的财政部门核准《“一带一路”融资指导原则》，有助于推动“一带一路”国家建设长期、稳定、可持续、风险可控的融资体系，实现资金动员和债务可持续性的平衡。2019 年，中国财政部在借鉴国际货币基金组织和世界银行低收入国家债务可持续性分析框架基础上，结合“一带一路”国家实际情况，制定和发布了《“一带一路”债务可持续性分析框架》。2021 年 7 月，商务部、生态环境部联合印发《对外投资合作绿色发展工作指引》，为中国企业在“一带一路”共建国家从事绿色投资提供指导。2022 年 3 月，国家发展改革委、外交部、生态环境部和商务部联合发布的《关于推进共建“一带一路”绿色发展的意见》指出：“加强绿色金融合作。在联合国、二十国集团等多边合作框架下，推广与绿色投融资相关的自愿准则和最佳经验，促进绿色金融领域的能力建设。用好国际金融机构贷款，撬动民间绿色投资。鼓励金融机构落实《“一带一路”绿色投资原则》。”②

2.《“一带一路”绿色投资原则》成为重要平台

为确保“一带一路”的新投资项目兼具环境友好、气候适应和社会包容等属性，2018 年 11 月，中国金融学会绿色金融专业委员会（绿金委）和伦敦金融城联合多家国际机构，共同制定并发起 GIP。这些原则从战略、运营和创新三个层面制定了七条原则性倡议，包括：（1）将可持续性纳入公司治理；（2）充分了解 ESG 风险；（3）充分披露环境信息；（4）加强与利益相关方沟通；（5）充分运用绿色金融工具；（6）采用绿色供应链管理；（7）通过多方合作进行能力建设。其旨在确保“一带一路”的新投资项目兼具环境友好、气候适应和社会包容等属性，同时推动实现联合国可持续发展目标和落实《巴黎协定》的承诺。GIP 的发布标志着“一带一路”的投资绿色化迈入一个崭新的发展阶段。

① 关于推进绿色“一带一路”建设的指导意见［EB/OL］.（2017－04－26）［2023－12－15］. https://www.mee.gov.cn/gkml/hbb/bwj/201705/t20170505_413602.htm.

② 国家发展改革委等部门关于推进共建“一带一路”绿色发展的意见［EB/OL］.（2022－03－16）［2024－01－15］. https://zfxxgk.ndrc.gov.cn/web/iteminfo.jsp?id=18766.

2019年，在第二届“一带一路”国际合作高峰论坛上，中国与英国、德国等12个国家和地区的27家金融机构签署GIP，以切实保障将环境友好、气候适应能力和社会包容性融入“一带一路”新投资项目中。在现有责任投资倡议的基础上，GIP成员将低碳和可持续发展议题纳入“一带一路”倡议，以提升投资环境和社会风险管理水平，推动“一带一路”投资的绿色化。同年8月，在GIP第一次全体会议上，来自中英两国政府和监管机构、GIP签署机构、国际组织、第三方机构的150多名代表列席，GIP秘书处宣布成立并在北京和伦敦分别设立办公室，并决定GIP设立环境和气候风险评估、环境和气候信息披露和绿色金融产品创新三个工作组，在总结最佳实践的基础上，开发工具、方法和标准，供GIP签署方和其他相关方使用。此外，GIP秘书处将负责建立“一带一路”绿色项目库，并撰写年度进展报告。[①]截止到2023年12月，加入GIP的机构已经来自17个国家和地区，这些机构管理超过40万亿美元资产，这使得GIP成为绿色金融领域最有影响力的倡议。以绿色金融产品创新、环境和气候风险评估以及环境和气候信息披露这三个工作组为支撑，68%的GIP签署机构已制定减少或退出化石燃料投资的战略，加快逐步淘汰化石燃料的步伐；54%的GIP签署机构正在量化和披露对碳密集型行业的敞口；70%的GIP签署机构为绿色金融业务制定量化目标。2022年GIP成立中亚区域办公室，致力于与中亚国家金融机构和监管机构建立更紧密的合作关系，在推动中亚国家绿色转型中发挥重要作用。

3. 绿色投融资提升绿色发展动能

绿色投融资是支持共建国家绿色产业发展和绿色低碳转型的重要动力，中国政策性银行积极推动向“一带一路”共建国家提供绿色能源领域的投资。2013—2020年间，中国对外政策性贷款流向水电行业和天然气行业的金额分别达到261亿美元和117亿美元。2017年，中国进出口银行为尼日利亚的蒙贝拉水电站项目与尼日利亚政府共同融资49亿美元，为老挝的芭莱水电站融资17亿美元，以及为巴基斯坦的卡拉奇核电站及水电站项目提供融资。

① “‘一带一路’绿色投资原则”第一次全体会议在京举行[EB/OL].（2019-08-17）[2023-12-18]. https://www.yidaiyilu.gov.cn/p/100302.html.

丝路基金致力于推动“一带一路”绿色发展，先后在阿联酋、埃及和南非等国投资建设8个新能源项目。中国在2014年设立丝路基金，致力于推动“一带一路”高质量发展，丝路基金与沙特国际水务和电力公司合作设立新能源平台，先后在阿联酋、埃及和南非等国投资建设8个清洁能源项目。

由中国倡导并成立的亚投行以可持续发展为核心，为亚洲及其他地区的未来基础设施提供融资。截至2025年2月，亚投行的成员已达110个，影响力和规模仅次于世界银行。以可持续、创新和互联互通为核心理念，亚投行相继发布《环境社会框架》和《亚投行—东方汇理气候变化投资框架》，提出到2025年实现50%的资金用于气候融资、2030年300亿美元的资金用于绿色基础设施建设，积极推动绿色转型发展。亚洲开发银行将“气候银行”作为其定位之一，承诺在2019—2030年利用自有资金提供1 000亿美元气候融资，并于2023年推出“亚太创新气候变化融资机制”，以期通过担保降低资金风险敞口，释放更多资金加大支持气候变化项目的力度。这些政策性银行以独特的方式承担着绿色项目资金融通、引导社会投资以及从规则和技术层面构建绿色金融体系的重要功能，展现出了专业性、规模效益和风控优势。截至2023年第二季度，亚投行向“SUSI亚洲能源转型基金”等11只绿色发展基金投资9.5亿美元，向印度尼西亚、印度和埃及等沿线国家的水电、风能和光伏等16个绿色能源项目投资计20.3亿美元。

中国企业积极发挥市场主体作用，2013—2020年，“一带一路”区域的太阳能光伏、风能等绿色能源项目绿地投资额达到175.6亿美元，如表6-2所示。2013年，中国在共建国家的绿色能源投资比重仅为26%，到2020年上半年这一比例已经大幅提升到58%。从绿色能源分类投资来看，中国企业对共建国家绿色能源的绿地投资主要集中在太阳能和风电两个领域，投资金额分别为104.0亿美元和43.0亿美元，分别占总投资金额的59.2%和24.5%。从绿色能源投资的时间分布来看，2014年达到期间41.3亿美元的绿地投资峰值，占总投资金额的23.5%；此后出现波动下滑态势，2015年绿色能源投资出现小幅下滑，达到34.3亿美元；2016年进一步下滑至11.9亿美元。

表 6-2　中国对“一带一路”共建国家绿色能源绿地投资统计表

单位：亿美元

	2013 年	2014 年	2015 年	2016 年	2017 年	2018 年	2019 年	2020 年	总额
太阳能	1.3	39.2	26.9	3.1	1.2	14.9	6.2	11.2	104.0
风电	1.2			5.6	17.7	5.6	2.4	10.5	43.0
水电	0.7	1.6	4.4	0.7		2.1	5.6		15.1
生物质能	1.3	0.5		2.4	1.6	4.5	0.1		10.4
其他			3.0	0.1					3.1
合计	4.5	41.3	34.3	11.9	20.5	27.1	14.3	21.7	175.6

资料来源：来自钱胜存、王永中[①]。

（五）绿色项目惠及民众，绿色援助温暖民心

民心相通是绿色“一带一路”建设的重要基础，共建“一带一路”倡议提出以来，中国在沿线推动绿色技术和产业合作，为共建国家增加就业和改善民生，提升共建国家的人民幸福感。中国加强对共建国家的清洁能源对外援助和国际合作，设立中国气候变化南南合作基金、南南合作援助基金，推动沿线在绿色政策、人才交流和示范项目等方面开展合作交流。积极实施“绿色丝路使者计划”和“中非绿色使者计划”，加强沿线共建国专业管理人员和技术人员的互动与交流。

1. 绿色对外援助成效突出

中国稳步推动对共建国家的绿色对外援助工作，2015 年，中国国家主席习近平在联合国南南合作圆桌会上正式宣布出资 200 亿元人民币，建立中国气候变化南南合作基金。在绿色能源援助方面，中国为受援国提供物资捐赠、成套项目和两优贷款等，进一步增加应对全球气候变化的新目标和新动力。除为受援国提供了清洁电力供给以外，还通过技术转移和产业发展为当地提

① 钱胜存，王永中. 中国对“一带一路”国家能源基础设施投融资的特征与风险［J］. 开放导报，2023（1）：1-13.

供就业岗位和经济发展的新机遇。中国向尼泊尔、几内亚、缅甸和巴基斯坦等国援助近 4.2 万套太阳能户用发电系统，向伊朗、埃及、几内亚等国捐助超过 40 万盏 LED 节能灯，①为受援国民众提供适用、便利的绿色能源，大大缓解当地电力缺口，广受民众的欢迎。与此同时，中国其他相关部门也开始探索参与气候变化南南合作机制。例如，中国科技部明确提出了以绿色能源为关键领域的国际科技合作和技术转移，为探索新合作发展模式奠定基础。

2016 年，中国启动气候变化南南合作“十百千”计划，即在共建国家开展 10 个低碳示范区、100 个减缓和适应气候变化项目及 1 000 个应对气候变化培训名额的合作项目，该计划涵盖资金援助、物资援助、能力建设和技术转移等多种形式，其中清洁能源、防灾减灾、生态保护、低碳智慧型城市建设等领域成为推进重点。2019 年 11 月，中国生态环境部与柬埔寨环境部签署《关于合作建设低碳示范区的谅解备忘录》，中方通过向柬方援助包括太阳能路灯、光伏发电系统、电动摩托车和环境监测设备在内的应对气候变化的相关设备和物资，提供能力建设培训，并与柬方通过共同编制低碳示范区建设方案的方式帮助柬埔寨提高应对气候变化的能力。2020 年 7 月，中国与老挝签署《关于合作建设万象赛色塔低碳示范区的谅解备忘录》，确定在赛色塔开发区建设老挝第一个应对气候变化“南南合作”低碳示范区。万象赛色塔低碳示范区项目是中国首个落地的应对气候变化低碳示范区项目，也是中老双方在应对气候变化领域开展的第一个合作项目。万象赛色塔低碳示范区建设以低碳发展规划为指导，以低碳交通带动低碳生活方式的转变，以低碳照明提升绿色基础设施建设水平，以技术交流和宣传活动增强老挝应对气候变化的能力和低碳发展意识，通过“物资+技术”相结合，推动赛色塔开发区能源、基础设施、产业和管理“四个低碳化”，帮助老挝提高应对气候变化的能力，成为应对气候变化双边合作的典范。两大示范项目直接或者间接惠及人数达 3 万余人，取得了切实有效的合作成果。

① 可再生能源对外援助与国际发展合作新范式［R/OL］.［2024－12－06］. https://www.greenpeace.org.cn/wp-content/uploads/2022/01/China-Aid-final1208.pdf.

2. 绿色能源项目提升福祉

中国在“一带一路”共建国家的绿色投资项目，不仅推动共建国家的绿色转型，而且能够有效带动就业和社会福祉提升。中国在共建国家大力推进太阳能电厂、风电厂和水电站的绿色能源建设，不仅能够为东道国提供上游产业的消费需求、消除能源贫困，同时，绿色能源电站的施工、安装、运营和维护都将扩大劳动力需求并创造就业机会。

2017—2019 年，中国的德建集团在光照充分的赞比亚全境建设了 1 583 个太阳能磨坊厂，推动当地主粮价格下降超过 30%，提供近 5 000 个长期稳定就业岗位。在肯尼亚，装机容量 50 MW 的加里萨光伏发电项目是中资企业承建的首个可再生能源项目。该项目于 2019 年建成投产后每年可满足附近 35 万人的用电需求，惠及肯尼亚东北部加里萨郡约一半的人口。2021 年 4 月，中国能源建设股份有限公司（简称“中国能建”）签约沙特拉比格 300 MW 光伏电站 EPC 项目合同，合同额约 12 亿元人民币，该项目预计为当地创造 900 个就业岗位，并为 4.5 万户家庭提供绿色电力。中巴经济走廊的卡洛特水电站经过 7 年建设，于 2022 年全面投入商业运营。项目装机容量达 72 万千瓦，每年可向巴基斯坦提供 32 亿千瓦时清洁电能，满足当地约 500 万人用电需求。该项目注重促进与周边社区的融合发展。项目规划包含了在周边修建 20 多个公益项目，包括学校、医院、道路等公共基础设施建设。水电站建成后，每年将为当地提供超过 4 500 个就业岗位。预计到 2030 年，中国在共建国家投资风电、水电等绿色能源，将为这些国家带来 15 万至 31 万个就业岗位。其中，绿色能源电站的建立所带来的大多数工作是与绿色能源发电厂有关的直接工作，例如建筑、运输和发电厂的维护。除此之外，也包含维护电厂日常运行的长期全职岗位。

3. 绿色培训项目培育人才

中国稳步推进与“一带一路”共建国家的教育和文化交流，绿色丝路使者计划起源于 2011 年启动的中国—东盟绿色使者计划。该计划实施后很快成为中国探索开展南南环境合作、推动区域环保能力建设、促进区域可持续和绿色发展的重要平台。2016 年，为落实国家领导人的倡议，做好绿色“一带一路”的生态环保支撑，中国—东盟绿色使者计划正式升级为绿色丝路使者计划。升级后的绿色丝路使者计划，通过开展生态环境管理能力建设合作活动、青年先锋活动、环保技术和产业交流合作及示范等，与“一带一路”共建国家开展一系列友好交流与务实合作。截至 2023 年 2 月，中国已经为 120 多个共建国家提供 3 000 人次的培训。在气候变化南南合作框架下，中国举办 50 余期培训班，为来自 120 多个共建国家的 2 300 多名官员、专家学者和技术人员提供培训。[①]这些都为共建国家推进绿色能源技术发展和政策体系奠定良好基础，为共建国家培养绿色能源技术型和管理型人才作出突出贡献。

2021 年 11 月，中非合作论坛第八届部长级会议通过《中非应对气候变化合作宣言》，中国宣布提出将实施“中非绿色使者计划”，推动“中非绿色创新计划”，在非洲推动低碳、低温室气体示范区建设，[②]促进中非绿色低碳发展合作成果惠及区域民生福祉。2020 年 11 月底，中非环境合作中心正式启动，该中心将致力于构建开放、包容、自愿的环境合作平台，重点围绕“中非绿色使者计划”“中非绿色创新计划”等旗舰项目，积极推动绿色发展政策对话、合作网络平台、能力建设及示范项目建设，促进中非共同落实联合国《2030 年议程》。此外，中非核电合作能够推动非洲低碳和清洁能源发展迈向更高水平，也是核电技术人才的培养的一个重点。

二、共建绿色“一带一路”高质量发展面临的挑战

后疫情时代，“一带一路”绿色发展与国际格局大变动、大调整相联系，欧美提出对冲绿色“一带一路”发展新战略，推动全球清洁能源供应链重构，共建国家绿色政策不确定性增加，区域绿色投融资风险提升。

---

① 张志强，等. 积极参与和引领应对气候变化南南合作：现状、问题与对策［J］. 环境经济研究，2022（1）：26－35.

② Declaration on China-Africa Cooperation on Combating Climate Change［EB/OL］.（2021－12－03）［2024－05－18］. http://www.focac.org.cn/eng/zywx_1/zywj/202201/t20220124_10632445. htm.

（一）欧美战略对冲影响

后疫情时代，以美国为首的西方发达国家相继发布“印太经济繁荣框架”（简称“印太经济框架”）、“全球基础设施和投资伙伴关系”计划（简称“PGII”），以及“印度—中东—欧洲经济走廊”（简称“IMEC”）这三大战略举措。在这三大战略举措下，美欧等西方发达国家以西方价值观为导向，以基础设施建设高标准、融资透明度和项目可持续性为目标，聚焦绿色政策、绿色基础设施、绿色资金、绿色产能和技术合作等重点领域，意图掌控全球绿色发展的主导权。

1. 印太经济框架推动区域清洁经济发展

2022 年 5 月，美国与澳大利亚、印度等 13 个国家宣布“印太经济框架”，截至 2024 年 10 月的 14 个成员遍及北美、大洋洲、东北亚、东南亚和南亚，生产总值总和占全球的近 40%，高于《区域全面经济伙伴关系协定》（RCEP）占全球 GDP 30%的比例，从而成为全球最大经贸集团。印太经济框架包括联通经济、韧性经济、清洁经济和公平经济四大支柱，主要内容包括：（1）联通经济，指的是在国际贸易领域加强合作，制定国际经贸规则。例如，高标准数字经济规则，包括数字跨境流动与数字本地化标准；应对在线隐私、歧视及对人工智能的“不道德运用”；寻求建立强劲的劳工和环境标准及公司责任条款等。（2）韧性经济，是指提升供应链的韧性，降低因供应链断裂而造成的物价飞涨，增加民众成本，包括建立供应链预警机制，确保对关键原材料和加工材料、半导体、至关重要的矿物和清洁能源技术的获取，改善关键领域的可追溯性，合作推进生产的多样化布局，确保物流体系的便利性、畅通性与高效性。（3）清洁经济，主要是就应对气候变化而采取的行动，如在可再生能源、除碳、能效标准、遏制甲烷排放的新措施等方面加强合作；加速清洁能源技术的开发和部署；加快绿色、可持续基础设施建设，创造高薪工作机会等。（4）公平经济，主要是为维持良好竞争环境而采取的措施，如加强税收、反洗钱、反贿赂机制建设，包括交换税务信息、根据联合国标准将贿赂定为刑事犯罪、打击腐败等，以促进公平竞争。①

作为框架核心支柱之一的清洁经济，主要聚焦于清洁能源、脱碳和基础设施这三大领域。印太经济框架自启动至今经过 5 轮会晤磋商，在第一轮会晤发布成果文件“关于印太经济框架第三支柱（清洁经济）的部长声明”，在能源安全与转型、重点优先部门温室气体减排、温室气体脱碳技术创新，以及促进清洁转型政策措施等方面达成共识。框架成员国将在政策、标准和基础设施投资等方面加强合作，扩大清洁能源产能、生产和贸易，推广先进清洁能源技术利用，并分享最佳实践以共同推进清洁经济发展。2023 年 11 月，印太经济框架部长级会议发布联合声明，宣布包括《清洁经济协议》在内的三项协议谈判结束并进入最终文本编制和审批阶段。《清洁经济协议》提出加强在碳信用认证标准、碳市场能力建设以及高质量减排活动等领域的合作，加快清洁能源和气候友好型技术研发和部署、强化区域清洁供应链和基础设施互联互通，通过设立年度投资者论坛、成立孵化基金等举措来支持绿色投融资。②

2. PGII 打造区域绿色基础设施

2022 年 6 月，G7 峰会宣布发起 PGII，该计划融合 2021 年 G7 提出的“重建更美好的世界”倡议（Build Back Better World，简称“B3W”）和欧盟“全球门户”计划。B3W 由美国总统拜登提出，以“协助中等收入和低收入国家建设基础设施”为公开宣示的核心目标，强调将秉持“价值观驱动”的合作，将善治、高标准和气候友好聚焦于气候变化、健康安全、数字技术、性别平等这四个高质量领域，并通过强劲的战略伙伴关系来促成具体合作项目。“全球门户”计划被称为欧盟在全球发展中国家的“投资路线图”，在 2021—2027 年的战略规划期内，欧盟及其成员国将联合下属开发性金融机构，调动 3 000 亿欧元公共和私人领域资金，在全球范围内推动关键领域合

① 陈积敏，熊洁. 拜登政府“印太经济框架”评析［J］. 现代国际关系，2022（8）：45－53，63.

② Joint Statement From Indo-Pacific Economic Framework For Prosperity Partner Nations［EB/OL］.（2023－11－16）［2024－02－25］. https://www.commerce.gov/news/press-releases/2023/11/joint-statement-indo-pacific-economic-framework-prosperity-partner.

作，支持全球经济复苏和发展。其中，欧洲可持续发展+基金承诺提供最多1 350亿欧元的资金支持基础设施领域投资。

PGII聚焦清洁能源、卫生系统、性别平等以及信息通信技术四大支柱领域，主要内容包括：（1）通过投资适应气候变化的基础设施、转型能源技术和开发清洁能源供应链，应对气候危机并加强全球能源安全；（2）开发、扩展和使用安全的信息和通信技术网络和基础设施，以推动经济增长并促进开放数字社会建设；（3）促进性别平等和公平，通过确保半数人口不被排斥在外，促进全球经济复苏；（4）通过投资以患者为中心的卫生服务和医疗队伍、疫苗和其他基本医疗产品的生产，以及包括安全可靠的实验室在内的疾病监测和预警系统，发展和提升卫生系统的基础设施并促进全球健康卫生安全。根据该计划，2022—2026年筹措6 000亿美元来积极支持发展中国家的基础设施建设，其中美国、欧洲和日本分别投入2 000亿美元、3 000亿欧元和650亿美元。该计划以东南亚和非洲为主要竞争方向，以环保和可持续为核心内容，加强绿色能源领域的基础设施建设。美国已经以越南为桥头堡实施了7个液化天然气发电基建项目，资助金额高达28亿美元。

2023年9月，美国、印度和部分G20领导人在G20峰会上发起的IMEC将由东部和北部两条独立的走廊组成，东部走廊连接印度和阿拉伯湾，北部走廊连接阿拉伯海和欧洲，其路径是从印度横跨阿拉伯海到阿联酋（海路），之后从阿联酋经沙特、约旦到以色列（陆路），再从以色列跨地中海到希腊（海路），最后进入欧洲腹地（陆路）。这条走廊涉及“三陆两海”，也就是印度次大陆、阿拉伯半岛、欧洲和阿拉伯海、地中海，通过铁路、海运、场站和码头，以及铺设电力、海底电缆、能源管道（氢）等基础设施，把南亚、中东、欧洲联系起来。该走廊将建设包括铁路、数字走廊和清洁氢管道等在内的基础设施，从而实现亚洲、欧洲和中东地区的转型一体化。从项目层面看，这个由美国和印度牵头，中东和欧洲国家参与的项目是此前美国提出的中东铁路网项目的扩展版，也是美国近年来抛出的PGII等倡议的一部分。从地区层面看，这是“中东新四方”机制首个拟落地的合作项目，显示美国企图拉拢更多盟友加入该机制，建立跨越南亚、中东和欧洲的小圈子。

（二）清洁能源供应链稳定有序的挑战

随着第四次科技革命大潮的来临，发展清洁能源被视为第四次科技革命的核心任务，是实现人类社会可持续发展的关键环节。锂、钴、锰、镍和稀土等矿产资源，作为清洁能源发展的关键原料，成为全球主要国家和经济体关注的焦点。后疫情时代，俄乌冲突、气候变化等传统和非传统安全因素交织对全球清洁能源供应链带来巨大冲击，特别是制造清洁能源所需要的钴和镍等重要矿物因供给不足而价格大幅攀升，清洁能源供应链安全已成为全球主要经济体的战略重点。①

1. 加强制度建设，提升战略定位

拜登政府将清洁能源供应链议题视为美国国家安全和外交政策的核心优先事项，提出要打造韧性、多样化和安全的供应链，以确保经济繁荣和国家安全，而具备共同价值观的盟友和伙伴，在韧性供应链领域的密切合作将促进共同经济和国家安全。②拜登政府相继发布一系列与清洁能源供应链相关的法案和政策文件，包括《2020 年能源法案》、《国家确保供应链安全，实现清洁能源转型战略》和内政部《50 种重要矿产清单》等多个法案和战略文件，不断强化清洁能源供应链在国家经济和安全中的战略地位。

美国政府强调在清洁能源供应链上的战略地位并将其纳入立法和制度建设。特朗普政府和拜登政府积极把绿色供应链纳入立法。特朗普政府通过的《2020 年能源法案》，将“关键矿产”定义为对美国经济或国家安全至关重要但供应链非常容易中断的非燃料矿物或矿物材料。另外，关键矿产的特点还包括在生产一种产品方面发挥重要作用，这种矿产的短缺将对经济或国家安全产生重大影响。2021 年 11 月的“重建更好未来”（3B 法案）包含 50 亿美元的供应链投资和 3 000 多亿美元的清洁能源投资，2021 年 12 月，参

---

① 张锐，洪涛. 清洁能源供应链与拜登政府的重塑战略：基于地缘政治视角［J］. 和平与发展，2022（1）：16－37.

② Executive Order on America’s Supply Chains［EB/OL］.（2021－02－14）［2024－02－28］. https://www.whitehouse.gov/briefing-room/presidential-actions/2021/02/24/executive-order-on-americas-supply-chains/.

议院发布 3B 法案参议院更新版本，美国参议院和众议院对《美国创新与竞争法案》基本达成一致，该法案强调在清洁能源等领域用美国本土生产的材料。[①]特朗普和拜登执政期间通过总统行政命令形式确定供应链战略，并进行年度审查。自 2017 年起，特朗普政府先后签署《确保关键矿产安全可靠供应的联邦战略》（2017）和《解决依赖国外矿产对国内供应链构成的威胁》（2020）两个行政命令，对美国制造业和军工业关键矿产供应链进行"脱钩式保护"。2021 年 4 月，拜登政府的《构建弹性供应链、重振美国制造业及促进广泛增长》认定美国在半导体制造及封装、电动汽车电池、稀土等关键矿产及其他战略原材料、药品和活性药物成分 4 个关键供应链上存在漏洞和风险，强调美国必须通过重建生产和创新能力、提升产业链可持续性、加大政府采购和支持力度、强化国际贸易规则、加强盟友伙伴合作，以及监控供应链中断情况等方式，来修补关键供应链漏洞，夯实长期产业基础。2022 年，美国内政部公布《50 种重要矿产清单》，同时还表示这份目录对美国经济和国家安全至关重要。此次发布的关键矿产目录由 2018 年的 35 种调整为 50 种，其中就包括钴、石墨、锂、镍等清洁能源关键原料。2022 年 3 月，拜登通过签署备忘录的形式，援引 1950 年《国防生产法》第 303 条，旨在确保建立一个强大、有弹性、可持续和对环境负责的国内工业基础，以满足清洁能源经济的要求。

美国政府极力打造绿色供应链领域的"全政府、跨部门"协调行动机制。首先在部门协调方面，拜登政府要求国防部与内政部、农业部和能源部协调，以保证国内关键材料的可持续供应，并实现国内生产力的进一步负责任的发展。其次在气候和能源政策协同方面，拜登政府推进建设清洁能源需求倡议（简称"CEDI"）下的绿色供应链，该倡议由美国总统气候问题特使办公室和美国国务院能源局在 COP26 上启动。其通过为企业创建一个向关键市场发出投资信号的平台，利用私营部门的承诺来部署清洁能源技术。美国国务院能源局将与利益相关者（包括可再生能源买家联盟、世界资源

① 张锐，洪涛. 清洁能源供应链与拜登政府的重塑战略：基于地缘政治视角［J］. 和平与发展，2022（1）：16－37.

研究所以及非政府组织和国家合作伙伴）一起领导 CEDI。拜登政府为确保绿色供应链的稳定和韧性，于 2021 年 12 月发布 14057 号行政命令，提出联邦政府应利用强大的规模和采购能力提升美国行业竞争力和创造就业，即在联邦层面将供应链韧性正式制度化，通过“购买美国货法案”下的新改革来支持美国绿色供应链领域的关键商品，从联邦角度来保证绿色供应链的韧性建设。

2. 极力打造绿色供应链关系网络

美国积极开展国际行动，极力优先拉拢其政治盟友，组建在供应链方面立场趋同、紧密协作的国家联合体。

其一是与盟友建立各种形式的合作关系。2021 年 4 月，美国总统拜登与日本首相菅义伟宣布建立美日清洁能源伙伴关系，其核心是促进双边公共和私营部门合作，联合攻关清洁能源技术、电网优化技术和脱碳技术等。2021 年 6 月，美欧峰会发表的《联合声明》指出，美欧将继续引领战略能源议题的协调，包括能源部门的脱碳、能源安全和可持续能源供应链等。双方将致力于构建跨大西洋绿色技术联盟，以促进在绿色技术开发和部署方面的合作。美欧试图通过“绿色技术联盟”这一新机制，建立符合西方价值观的规则体系。同年，美国能源部长格兰霍姆先后与法国、丹麦、加拿大等国的能源部长进行双边会晤，其中“零排放能源系统”的供应链与相关矿产开发均为其商谈议程的优先事项。

其二是在美国主导的多边机制内设置清洁能源供应链议题。特朗普政府曾于 2019 年 6 月牵头成立了“能源资源治理倡议”（Energy Resources Governance Initiative，简称“ERGI”）机制，旨在与矿产资源储量丰富的国家开展“负责任的交流”，促进合乎道德的可持续实践，促进锂、铜和钴等关键矿物开发以保障供应链安全，加强伙伴关系国关键矿物协同管理与治理能力。该机制现有 10 个成员，包括加拿大、澳大利亚等西方盟友和刚果（金）、博茨瓦纳、秘鲁、阿根廷、巴西等发展中国家。拜登政府决定继续维持该机制的运作，截至 2021 年 4 月，ERGI 已投入 1 050 万美元用于关键矿产资源的技术援助，整个机制体现了美国获取资源的短期利益与塑造产业规范的长期意图的结合。[①]2021 年 6 月，美国与加拿大、澳大利亚等六国联合发起了“可持续关键矿产联盟”，以高标准、低污染、可持续和包容性为基准推动构建关键矿物供应链，对生产和购买“关键矿产材料”制定更高的环境和劳工标准。2022 年 6 月，美国、澳大利亚、日本、欧洲和加拿大等主要伙伴国家建立“矿产安全伙伴关系”，旨在加强关键矿产供应链，保障对清洁能源和其他技术至关重要的关键矿产的供应。力求实现对重要矿产的制造、加工与回收，并保障伙伴国家发展绿色经济和增强韧性供给能力。以美国为主的西方国家，大力推动清洁能源供应链的安全保障与协同治理，意在强化绿色资源和技术壁垒、打造符合西方价值观的绿色供应体系，给“一带一路”清洁能源供应链的安全有序和稳定供应带来冲击。

（三）绿色政策异质性和地缘政治冲突

“一带一路”共建国家资源禀赋、经济发展水平和治理水平等层面的差异，造成了绿色发展政策的差异性和不确定性。2022 年，俄乌冲突使得“一带一路”共建国家的政策重点出现显著变化，由此前关注的脱碳转向迫于现实的能源安全。而 2023 年巴以新一轮冲突更是引发了外溢风险，使得绿色转型不确定性因素增加。

1. 共建国家绿色政策异质性

东盟是世界上主要的发展中国家联盟之一，生态环境复杂，经济发展对资源的依赖程度较高，普遍面临着工业化、城市化带来的发展与保护的矛盾。作为深受气候变化威胁与影响的地区，东盟是绿色转型的积极拥护者和实践者，但是部分东盟国家的绿色治理能力存在一定短板。其一，绿色政策系统性有待提升。东盟大部分国家为发展中国家，经济发展水平较低，生产方式较为粗放，能源强度和碳排放强度高。在绿色能源技术、装备制造以及能源基础设施建设方面较为落后，产业基础薄弱，自主创新能力欠佳，缺乏成熟的产业链，并且在人才培养和管理经验等方面存在缺陷。东盟成员国中，印

① 于宏源. 风险叠加背景下的美国绿色供应链战略与中国应对［J］. 社会科学，2022（7）：123－132.

度尼西亚的能源需求基本来自石油、煤炭等化石能源，对环境造成严重污染的煤炭占比始终维持在40%的高位，绿色能源在2022年能源消费中占比仅为10.2%。印度尼西亚更是全球最主要的煤炭出口国，2022年煤炭出口量占全球28.3%的份额。印度尼西亚在政策方面很大程度上偏向化石燃料，缺乏绿色政策指导以系统性推动绿色能源发展。缅甸亟须解决可再生能源系统性政策与战略缺失、行政审批手续烦琐、筹资困难、公众认知薄弱及缺少民众支持等四大挑战。老挝、缅甸和柬埔寨受制于国内技术和人才的匮乏，绿色金融处在发展初级阶段，缺乏绿色发展的顶层设计和战略。其二，保障和推进机制不完善。虽然东盟各国政府及社会各界的环境意识不断增强，但是部分国家关于环境保护的法律法规不够完善，技术标准模糊，可持续标准与评估方法的数量和种类不足。环境管理的基础设施建设仍然比较落后，在环境监测监管、预警应急、管理能力方面存在着较大的差距，环境风险预防预警和管控能力低。此外，部分国家能源政策及保障机制缺乏稳定性和一致性，行政审批手续复杂，外商投资环境变动频繁。[①]菲律宾推出的绿色能源政策，其进度已落后于《可再生能源法》的要求，导致绿色能源产能增长缓慢；从各种机构获得地方和国家许可的程序烦琐，绿色能源项目的建设、调试和商业运营延误严重。

中东欧国家在各国政府为本国争取利益最大化的前提下，将会面临困难的绿色转型之路。其一，高成本是阻碍中东欧国家绿色转型的一大障碍。为了使欧洲企业可以保持相对较低的电力成本，中东欧各国提出了多种产业补贴方案。依照欧盟可再生能源指令有关规定，各成员国根据国情制定本国可再生能源行动计划和支持政策，其中绝大多数支持政策集中在发电行业，包括上网电价、溢价补贴、差价合约和绿色证书等。但是，转向绿色能源需要大规模投资，包括建设可再生能源设施、升级电网和能源储存系统等。这些成本对中东欧国家和企业来说是一个重大挑战。[②]其二，经过2022年夏季极

① 郝文佳. 中国与东盟国家共建绿色“一带一路”：基础、挑战与路径［J］. 铜仁学院学报，2023，25（1）：63－72.

② 郝宇. 欧洲能源供应版图演变及绿色转型隐忧［J］. 人民论坛，2023（19）：81－85.

端高温干旱天气，可再生能源的稳定性再次遭受质疑。可再生能源如太阳能和风能的产生受天气条件的限制，不稳定的能源供应可能影响到能源系统的稳定性和可靠性。解决这个问题需要发展可持续的能源储存技术和灵活的能源管理系统。目前，中东欧在风力涡轮机、电缆等部件上的生产并不足以支持风电目标的实现。其三，来自传统能源利益相关者的阻力。传统能源行业和利益相关者可能对绿色能源转型加以抵制，因为绿色能源转型可能对他们的盈利能力和利益造成威胁。这种阻力可能包括政治干预、法律限制和公众舆论压力。这些利益相关者包括石油和天然气公司、煤炭公司以及与之相关的政治力量和利益集团。这些公司和集团通常拥有庞大的财政和政治资源，可以通过游说、宣传和其他手段来影响政策制定和公众舆论。

2. 地缘政治冲突加剧绿色转型的不确定性

中东和中亚的主要能源资源国以传统油气出口为经济支柱，在此基础上建立涵盖油气和电力等补贴在内的福利制度，而绿色产业发展、绿色技术开发和资金投入则严重仰赖油气行业优势。这将产生“二元悖论”，即仰仗油气能源出口收入来发展绿色经济与以绿色经济取代油气能源收入之间的矛盾。①这些能源资源国在油气价格低迷时，往往试图发展绿色能源产业，以寻找新的经济增长点；而一旦油气价格回升，则会推迟绿色发展政策与绿色发展项目的优先安排。尤其是 2019 年 7 月，欧佩克与非欧佩克产油国签署《合作宪章》，“欧佩克+”的合作机制实现长期化，主要通过召开会议商议并协定增产或减产，调节国际石油供应，从而达到影响油价的目的。

作为冷战后规模最大、潜在影响最深远的地缘政治危机，2022 年 2 月爆发的俄乌冲突深度影响国际能源市场。一方面，美国及北约积极参与并向乌克兰大力提供军事援助，使得俄乌冲突加剧且短时间看不到和平的曙光。另一方面，美欧联合对俄罗斯掀起金融和能源等多领域的制裁，在能源领域，美国颁布和实施制裁措施和禁令，重点削弱俄罗斯能源产业和禁止对俄罗斯的能源出口。欧盟对俄罗斯则掀起多轮制裁措施，2022 年底前全面禁止输入

① 刘畅. 海湾阿拉伯国家绿色发展战略述评［J］. 阿拉伯世界，2022（6）：133－154，158.

俄罗斯石油并设置天然气价格上限。美欧携手加大对俄罗斯能源领域的制裁，进一步推升大宗能源产品价格，进而加剧全球油气供应的不确定性和金融风险。自 2022 年 2 月下旬危机爆发以来，国际主要原油期货计价体系——伦敦布伦特原油和美国西得克萨斯中质油的收盘价格一度涨至最高 139.13 美元/桶和 130.5 美元/桶，最大涨幅分别达 8.79%和 8.35%。天然气价格的上涨更为迅猛，自 2022 年 2 月底至 9 月初，纽约交易所天然气期货收盘价格最高达 9.987 美元/百万英热单位，平均收盘价格在 7.235 美元/百万英热单位，最大涨幅达 14.28%。油气价格飙升沉重打击了国际经济，也令“一带一路”共建国家的政策重点出现显著变化，由此前关注的“脱碳”转向迫于现实压力的“能源安全”。域外大国通过能源外交加紧在中东的布局以保障自身能源安全，导致中东国家议价能力和盈利水平显著增强，这带来绿色转型力度的减弱。

进入 21 世纪，中东地区的突出特点是地区陷入动荡、失衡和失序之中，区域多极化进程加快。埃及内乱、叙利亚内战、伊朗核问题以及卡塔尔断交风波使中东地区格局深度调整，传统热点高温不退。2022 年 3 月以来，以色列与巴勒斯坦在耶路撒冷冲突加剧，巴以地区紧张局势加剧。进入 2023 年 10 月，在沙特和伊朗关系呈现缓和之际，巴勒斯坦哈马斯与以色列爆发新一轮大规模冲突，时隔 50 年后以色列再次向哈马斯宣战，中东阿拉伯国家联盟的多个成员国牵涉其中。进入 12 月，也门的胡塞武装袭击经过红海的以色列商船，并封锁红海航线以支持哈马斯，地中海航运、马士基等全球四大航运公司宣布红海航运暂停，巴以冲突的地缘政治风险进一步外溢。曼德海峡—红海—苏伊士运河作为连接亚、非、欧三洲的交通要塞，是世界上运输繁忙的航线之一，该航线的封锁对全球油气供应链带来严重负面影响。巴以战争外溢的风险在持续增加，使得绿色转型不确定性因素增加。

（四）共建国家绿色投融资风险提升

“一带一路”区域蕴藏着丰富的绿色能源资源，适宜集中开发的风能资源和光电资源分别占据全球份额的 72%和 76%。但是，区域众多国家的经济具有依靠高能耗、粗放型产业实现经济发展的特征，绿色发展基础较为薄弱，绿色产能和技术发展滞后，2016—2030年，共建国家实现工业体系转型和可持续发展的目标需要12万亿美元的绿色投资。①

1. 后疫情时代共建国家债务风险加剧

后疫情时代，在全球政治格局日益复杂、中美关系复杂多变的大背景下，大国博弈与竞争合作关系趋向复杂，经贸互相依存的需求也愈发让步于各国的政治与国家安全议程，地缘政治风险和其外溢作用成为影响主权信用级别调整的重要因素。当前，俄乌冲突、巴以冲突长期化、外溢化趋势加剧。随着俄乌冲突延宕，冲突双方重启谈判仍面临不确定性，而巴以冲突亦向中东区域进一步演化，全球经济充满挑战。2022年，美元急剧升值、俄乌冲突加剧、欧洲能源危机和全球大宗商品价格暴涨相叠加，而非能源和粮食出口国贸易逆差扩大。新兴市场国家在出口需求降低和进口成本增加的双重压力下，国际收支状况不断恶化，导致债务风险剧增。世界经济论坛数据显示，2020年的全球债务为226万亿美元，2021年全球债务再创303万亿美元的新高。2022年4月和7月，黎巴嫩和斯里兰卡先后宣布破产；同年8月，埃及身处债务危机的悬崖。随着美元升值和金融紧缩，越南、泰国、印度尼西亚、巴基斯坦、斯里兰卡等众多新兴市场国家步入债务困境，这给众多新兴市场经济体发展造成持续性伤害。②在全球经济增长乏力背景下，新兴经济体财政赤字持续扩大，部分新兴经济体增长乏力、偿债付息压力加大，主权国家评级率遭下调，又加剧了融资紧张，导致财政赤字进一步扩大。国际金融协会（IIF）统计显示，截至2023年，31个新兴市场国家包括政府、居民和企业在内的债务高达104.6万亿美元，占GDP比例达到了255%的历史新高。

《中国海外投资国家风险评级报告（2023）》，对共建“一带一路”合作国家进行了风险评级。该风险评级包含经济基础、偿债能力、政治风险、社会弹性和对话关系这五大指标，风险等级包括AAA、AA、A、BBB、BB、B、CCC、CC、C共9级分类，其中AAA和AA为低风险级别，A和BBB

① 王永中，陈震. 中企“一带一路”绿色投资回望［J］. 中国外汇，2021（21）：32－34.

② 闫世刚. 美激进加息加剧全球经济风险［J］. 半月谈（内部版），2022（11）：43－46.

为中等风险级别，BB 及以下为高风险级别。[①]海外投资风险如表 6－3 所示，在 57 个共建国家中，风险较高的（BBB 等级）包括 21 个国家，其中包括塞尔维亚和保加利亚等 5 个中东欧国家、柬埔寨和菲律宾等 3 个东南亚国家、乌兹别克斯坦和土库曼斯坦等 4 个中亚国家、伊朗和约旦 2 个西亚国家、巴基斯坦和孟加拉国 2 个南亚国家，以及赞比亚和南非等 5 个非洲国家。投资评级为高风险的国家（BB 和 B 等级）包括尼日利亚、缅甸等 9 个。高风险国家共有 9 个，包括中东的伊拉克、黎巴嫩和土耳其，独联体的白俄罗斯和乌克兰，以及尼日利亚、缅甸、摩尔多瓦和斯里兰卡。

表 6－3　“一带一路”共建国家海外投资风险

排名	国家	评级结果	排名	国家	评级结果	排名	国家	评级结果
1	新加坡	AAA	15	意大利	A	29	保加利亚	BBB
2	卡塔尔	AA	16	匈牙利	A	30	乌兹别克斯坦	BBB
3	阿联酋	AA	17	越南	A	31	柬埔寨	BBB
4	韩国	AA	18	哈萨克斯坦	A	32	土库曼斯坦	BBB
5	阿曼	A	19	斯洛文尼亚	A	33	阿尔巴尼亚	BBB
6	以色列	A	20	俄罗斯	A	34	塔吉克斯坦	BBB
7	沙特	A	21	马来西亚	A	35	吉尔吉斯斯坦	BBB
8	爱沙尼亚	A	22	克罗地亚	A	36	希腊	BBB
9	捷克	A	23	阿塞拜疆	A	37	孟加拉国	BBB
10	科威特	A	24	老挝	A	38	赞比亚	BBB
11	印度尼西亚	A	25	亚美尼亚	A	39	南非	BBB
12	波兰	A	26	塞浦路斯	A	40	肯尼亚	BBB
13	罗马尼亚	A	27	巴林	A	41	菲律宾	BBB
14	蒙古国	A	28	塞尔维亚	BBB	42	拉脱维亚	BBB

① 中国社会科学院国家全球战略智库国家风险评级项目组，中国社会科学院世界经济与政治研究所国际投资研究室．中国海外投资国家风险评级报告（2023）［M］．北京：中国社会科学出版社，2023.

续表

排名	国家	评级结果	排名	国家	评级结果	排名	国家	评级结果
43	埃及	BBB	48	埃塞俄比亚	BBB	53	摩尔多瓦	BB
44	泰国	BBB	49	尼日利亚	BB	54	土耳其	BB
45	伊朗	BBB	50	缅甸	BB	55	伊拉克	B
46	约旦	BBB	51	白俄罗斯	BB	56	黎巴嫩	B
47	巴基斯坦	BBB	52	斯里兰卡	BB	57	乌克兰	B

资料来源：中国社会科学院国家全球战略智库国家风险评级项目组，中国社会科学院世界经济与政治研究所国际投资研究室. 中国海外投资国家风险评级报告（2023）[M]. 北京：中国社会科学出版社，2023。

2. 绿色投融资风险凸显

"一带一路"绿色能源项目的大部分投融资是由中国的政策性银行（中国进出口银行）、国有商业银行（主要包括中国工商银行、中国银行、中国建设银行），或者中国政府基金（如丝路基金、中国投资公司）提供支持的。[①]例如，中巴经济走廊建设中苏基克纳里水电站总投资逾 19 亿美元，是中国企业在共建国家最大的绿地投资水电工程项目，由中国工商银行和中国进出口银行提供项目融资。阿联酋的迪拜 950MW 光热光伏一体化工程，作为全球最大规模在建太阳能热发电项目，总融资额近 25 亿美元，由中国银行牵头，联合英国、法国的国际财团提供融资，其中中国银行和中国农业银行提供 10 亿美元贷款。国家开发银行为土耳其境内的绿色共建"一带一路"项目提供贷款支持。截至 2023 年 10 月，已支持土耳其风电、生物质、光伏、地热发电项目 19 个，总装机 464.17 MW，其中风电项目 5 个，生物质发电项目 11 个，光伏发电项目 1 个，地热发电项目 2 个。

"一带一路"国家多为发展中国家，金融体系本就不够发达，绿色金融基础设施建设更是相对滞后。各国在绿色标准、绿色评级、信息披露、统计监测和风险处置等方面存在空白或较大差异，这也是"一带一路"共建国家

① Nedopil C. Green finance for soft power: an analysis of China's green policy signals and investments in the Belt and Road Initiative [J]. Environmental Policy and Governance, 2021, 32（2）: 85–97.

绿色金融发展相对较慢的原因。以绿色金融标准为例，缺乏统一明确的标准定义可能导致绿色资金被用于非绿色项目，从而带来资金使用不当、非绿色项目“洗绿”及跨国绿色投资风险问题。由于多数共建国家绿色能源产业并未形成成熟的融资模式，绿色金融尚未获得足够的国内政策支持，绿色能源项目评估和政府的信用担保机制也不健全，且近年来外债水平攀升，在一些高风险国家进行绿色能源项目建设和投资的违约风险加大。2020 年 8 月至 2023 年 12 月，中国企业所实施的 395 个绿色能源建设项目中，有 130 个项目位于风险较高的乌兹别克斯坦、巴基斯坦等 15 个国家，占比为 32.9%；有 28 个项目位于高风险的伊拉克、乌克兰等 5 个国家，占比为 7.1%。中国在“一带一路”区域建设的绿色能源项目主要由中国能建、中国电建和国机集团等国有企业共同承担，由国有银行和国有企业主导绿色投融资和建设的格局使得绿色能源项目的风险头寸过于集中，导致次生债务的风险提升。

（五）共建国家清洁产能不均衡性突出

全球能源供应和消费格局发生深刻变革，以中国、印度和巴西为代表的新兴经济体已成为推动全球能源治理向低碳化、清洁化转型的重要力量。2020 年，以中国、印度、巴西为代表的新兴经济体在可再生能源领域的投资高达 1 534 亿美元，自 2014 年以来首次超过发达国家。[①]在“一带一路”区域，中国已经成为推动全球新能源发展和碳减排的引领者，东盟和中东欧国家是绿色转型和清洁生产的积极拥护者和实践者，而中东和中亚清洁产能发展仍处于起步阶段。

1. 清洁能源变革下的技术和标准制约

在应对气候变化和促进可持续发展的双重需求驱动下，全球能源转型正在发生深刻变化。2008 年国际金融危机爆发后，美国、欧盟、中国和日本等各大经济体均将新能源产业视为新兴战略产业，积极推动新能源发展。2015 年 12 月，第 21 届联合国气候变化大会通过了《巴黎协定》，各国对该协定的高度参与和承诺展现了各国脱离化石能源依赖、引领新能源革命的决心。

---

① Renewables 2021 Global Status Report［R/OL］. https://www.ren21.net/wp-content/uploads/2019/05/GSR2021_Full_Report.pdf.

全球各国都在大力发展水能、风能、太阳能等新能源，加快技术创新，推进全球能源转型，实现绿色低碳发展。技术创新，包括更高的太阳能光伏（PV）模块效率和更先进的风力涡轮机，在加快电力部门可再生能源的部署方面发挥重要作用。从长远来看，下一代生物燃料和可再生氢利用会扩展到越来越多的行业，如航空、航运和重工业。此外，超超临界发电（USC）技术、整体煤气化联合循环发电系统（IGCC）、热电联产（CHP）及 CCUS 等不断创新发展，进一步提高了能源利用效率。数字化和储能的创新也开辟了新的领域，智能电网、物联网、大数据和人工智能等新数字技术正在能源行业得到应用，有助于提高其效率，加速新兴智能发电和配电系统中可再生能源的使用。新能源技术也正在开发用于储能的技术，对风能和太阳能等可变可再生能源至关重要。[①]随着蓄电池技术的创新，电动汽车的竞争力逐步提高，各国纷纷布局电动汽车领域。例如，德国、挪威和印度提出到 2030 年禁止销售传统汽车，英国、法国提出到 2040 年禁止销售传统汽车。而中国新能源汽车产业已经形成了以纯电动汽车、插电式混合动力汽车和燃料电池汽车为主的产业格局，自 2015 年起连续近十年成为全球最大的电动汽车市场。

“一带一路”共建国家关键核心技术研发能力弱，尚不能有力支撑能源绿色低碳转型。可再生能源技术约束是“一带一路”共建国家可再生能源开发面临的主要障碍之一。东盟在可再生能源技术创新方面存在一定不足，相关的光伏技术、风电技术能力还较弱，制约了东盟国家可再生能源的发展。同时，当前“一带一路”共建国家的电网基础并不雄厚，网架结构较弱，高电压等级的线路较少，并且各国电力互联互通有限，对大规模可再生能源电力并网和输送形成一定限制。例如，印度尼西亚各岛屿之间暂未形成统一电网，资源丰富但消纳能力有限的地区无法为电力需求较大的地区输送清洁的可再生能源电力，限制了可再生能源发展。标准不统一阻碍“一带一路”共建国家清洁能源国际合作，也是制约中国企业参与“一带一路”共建国家清洁能源投资的主要障碍之一。“一带一路”共建国家大多对中国制造的清洁能源设备和产品设有经认证方可进口的强制性要求，对施工方面的标准只认

① 张所续，马伯永．世界能源发展趋势与中国能源未来发展方向［J］．中国国土资源经济，2019，32（10）：20－27，33.

可国际标准。因此，风电、光伏企业的海外投资首先要做产品的国际认证，并因国别不同而做不同的认证，如非洲法语区、英语区及葡语区的标准各有不同，为清洁能源国际合作带来了很大的困扰。

2. 清洁产能发展差异性突出

从“一带一路”清洁能源生产在世界清洁能源生产中所处的地位来看，区域清洁能源产能不断增加，在世界清洁能源生产中的占比不断提升，表 6－4 是“一带一路”区域清洁能源生产分布情况。2013 年“一带一路”区域清洁能源生产量为 198.8 TWh（太瓦时），占世界清洁能源生产量的 21.9%。2020 年暴发的新冠疫情叠加经济的下滑，使得全球能源消费出现 4.5%的下滑，导致全球碳排放量下降 6.0%。“一带一路”清洁能源生产量为 1 226.8 TWh，相比 2019 年清洁能源生产量增加 15.6%，在世界清洁能源生产量中的占比进一步提升到 39.0%。2013—2022 年，世界清洁能源生产量自 1 245.1 TWh 增加到 4 204.3 TWh，增长幅度为 2.38 倍；而“一带一路”区域清洁能源生产量自 312.3 TWh 增加到 1 882.7 TWh，增长幅度为 5.03 倍，远高于世界增长幅度。

表 6－4　2013—2022 年“一带一路”区域清洁能源生产分布　单位：TWh

区域	2013 年	2014 年	2015 年	2016 年	2017 年	2018 年	2019 年	2020 年	2021 年	2022 年
独联体	0.7	1.0	1.4	1.8	2.1	2.5	3.8	8.1	10.3	13.3
中东	1.1	1.8	2.4	3.8	5.0	7.7	13.8	18.6	22.4	27.0
东亚	183.8	229.5	279.1	369.5	502.0	636.4	742.0	863.1	1 148.7	1 367.0
南亚	56.6	64.1	66.7	82.8	104.3	130.3	145.8	157.7	180.2	214.6
东南亚	28.6	31.7	34.8	39.7	44.0	49.7	58.0	65.3	101.2	112.5
中东欧	41.5	48.4	60.3	66.6	75.4	82.4	97.8	114.0	135.0	148.3
总计	312.3	376.5	444.7	564.2	732.8	909.0	1 061.2	1 226.8	1 597.8	1 882.7

资料来源：根据 BP（2022）①和 Energy Institute（2023）②计算。

① BP. BP Statistical Review of World Energy 2022［R/OL］. https://www.bp. com/content/dam/bp/business-sites/en/global/corporate/pdfs/energy-economics/statistical-review/bp-stats-review-2022-full-report.pdf.

② Energy Institute. 2023 Statistical Review of World Energy（72nd ed.）https://www.energyinst.org/_data/assets/pdf_file/0004/1055542/EI_Stat_Review_PDF_single_3.pdf.

从“一带一路”共建国家清洁能源生产量情况来看，根据 BP 世界能源统计的碳排放数据，2022 年全球十大清洁能源生产量中，“一带一路”共建国家仅有中国和印度 2 个国家，清洁能源生产量为 1 572.9 TWh，占世界清洁能源生产量的 37.4%。从“一带一路”各区域清洁能源生产量来看，东亚、南亚和中东欧这三个区域的清洁能源生产量逐步增加，在“一带一路”区域清洁能源生产方面具有重要地位。2013 年，以中国为代表的东亚区域清洁能源生产量为 183.8 TWh，占区域清洁能源生产量的 58.9%；2022 年，该区域清洁能源生产量为 1 367.0 TWh，相比 2013 年增加了 6.44 倍，占区域清洁能源生产量的比重提升到 72.6%。2013 年，南亚区域清洁能源生产量为 56.6 TWh，占区域清洁能源生产量的 18.1%；2022 年，该区域清洁能源生产量增加到 214.6 TWh，相比 2013 年增加了 2.79 倍，占区域清洁能源生产量的 11.4%。2013 年，中东欧区域清洁能源生产量为 41.5 TWh，占区域清洁能源生产量的 13.3%；2022 年，该区域清洁能源生产量增加到 148.3 TWh，相比 2013 年增加了 2.57 倍，占区域清洁能源生产量的 7.9%。而常规能源丰富的独联体和中东区域，清洁能源生产量占比仅为 2.14%，这表明独联体和中东国家发展清洁能源的动力不足，这两个区域的清洁能源产业仍处于初级阶段。

第七章　共建绿色“一带一路”高质量发展演化博弈分析

一、演化博弈理论与绿色发展

演化博弈理论源于博弈论在生物进化领域的应用，分析有限理性条件下的群体行为，强调群体间的动态平衡过程。通过构建和分析演化博弈模型，可以深入研究多主体协作机制，预测不同参与者之间的相互作用和影响。演化博弈理论广泛应用于经济学、政治学、社会学等领域，分析社会习惯、规范、制度或体制形成的影响因素以及解释其形成过程。[①]

（一）演化博弈理论的主要特征

在传统的博弈论中，通常假设参与者是完全理性的，并且参与者在完全信息的情况下行动。然而，在参与者的现实经济生活中，参与者的完全理性和完全信息难以实现。在国家合作竞争中，参与者之间存在差异，经济环境和博弈本身的复杂性，导致参与者信息不完全和理性有限的问题是显而易见的。与传统博弈论不同，演化博弈理论不要求参与者完全理性，也不需要完全信息的条件。演化博弈论是把博弈理论分析和动态演化过程分析相结合，在方法论上不同于博弈论将重点放在静态均衡和比较静态均衡上，体现的是一种动态的均衡。[②]

---

① Zhou K，Wang Q，Tang J. Evolutionary game analysis of environmental pollution control under the government regulation［J］. Scientific Report，2022（12）：474.

② 陈闻君，刘萍．中哈新能源合作演化博弈分析［J］．社会科学家，2020（5）：46－52.

演化博弈理论具有以下特点：其一，以参与者群体为研究对象，分析动态演化过程，解释群体为何及如何达到这一状态；其二，种群进化既有选择过程，也有突变过程；其三，群体选择行为具有一定的惯性。演化博弈论的研究对象是随时间变化的特定群体。理论探索的目的是了解群体进化的动态过程，并解释群体为何以及如何达到这一状态。影响种群变化的因素既有随机性和干扰（突变），也有通过演化过程中的选择机制产生的规律性。大多数演化博弈论的预测力或解释力在于群体的选择过程，这一过程通常具有一定的惯性；同时，这一过程也具有潜在的突变力，不断产生新的品种或新的特征。

演化博弈理论以系统理论为基础，从动态方面发展和完善经典博弈理论，是在有限理性的条件下研究群体行为，并强调群体之间动态的均衡过程。演化博弈模型以选择机制和突变机制为基础。选择机制是指博弈参与者在当前阶段能够获得较高收益的策略，在下一阶段通过学习和模仿会被更多的参与者采用，而突变机制是指一些参与者随机选择的策略，因此突变可能获得较高或较低的收益，只有好的策略才能生存下来。[①]共建绿色“一带一路”高质量发展是一个长期的过程，在复杂的技术、政策、经济和资源环境下，利益主体面临着技术投入的限制与效益产出的衡量。演化博弈模型的构建有助于剖析这些群体内部及相互之间策略选择规律、动态演化路径、稳定状态等行为特点，为推进政企协调互动提供有效分析工具。

（二）演化博弈理论模型与“一带一路”绿色发展

在碳中和和气候治理背景下，绿色投融资与建设绿色“一带一路”相关研究十分丰富。王文和曹明弟（2016）从供需双方的角度剖析了绿色金融发展和助力“一带一路”绿色转型对中国和“一带一路”共建国家的重要意义。[②]李玫和丁辉（2016）研究了在“一带一路”框架下绿色金融体系的构建。[③]

---

① 威布尔. 演化博弈论［M］. 王永钦，译. 上海：格致出版社，2023.

② 王文，曹明弟. 绿色金融与“一带一路”［J］. 中国金融，2016（16）：25－27.

③ 李玫，丁辉.“一带一路”框架下的绿色金融体系构建研究［J］. 环境保护，2016，44（19）：31－35.

面对“一带一路”绿色金融面临国际统一标准尚未建立、产品单一和供需失衡等问题，通过分析共建“一带一路”倡议下绿色金融的发展现状，厘清阻碍绿色投融资发展的现有问题，提出了共建绿色“一带一路”绿色金融发展的针对性建议，以及绿色金融赋能“一带一路”高质量发展的路径（王遥等，2017；郭道玥，2020；王小艳，2020；蓝庆新和唐琬，2022；王丽君，2022）。通过研究国际社会成功案例，借鉴经验，结合“一带一路”具体条件加以运用，郑竟等（2017）回顾了绿色投融资理论的发展进程，分析了国际绿色投融资机制的政策指导工具、技术支持工具、资金保障和机构设置，探讨了“一带一路”绿色投融资机制构建的可行性和推进办法。[①]刘援等（2017）讨论了欧盟对外投资中环境和气候的主流化经验，借鉴其投融资、监管工具，提出构建“一带一路”绿色投融资管理体系。[②]“一带一路”绿色发展是宏大的时代命题，离不开多方协同合作。曹明弟（2017）倡导中央政府加强引导、地方政府做好规划、金融机构强化绿色投融资、企业主动推进绿色转型以及消费者培育绿色消费意识，凝聚多方力量推动“一带一路”绿色金融发展。[③] Li 等（2021）研究发现，中国绿色投资有利于减少“一带一路”共建国家的碳排放，提高其绿色全要素生产率。在分析“一带一路”绿色投融资合作机制现状和问题的基础上提出相应的政策建议。[④]Fan 等（2022）测度中国在“一带一路”共建国家的绿色投资效率，研究发现中国在共建国家的总体绿色投资效率偏低，且东道国内的投资环境对中国的绿色投资效率产生了负面影响。[⑤]

从研究框架来看，演化博弈模型被广泛应用于研究多主体协同的绿色发展问题。李程等（2016）基于演化博弈理论和 DID（双重差分）模型探索了

---

① 郑竟，陈明，柴伊琳，刘援.“一带一路”绿色投融资机制构建探讨［J］. 环境保护，2017，45（19）：42－45.

② 刘援，郑竟，于晓龙. 欧盟环境和气候主流化及其对“一带一路”投融资绿色化的启示［J］. 环境保护，2019，47（5）：64－70.

③ 曹明弟. 论“一带一路”绿色金融相关主体行为要领［J］. 环境保护，2017，45（16）：12－18.

④ Li Z Z，Li Y M，Malik M Y，et al. Determinants of carbon emission in China：How good is green investment？［J］. Sustainable Production and Consumption，2021（27）：392－401.

⑤ Fan Q，Liu J，Zhang T，Liu H. An evaluation of the efficiency of China's green investment in the “Belt and Road” countries［J］. Structural Change and Economic Dynamics，2022，60：496－511.

影响商业银行开展绿色金融业务的因素，认为应建立激励和约束机制以提升商业银行实施绿色信贷的意愿。王茹等（2017）、李善民（2019）以及赵振宇等（2019）分别构建了政府、银行和企业之间关于绿色信贷的三方演化博弈模型，研究发现，博弈主体三方的共同努力是绿色信贷政策充分发挥金融杠杆作用的保障，认为只有采取积极合作策略才能促进绿色贸易与投资的自由化、便利化。Sun 等（2019）研究了在政府补贴机制下供应链绿色投资演化博弈的稳定策略，认为绿色投资的初始比例对市场未来的演变趋势有影响，政府应积极对市场进行引导。此外，多方演化博弈模型还推动了低碳技术研发与运营、环境治理与规制、碳交易等方面的研究。①赵昕等（2022）通过构建能源企业、碳捕捉与封存技术运营商、金融机构三方演化博弈模型，分析碳捕捉与封存技术商业化运营的合理融资机制。②Yuan 和 Zheng（2022）基于演化博弈理论构建了包含政府、企业和消费者的 LCTI（低碳技术创新）三方演化博弈模型，研究动态系统中各方的演进路径。③潘峰等建立了四方演化博弈模型，探索中央政府、地方政府、企业和公众在环境规制过程中的多主体治理模式。④

二、共建绿色“一带一路”高质量发展演化博弈模型构建

基于学者的研究，本章从以下三个方面作出有益探索：（1）将“一带一路”绿色发展中四个主要相关主体“中国政府、东道国政府、中国金融机构和中国企业”置于统一分析框架下，在引入外部因素——公众意愿的基础上构建共建绿色“一带一路”高质量发展演化博弈模型；（2）根据李雅普诺

① Sun H，Wan Y，Zhang L，Zhou Z. Evolutionary game of the green investment in a two-echelon supply chain under a government subsidy mechanism [J]. Journal of Cleaner Production，2019（235）：1315-1326.

② 赵昕，白雨，丁黎黎. 碳捕捉与封存技术（CCS）商业化运营的融资激励机制 [J]. 北京理工大学学报（社会科学版），2022，24（1）：24-38，120.

③ Yuan X，Zheng C. Evolutionary game and simulation analysis of low-carbon technology innovation with multi-agent participation [J]. IEEE Access，2022（10）：11284-11295.

④ 潘峰，刘月，王琳. 四方主体参与下的环境规制演化博弈分析 [J]. 运筹与管理，2022，31（3）：63-71.

夫（Lyapunov）第一法则判断在何条件下可以实现理想稳定策略组合（1，1，1，1）；（3）基于 Matlab 进行数值仿真，模拟关键参数对复制动态系统各主体稳定策略的影响。

（一）问题描述

绿色发展是推动共建“一带一路”高质量发展和实现碳中和目标的重要环节，中国面向“一带一路”共建国家的开放和共享为绿色产业领域发展营造了良好政策环境。但东道国发展水平和具体国情各异，存在诸如可持续发展意识较弱、绿色投资基础设施不完备以及绿色投融资机制不健全等多方面的挑战。在共建绿色“一带一路”高质量发展合作过程中，中国政府、东道国政府、中国金融机构和中国企业相互作用、相互影响，形成相互之间的策略选择。

（二）模型基本假设

基于以上现实背景提出以下基本假设，涉及的参数设置及定义如表 7－1 所示。

假设 1：四个博弈参与方分别为中国政府、东道国政府、中国金融机构和中国企业，均为有限理性。

假设 2：中国政府的策略选择为积极引导和消极引导。政府和企业积极参与绿色共建有助于提升国家形象从而获得整体收益 B_1，其中由投资友好政策环境带来的整体收益占比为λ；有政策支持时绿色投资的总环境收益为 E，无政策支持时环境收益为 E_1（$E_1<E$），其中中国收益占比为α_1；政府积极引导绿色投融资在公众中的声誉提升获益 P_1，否则损失 P_1；中国政府的监管成本和对绿色投资企业的补贴成本分别为 C_1 和 S_1；当企业进行绿色投资时所面临的预期风险损失由政府、金融机构和企业三方分担，政府占比β_1。

假设 3：东道国政府的策略选择为积极作为和消极作为。东道国政府整体收益为 B_2；环境收益占比α_2；公众意愿对东道国政府的影响为 P_2；积极营造良好投资环境、提供绿色投资公共品的执行成本为 C_2；对选择绿色投资的企业进行补贴的成本为 S_2。

表 7-1　　主要参数定义

博弈主体	参数	定义
中国政府	E	总环境收益
	E_1	无政策支持时绿色投资的环境收益
	α_1	环境收益中国占比
	P_1	公众意愿
	B_1	整体收益
	λ	由友好政策环境带来整体收益的比例
	C_1	监管成本
	S_1	补贴成本
	β_1	企业绿色投资预期风险损失政府分担份额
东道国政府	α_2	环境收益东道国占比
	P_2	公众意愿
	B_2	整体收益
	C_2	执行成本
	S_2	补贴成本
中国金融机构	P_3	公众收益
	W	政府绩效激励
	θ_1	绿色投资利率
	θ_2	传统投资利率
	C_3	提供绿色金融支持的业务成本
	C_4	不提供绿色金融支持的业务成本
	β_2	企业绿色投资预期风险损失金融机构分担份额
中国企业	G_1	绿色投资运营收益
	G_2	传统投资运营收益
	P_4	公众意愿
	C_5	绿色投资运营成本
	C_6	传统投资运营成本
	I	额外融资成本
	L_1	绿色投资预期风险损失
	L_2	传统投资预期风险损失

假设 4：中国金融机构的策略选择为提供绿色金融支持和不提供绿色金融支持。金融机构开展绿色金融业务时，绿色投资利率为 θ_1，传统投资利率为 θ_2，且 $\theta_1<\theta_2$；提供绿色金融支持的业务成本为 C_3，不提供绿色金融支持业务成本为 C_4（$C_4<C_3$）；可获得来自政府的绩效激励 W；来自公众的收益 P_3；企业绿色投资预期风险损失金融机构分担份额为β_2。

假设 5：中国企业的策略选择为绿色投资和传统投资。在消费者具有绿色产品偏好的前提下，企业选择绿色投资和传统投资的运营收益分别为 G_1 和 G_2（$G_1>G_2$）；绿色投资和传统投资的运营成本分别为 C_5 和 C_6（$C_5>C_6$）；两种投资情形下预期风险损失分别为 L_1 和 L_2（$L_1>L_2$）；公众意愿对企业的影响为 $P4$；当金融机构不提供绿色金融支持时，企业的额外融资成本为 I。

假设 6：中国政府选择积极引导的概率为 x（$0<x<1$），则选择消极引导的概率为 $1-x$；东道国政府选择积极作为的概率为 y（$0<y<1$），则选择消极作为的概率为 $1-y$；中国金融机构提供绿色金融支持的概率为 z（$0<z<1$），则不提供绿色金融支持的概率为 $1-z$；中国企业以概率 v（$0<v<1$）选择进行绿色投资，则有 $1-v$ 的概率选择进行传统投资。

根据上述假设及参数设置，四方演化博弈支付矩阵如表 7－2 所示。

表 7－2　　四方演化博弈支付矩阵

<table>
<tr><td colspan="4" rowspan="4"></td><td colspan="4">中国金融机构</td></tr>
<tr><td colspan="2">提供绿色金融支持</td><td colspan="2">不提供绿色金融支持</td></tr>
<tr><td colspan="2">中国企业</td><td colspan="2">中国企业</td></tr>
<tr><td>绿色投资</td><td>传统投资</td><td>绿色投资</td><td>传统投资</td></tr>
<tr><td rowspan="4">中国政府</td><td rowspan="4">积极引导</td><td rowspan="4">东道国政府</td><td rowspan="4">积极作为</td><td>$K_1=\alpha_1E+P_1+B_1-C_1-S_1-W-\beta_1L_1$</td><td>$K_2=P_1+\lambda B_1-C_1-W$</td><td>$K_3=\alpha_1E+P_1+B_1-C_1-S_1-W-\beta_1L_1$</td><td>$K_4=P_1+\lambda B_1-C_1$</td></tr>
<tr><td>$H_1=\alpha_2E+P_2+B_2-C_2-S_2$</td><td>$H_2=P_2+\lambda B_2-C_2$</td><td>$H_3=\alpha_2E+P_2+B_2-C_2-S_2$</td><td>$H_4=P_2+\lambda B_2-C_2$</td></tr>
<tr><td>$M_1=\theta_1C_5+P_3+W-C_3-\beta_2L_1$</td><td>$M_2=\theta_2C_6+P_3+W-C_3$</td><td>$M_3=-P_3$</td><td>$M_4=\theta_2C_6-P_3-C_4$</td></tr>
<tr><td>$N_1=G_1+S_1+S_2+P_4-C_5-\theta_1C_5-(1-\beta_1-\beta_2)L_1$</td><td>$N_2=G_2-P_4-C_6-\theta_2C_6-L_2$</td><td>$N_3=G_1+S_1+S_2+P_4-C_5-\theta_1C_5-I-(1-\beta_1)L_1$</td><td>$N_4=G_2-P_4-C_6-\theta_2C_6-L_2$</td></tr>
</table>

续表

				中国金融机构			
				提供绿色金融支持		不提供绿色金融支持	
				中国企业		中国企业	
				绿色投资	传统投资	绿色投资	传统投资
中国政府	积极引导	东道国政府	消极作为	$K_5=\alpha_1E+P_1+B_1-C_1-S_1-W-\beta_1L_1$	$K_6=P_1+\lambda B_1-C_1-W$	$K_7=\alpha_1E+P_1+B_1-C_1-S_1-\beta_1L_1$	$K_8=P_1+\lambda B_1-C_1$
中国政府	积极引导	东道国政府	消极作为	$H_5=\alpha_2E+(1-\lambda)B_2-P_2$	$H_6=-P_2-B_2$	$H_7=\alpha_2E+(1-\lambda)B_2-P_2$	$H_8=-P_2-B_2$
中国政府	积极引导	东道国政府	消极作为	$M_5=\theta_1C_5+P_3+W-C_3-\beta_2L_1$	$M_6=\theta_2C_6+P_3+W-C_3$	$M_7=-P_3$	$M_8=\theta_2C_6-P_3-C_4$
中国政府	积极引导	东道国政府	消极作为	$N_5=G_1+S_1+P_4-C_5-\theta_1C_5-(1-\beta_1-\beta_2)L_1$	$N_6=G_2-P_4-C_6-\theta_2C_6-L_2$	$N_7=G_1+S_1+P_4-C_5-\theta_1C_5-I-(1-\beta_1)L_1$	$N_8=G_2-P_4-C_6-\theta_2C_6-L_2$
中国政府	消极引导	东道国政府	积极作为	$K_9=\alpha_1E+(1-\lambda)B_1-P_1$	$K_{10}=-P_1-B_1$	$K_{11}=\alpha_1E+(1-\lambda)B_1-P_1$	$K_{12}=-P_1-B_1$
中国政府	消极引导	东道国政府	积极作为	$H_9=\alpha_2E+P_2+B_2-C_2-S_2$	$H_{10}=P_2+\lambda B_2-C_2$	$H_{11}=\alpha_2E+P_2+B_2-C_2-S_2$	$H_{12}=P_2+\lambda B_2-C_2$
中国政府	消极引导	东道国政府	积极作为	$M_9=\theta_1C_5+P_3-C_3-\beta_2L_1$	$M_{10}=\theta_2C_6+P_3-C_3$	$M_{11}=-P_3$	$M_{12}=\theta_2C_6-P_3-C_4$
中国政府	消极引导	东道国政府	积极作为	$N_9=G_1+S_2+P_4-C_5-\theta_1C_5-(1-\beta_2)L_1$	$N_{10}=G_2-P_4-C_6-\theta_2C_6-L_2$	$N_{11}=G_1+S_2+P_4-C_5-\theta_1C_5-I-L_1$	$N_{12}=G_2-P_4-C_6-\theta_2C_6-L_2$
中国政府	消极引导	东道国政府	消极作为	$K_{13}=\alpha_1E_1+(1-\lambda)B_1-P_1$	$K_{14}=-P_1-B_1$	$K_{15}=\alpha_1E_1+(1-\lambda)B_1-P_1$	$K_{16}=-P_1-B_1$
中国政府	消极引导	东道国政府	消极作为	$H_{13}=\alpha_2E_1+(1-\lambda)B_2-P_2$	$H_{14}=-P_2-B_2$	$H_{15}=\alpha_2E_1+(1-\lambda)B_2-P_2$	$H_{16}=-P_2-B_2$
中国政府	消极引导	东道国政府	消极作为	$M_{13}=\theta_1C_5+P_3-C_3-\beta_2L_1$	$M_{14}=\theta_2C_6+P_3-C_3$	$M_{15}=-P_3$	$M_{16}=\theta_2C_6-P_3-C_4$
中国政府	消极引导	东道国政府	消极作为	$N_{13}=G_1+P_4-C_5-\theta_1C_5-(1-\beta_2)L_1$	$N_{14}=G_2-P_4-C_6-\theta_2C_6-L_2$	$N_{15}=G_1+P_4-C_5-\theta_1C_5-I-L_1$	$N_{16}=G_2-P_4-C_6-\theta_2C_6-L_2$

三、共建绿色“一带一路”高质量发展主体策略稳定性分析

（一）中国政府策略稳定性分析

中国政府选择积极引导策略和消极引导策略的期望收益分别是 U_{11} 和 U_{12}，平均期望收益为 U_1，则其行为策略的复制动态方程 F(x)和一阶导数 F'(x)如下：

$$U_{11}=yzvK_1+yz(1-v)K_2+y(1-z)vK_3+y(1-z)(1-v)K_4+(1-y)zvK_5+(1-y)z(1-v)K_6+(1-y)(1-z)vK_7+(1-y)(1-z)(1-v)K_8$$

$$U_{12}=yzvK_9+yz(1-v)K_{10}+y(1-z)vK_{11}+y(1-z)(1-v)K_{12}+(1-y)zvK_{13}+(1-y)z(1-v)K_{14}+(1-y)(1-z)vK_{15}+(1-y)(1-z)(1-v)K_{16}$$

$$U_1=xU_{11}+(1-x)U_{12}$$

$$\mathrm{F}(x)=\mathrm{d}x/\mathrm{d}t=x(U_{11}-U_1)=x(1-x)\mathrm{A}(y,z,v)$$

$$\mathrm{F}'(x)=(1-2x)\mathrm{A}(y,z,v)$$

$$A(y,z,v)=yv\alpha_1(E_1-E)-zW+v(\alpha_1E-B_1-S_1-\alpha_1E_1-\beta_1L_1)+(B_1+\lambda B_1+2P_1-C_1)$$

由上述可知，中国政府的策略选择取决于其他三方决策的概率以及不同策略的成本和收益。根据微分方程稳定性定理，中国政府决策概率处于稳定状态须满足 F(x)=0 且 F'(x)<0。

命题 1：当 $y<y_1$，$z<z_1$，$v<v_1$ 时，中国政府的稳定策略是积极引导；当 $y>y_1$，$z>z_1$，$v>v_1$ 时，中国政府的策略是消极引导；当 $y=y_1$，$z=z_1$，$v=v_1$ 时，不能确定中国政府的稳定策略。其中，阈值为：

$$y_1=\frac{zW-(B_1+\lambda B_1+2P_1-C_1)}{v\alpha_1(E_1-E)}-\frac{\alpha_1(E-E_1)-B_1-S_1-\beta_1L_1}{\alpha_1(E_1-E)}=\frac{zW-(B_1+\lambda B_1+2P_1-C_1)}{v\alpha_1(E_1-E)}+\frac{B_1+S_1+\beta_1L_1}{\alpha_1(E_1-E)}+1$$

$$z_1=\frac{(1-y)v\alpha_1(E-E_1)-v(B_1+S_1+\beta_1L_1)+(1+\lambda)B_1+2P_1-C_1}{W}$$

$$v_1=\frac{zW-(1+\lambda)B_1-(2P_1-C_1)}{(1-y)\alpha_1(E-E_1)-(B_1+S_1+\beta_1L_1)}$$

证明：$\frac{\partial A(y,z,v)}{\partial y}<0$，故 $A(y,z,v)$为关于 y 的减函数。当 $y<y_1$ 时，$A(y,z,v)>0$，$F(x)|_{x=1}=0$ 且 $F'(x)|_{x=1}<0$，则 $x=1$ 具有稳定性；当 $y>y_1$ 时，$A(y,z,v)<0$，$F(x)|_{x=0}=0$ 且 $F'(x)|_{x=0}<0$，则 $x=0$ 具有稳定性；当 $y=y_1$ 时，$F(x)=0$ 且 $F'(x)=0$，此时无法确定中国政府的稳定策略。由 $\frac{\partial A(y,z,v)}{\partial z}<0$，$\frac{\partial A(y,z,v)}{\partial v}<0$ 同理可证明临界值 z_1 和 v_1 对策略稳定性的影响，证毕。

命题 1 表明，若东道国政府积极作为和中国金融机构提供绿色金融支持的概率下降，且中国企业在“一带一路”共建国家进行绿色投资的积极性较低，此时中国政府更倾向于承担起积极引导的责任；反之，中国政府将转向消极引导策略，作为强大后盾支持中国企业和金融机构通过良好市场环境参与绿色“一带一路”的建设。根据命题 1 绘制中国政府决策的相位图，如图 7－1 所示。

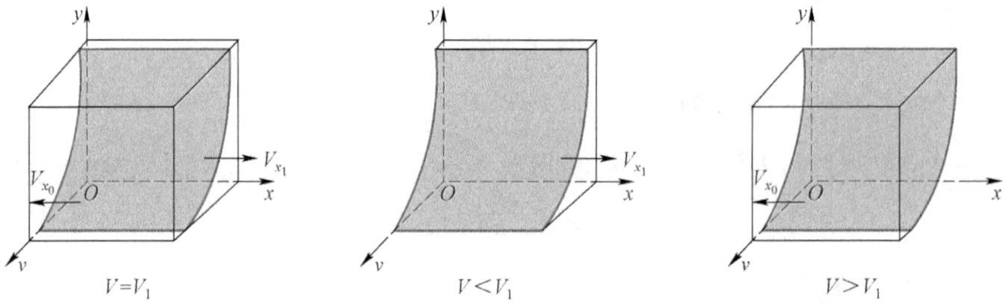

图 7－1　中国政府决策相位图

由图 7－1 可知，V_{x_0} 部分体积为中国政府选择消极引导的概率，V_{x_1} 部分体积为其选择积极引导的概率，即 $V_{x_0}=\int_0^1\int_0^1\frac{zW-(1+\lambda)B_1-(2P_1-C_1)}{(1-y)\alpha_1(E-E_1)-(B_1+S_1+\beta_1L_1)}\mathrm{d}y\mathrm{d}x$，$V_{x_1}=1-V_{x_0}$。

推论 1.1：当政府支持带来的额外环境收益增加、因政府和企业积极参与绿色共建使国家整体形象收益增加、公众对积极引导绿色投资政府的支持度提升、政府监管成本下降时，中国政府倾向于积极引导，反之更可能选择消极引导策略。

证明：由 V_{x_1} 对（$E-E_1$）、B_1、P_1、C_1 求一阶偏导数得：$\frac{\partial V_{x_1}}{\partial(E-E_1)}>0$，$\frac{\partial V_{x_1}}{\partial B_1}>0$，$\frac{\partial V_{x_1}}{\partial P_1}>0$，$\frac{\partial V_{x_1}}{\partial C_1}<0$，证毕。

推论 1.2：当公众反对带来的损失 P_1 超过某一阈值 P_1^* 时，才能确保中国政府选择积极引导；并且在监管成本上升、补贴和激励成本增加、投资预期风险损失扩大时，公众意愿的重要性进一步凸显，需要培养公众可持续发展意识，充分发挥其在促进绿色共建中的作用，对东道国政府来说亦然。

其中，阈值 $P_1^*=\frac{(1-y)v\alpha_1(E_1-E)+zW+v(B_1+S_1+\beta_1 L_1)-(B_1+\lambda B_1-C_1)}{2}$。

证明：根据命题 1，由 $F'(x)|_{x=1}<0$ 得 $P_1>P_1^*$，对 P_1^* 分别求 C_1、S_1、W 和 L_1 的一阶偏导数得 $\frac{\partial P_1^*}{\partial C_1}>0$，$\frac{\partial P_1^*}{\partial S_1}>0$，$\frac{\partial P_1^*}{\partial W}>0$，$\frac{\partial P_1^*}{\partial L_1}>0$，即 P_1^* 与 C_1、S_1、W 和 L_1 正相关，证毕。

（二）东道国政府策略稳定性分析

东道国政府选择积极作为策略和消极作为策略的期望收益分别是 U_{21} 和 U_{22}，平均期望收益为 U_2，则其行为策略的复制动态方程 $F(y)$和一阶导数 $F'(y)$如下：

$$U_{21}=xzvH_1+xz(1-v)H_2+x(1-z)vH_3+x(1-z)(1-v)H_4+(1-x)zvH_9+(1-x)z(1-v)H_{10}+(1-x)(1-z)vH_{11}+(1-x)(1-z)(1-v)H_{12}$$

$$U_{22}=xzvH_5+xz(1-v)H_6+x(1-z)vH_7+x(1-z)(1-v)H_8+(1-x)zvH_{13}+(1-x)z(1-v)H_{14}+(1-x)(1-z)vH_{15}+(1-x)(1-z)(1-v)H_{16}$$

$$U_2=yU_{21}+(1-y)U_{22}$$

$$F(y)=dy/dt=y(U_{21}-U_2)=y(1-y)B(x,v)$$

$$F'(y)=(1-2y)B(x,v)$$

$$B(x,v)=v\alpha_2(E-E_1)-v(B_2+S_2)-xv\alpha_2(E+E_1)+(B_2+\lambda B_2+2P_2-C_2)$$

根据微分方程稳定性定理，东道国政府决策处于稳定状态须满足：$F(y)=0$ 且 $F'(y)<0$。

命题 2：当 $x<x_2$，$v<v_2$ 时，东道国政府的稳定策略是积极作为；当 $x>x_2$，$v>v_2$ 时，东道国政府的稳定策略是消极作为；当 $x=x_2$，$v=v_2$ 时，不能确定其稳定策略。

其中，阈值为：

$$x_2=\frac{E-E_1}{E+E_1}-\frac{B_2+S_2}{\alpha_2(E+E_1)}+\frac{(1+\lambda)B_2+2P_2-C_2}{v\alpha_2(E+E_1)};$$

$$v_2=\frac{(1+\lambda)B_2+2P_2-C_2}{(B_2+S_2)-(x-1)\alpha_2E+(x+1)\alpha_2E_1}$$

证明：$\frac{\partial B(x,v)}{\partial x}<0$，故 $B(x,v)$ 为关于 x 的减函数。当 $x<x_2$ 时，$B(x,v)>0$，$F(y)|_{y=1}=0$ 且 $F'(y)|_{y=1}<0$，则 $y=1$ 具有稳定性；当 $x>x_2$ 时，$B(x,v)<0$，$F(y)|_{y=0}=0$ 且 $F'(y)|_{y=0}<0$，则 $y=0$ 具有稳定性；当 $x=x_2$ 时，$F(y)=0$ 且 $F'(y)=0$，此时无法确定东道国政府的稳定策略。由 $\frac{\partial B(x,v)}{\partial v}<0$ 同理可证明临界值 v_2 对策略稳定性的影响，证毕。

命题 2 表明，若中国政府积极引导的概率下降、中国企业进行绿色投资的概率降低，则东道国政府为推进本国绿色转型和完成碳中和目标，更倾向于选择积极作为；反之则倾向于消极作为。因此，在中国政府和企业积极参与共建绿色“一带一路”时，为了激励东道国政府提供良好政策环境和绿色投资基础设施，还应考虑公众意愿等约束因素。根据命题 2，东道国政府决策的相位图如图 7-2 所示。

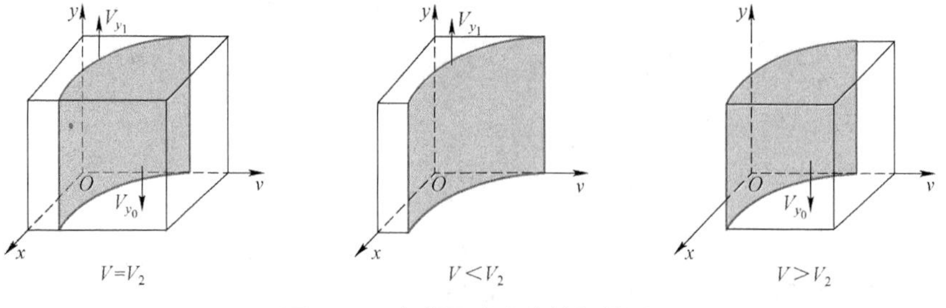

图 7-2　东道国政府决策相位图

由图 7-2 可知，V_{y_0} 和 V_{y_1} 部分体积分别为东道国政府选择消极作为和积极作为的概率，即 $V_{y_0}=\int_0^1\int_0^1\frac{(1+\lambda)B_2+2P_2-C_2}{(B_2+S_2)+(x-1)\alpha_2E+(x+1)\alpha_2E_1}\mathrm{d}y\mathrm{d}x$，$V_{y_1}=1-V_{y_0}$。

推论 2.1：当绿色建设给东道国带来的整体收益提高、公众反对东道国政府消极作为导致的损失增加、政策友好性带来的额外环境收益增加且东道国政府执行成本降低时，东道国政府倾向于积极作为。

证明：由东道国政府选择积极作为的概率 V_{y_1} 分别对 B_2、P_2、C_2、$(E-E_1)$ 求一阶偏导数，得 $\frac{\partial V_{y_1}}{\partial B_2}>0$，$\frac{\partial V_{y_1}}{\partial P_2}>0$，$\frac{\partial V_{y_1}}{\partial C_2}<0$，$\frac{\partial V_{y_1}}{\partial(E-E_1)}>0$，证毕。

推论 2.2：只有当公众反对东道国政府消极作为导致的损失大于某一阈值 P_2^* 时，才能确保东道国政府积极作为，并且在整体收益减少、执行成本和补贴成本增加、环境收益下降时，公众越应该在激励政府作为中提高参与度。其中，阈值 $P_2^*=\frac{v(B_2+S_2)+xv\alpha_2(E+E_1)+C_2-v\alpha_2(E-E_1)-(1+\lambda)B_2}{2}$。

证明：根据命题 2 可知，当 $\mathrm{F}'(y)|_{y=1}<0$ 时，$P_2>P_2^*$。P_2^* 对 B_2、C_2、S_2、E 分别求一阶偏导数得 $\frac{\partial P_2^*}{\partial B_2}<0$，$\frac{\partial P_2^*}{\partial C_2}>0$，$\frac{\partial P_2^*}{\partial S_2}>0$，$\frac{\partial P_2^*}{\partial E}<0$，证毕。

（三）中国金融机构策略稳定性分析

中国金融机构选择提供绿色金融支持策略和不提供绿色金融支持策略的期望收益分别是 U_{31} 和 U_{32}，平均期望收益为 U_3，则其行为策略的复制动态方程 $\mathrm{F}(z)$ 和一阶导数 $\mathrm{F}'(z)$ 如下：

$$U_{31}=xyvM_1+xy(1-v)M_2+x(1-y)vM_5+x(1-y)(1-v)M_6+(1-x)yvM_9+(1-x)y(1-v)M_{10}+(1-x)(1-y)vM_{13}+(1-x)(1-y)(1-v)M_{14}$$

$$U_{32}=xyvM_3+xy(1-v)M_4+x(1-y)vM_7+x(1-y)(1-v)M_8+(1-x)yvM_{11}+(1-x)y(1-v)M_{12}+(1-x)(1-y)vM_{15}+(1-x)(1-y)(1-v)M_{16}$$

$$U_3=zU_{31}+(1-z)U_{32}$$

$$\mathrm{F}(z)=\mathrm{d}z/\mathrm{d}t=z(U_{31}-U_3)=z(1-z)\mathrm{C}(x,v)$$

$F'(z)=(1-2z)C(x,v)$

$C(x,v)=xW+v(\theta_1 C_5-\beta_2 L_1-C_4)+(2P_3+C_4-C_3)$

根据微分方程稳定性定理，中国金融机构决策处于稳定状态须满足：$F(z)=0$ 且 $F'(z)<0$。

命题 3：当 $x<x_3$，$v>v_3$ 时，中国金融机构的稳定策略是不提供绿色金融支持；当 $x>x_3$，$v<v_3$ 时，中国金融机构的稳定性策略是提供绿色金融支持；当 $x=x_3$，$v=v_3$ 时，无法确定其稳定策略。其中阈值为 $x_3=\dfrac{v(\beta_2 L_1+C_4-\theta_1 C_5)+(C_3-C_4-2P_3)}{W}$，$v_3=\dfrac{C_3-C_4-2P_3-xW}{\theta_1 C_5-\beta_2 L_1-C_4}$。

证明：$\dfrac{\partial C(x,v)}{\partial x}>0$，故 $C(x,v)$ 是关于 x 的增函数，即当 $x<x_3$ 时，$C(x,v)<0$，则 $F(z)|_{z=0}=0$ 且 $F'(z)|_{z=0}<0$，即 $z=0$ 具有稳定性；当 $x>x_3$ 时，$C(x,v)>0$，则 $F(z)|_{z=1}=0$ 且 $F'(z)|_{z=1}<0$，即 $z=1$ 具有稳定性；当 $x=x_3$ 时，$F(z)=0$ 且 $F'(z)=0$，无法确定中国金融机构的稳定策略。由 $\dfrac{\partial C(x,v)}{\partial v}<0$ 同理可证临界值 v_3 对策略稳定性影响，证毕。

命题 3 说明当中国政府出台激励政策积极引导中国金融机构的概率提升、中国企业因资金问题等不确定性对绿色投资的积极性不高时，中国金融机构更倾向于提供绿色金融支持，助力东道国碳中和进程的推进。根据命题 3 绘制中国金融机构决策的相位图，如图 7－3 所示。

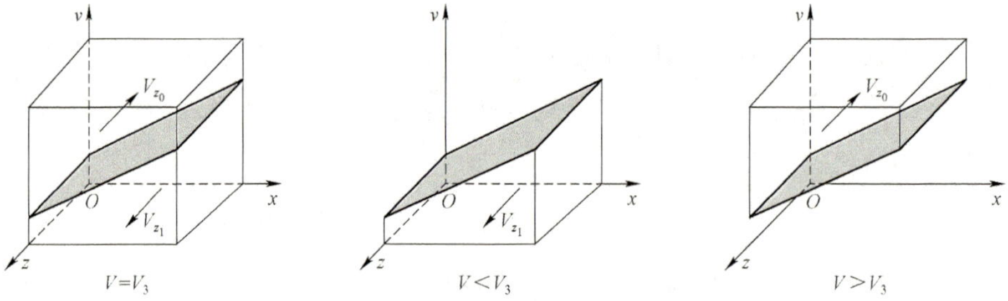

图 7－3　中国金融机构决策相位图

由图 7－3 可知，V_{z_0} 和 V_{z_1} 部分体积分别为中国金融机构选择提供绿色金融支持和不提供绿色金融支持的概率，即 $V_{z_0}=\int_0^1\int_0^1\dfrac{C_3-C_4-2P_3-xW}{\theta_1 C_5-\beta_2 L_1-C_4}\mathrm{d}z\mathrm{d}x$，

$V_{z_1}=1-V_{z_0}$。

推论 3.1：当提供绿色金融支持的业务成本下降、不提供绿色金融支持的成本上升、公众反对造成的损失扩大、绩效激励提高、投资预期风险损失降低时，中国金融机构更倾向于选择提供绿色金融支持。

证明：由中国金融机构提供绿色金融支持的概率 V_{z_1} 对 C_3、C_4、P_3、W 和 L_1 分别求一阶偏导数，可得 $\frac{\partial V_{z_1}}{\partial C_3}<0$，$\frac{\partial V_{z_1}}{\partial C_4}>0$，$\frac{\partial V_{z_1}}{\partial P_3}>0$，$\frac{\partial V_{z_1}}{\partial W}>0$，$\frac{\partial V_{z_1}}{\partial L_1}<0$，证毕。

推论 3.2：当公众反对给金融机构带来的损失 P_3 超过某一阈值 P_3^* 时，其将选择提供绿色金融支持；并且，随着绿色投资预期风险损失增加、绩效激励减少、绿色金融业务成本上升、中国政府积极引导和中国企业绿色投资的概率下降，公众意愿的约束作用更应被重视。其中阈值 $P_3^*=\frac{(C_3-C_4)-xW-v(\theta_1C_5-\beta_2L_1-C_4)}{2}$。

证明：根据命题 3，由 $F'(z)|_{z=1}<0$ 知 $C(x,v)>0$，即 $P_3>P_3^*$。P_3^* 分别对 L_1、W、(C_3-C_4)、x、v 求一阶偏导数得 $\frac{\partial P_3}{\partial L_1}>0$，$\frac{\partial P_3}{\partial W}<0$，$\frac{\partial P_3}{\partial(C_3-C_4)}>0$，$\frac{\partial P_3}{\partial x}<0$，$\frac{\partial P_3}{\partial v}<0$，证毕。

（四）中国企业策略稳定性分析

中国企业选择绿色投资策略和传统投资策略的期望收益分别是 U_{41} 和 U_{42}，平均期望收益为 U_4，则其行为策略的复制动态方程 $F(v)$和一阶导数 $F'(v)$如下：

$$U_{41}=xyzN_1+x(1-y)zN_5+(1-x)yzN_9+(1-x)(1-y)zN_{13}+xy(1-z)N_3+x(1-y)(1-z)N_7+(1-x)y(1-z)N_{11}+(1-x)(1-y)(1-z)N_{15}$$

$$U_{42}=xyzN_2+x(1-y)zN_6+(1-x)yzN_{10}+(1-x)(1-y)zN_{14}+xy(1-z)N_4+x(1-y)(1-z)N_8+(1-x)y(1-z)N_{12}+(1-x)(1-y)(1-z)N_{16}$$

$U_4 = vU_{41} + (1-v)U_{42}$

$\mathrm{F}(v) = \mathrm{d}v/\mathrm{d}t = v(U_{41} - U_4) = v(1-v)\mathrm{D}(x,y,z)$

$\mathrm{F}'(v) = (1-2v)\mathrm{D}(x,y,z)$

$\mathrm{D}(x,y,z) = xW + v(\theta_1 C_5 - \beta_2 L_1 - C_4) + (2P_3 + C_4 - C_3)$

根据微分方程稳定性定理，中国企业决策处于稳定状态须满足：$\mathrm{F}(v)=0$ 且 $\mathrm{F}'(v)<0$。

命题 4：当 $x>x_4$，$y>y_4$，$z>z_4$ 时，中国企业的稳定策略是选择绿色投资；当 $x<x_4$，$y<y_4$，$z<z_4$ 时，中国企业的稳定策略是选择传统投资；当 $x=x_4$，$y=y_4$，$z=z_4$ 时，不能确定其稳定策略，其中阈值为：

$$x_4 = \frac{(C_5 - C_6) + (I - 2P_4) + (L_1 - L_2) + (G_2 - G_1) + (\theta_1 C_5 - \theta_2 C_6) - yS_2 - z(I + \beta_2 L_1)}{S_1 + \beta_1 L_1}$$

$$y_4 = \frac{(C_5 - C_6) + (I - 2P_4) + (L_1 - L_2) + (G_2 - G_1) + (\theta_1 C_5 - \theta_2 C_6) - x(S_1 + \beta_1 L_1) - z(I + \beta_2 L_1)}{S_2}$$

$$z_4 = \frac{(C_5 - C_6) + (I - 2P_4) + (L_1 - L_2) + (\pi_2 - \pi_1) + (\theta_1 C_5 - \theta_2 C_6) - x(S_1 + \beta_1 L_1) - yS_2}{I + \beta_2 L_1}$$

证明：由 $\frac{\partial \mathrm{D}(x,y,z)}{\partial x}>0$ 知 $\mathrm{D}(x,y,z)$ 是关于 x 的增函数，当 $x>x_4$ 时，$\mathrm{D}(x,y,z)>0$，$\mathrm{F}(v)|_{v=1}=0$ 且 $\mathrm{F}'(v)|_{v=1}<0$，则均衡点 $v=1$ 是演化稳定点；当 $x<x_4$ 时，$\mathrm{D}(x,y,z)<0$，$\mathrm{F}(v)|_{v=0}=0$ 且 $\mathrm{F}'(v)|_{v=0}<0$，即均衡点 $v=0$ 是演化稳定点；当 $x=x_4$ 时，$\mathrm{F}(v)=0$ 且 $\mathrm{F}'(v)=0$，无法确定稳定策略。同理，可由 $\frac{\partial \mathrm{D}(x,y,z)}{\partial y}>0$，$\frac{\partial \mathrm{D}(x,y,z)}{\partial z}>0$ 得临界值 y_4 和 z_4 对中国企业决策稳定性的影响，证毕。

命题 4 表明，在共建绿色“一带一路”过程中，若中国政府选择积极引导、东道国政府积极作为、中国金融机构选择提供绿色金融支持的概率提升，此时绿色投资带来的不确定性由四方共担，中国企业的最佳策略选择是进行绿色投资。根据命题 4，绘制中国企业决策的相位图，如图 7－4 所示。

由图 7－4 可知，V_{v_0} 和 V_{v_1} 部分体积分别为中国企业选择绿色投资和传统投资的概率，即 $V_{v_0}=\int_0^1\int_0^1 \frac{(C_5-C_6)+(I-2P_4)+(L_1-L_2)+(G_2-G_1)+(\theta_1 C_5-\theta_2 C_6)-x(S_1+\beta_1 L_1)-yS_2}{I+\beta_2 L_1}\mathrm{d}v\mathrm{d}x$，$V_{v_1}=1-V_{z_0}$。

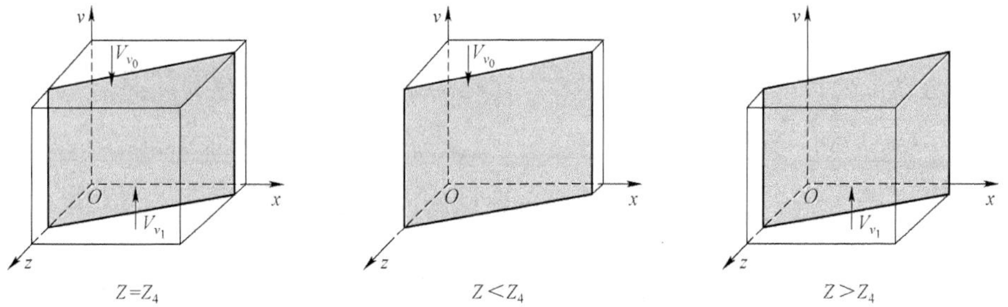

图 7-4　中国企业决策相位图

推论 4.1：当绿色投资的投入成本、融资成本下降，运营收益提升、投资预期风险损失降低，公众支持带来的声誉收益增加，中国企业选择绿色投资的倾向会增强。

证明：由中国企业选择绿色投资的概率 V_{v_1} 分别对 (C_5-C_6)、$(\theta_1 C_5-\theta_2 C_6)$、$(G_1-G_2)$、$(L_1-L_2)$、$P_4$ 求一阶偏导数，得 $\frac{\partial V_{v1}}{\partial(C_5-C_6)}<0$，$\frac{\partial V_{v1}}{\partial(\theta_1 C_5-\theta_2 C_6)}<0$，$\frac{\partial V_{v1}}{\partial(G_1-G_2)}>0$，$\frac{\partial V_{v1}}{\partial(L_1-L_2)}<0$，$\frac{\partial V_{v1}}{\partial P_4}>0$，证毕。

推论 4.2：当公众支持给中国企业带来的收益 P_4 超过某一阈值 P_4^* 时，才能确保中国企业选择绿色投资；并且在其他三方主体参与绿色共建的积极性较低、投资预期风险损失扩大、绿色投资投入成本上升时，更需要公众对企业绿色投资的支持。其中 $P_4^*=\frac{I+(L_1-L_2)+(G_2-G_1)+(C_5-C_6)+(\theta_1 C_5-\theta_2 C_6)-x(S_1+\beta_1 L_1)-yS_2-z(I+\beta_2 L_1)}{2}$。

证明：由命题 4 知 $F'(v)|_{v=1}<0$ 即 $P_4>P_4^*$，将 P_4^* 分别对 x，y，z，L_1，C_5 求一阶偏导数，得 $\frac{\partial P_4^*}{\partial x}<0$，$\frac{\partial P_4^*}{\partial y}<0$，$\frac{\partial P_4^*}{\partial z}<0$，$\frac{\partial P_4^*}{\partial L_1}>0$，$\frac{\partial P_4^*}{\partial C_5}>0$，证毕。

四、共建绿色“一带一路”高质量发展策略组合稳定性分析

为厘清共建绿色“一带一路”演化博弈稳定策略形成的条件及过程，本章构建并求解中国政府、东道国政府、中国金融机构及中国企业四方博弈的复制动态系统。根据四个博弈主体的复制动态方程，得出复制动态系统的雅可比（Jacobian）矩阵为：

$$\boldsymbol{J}=\begin{bmatrix}\frac{\partial F(x)}{\partial x} & \frac{\partial F(x)}{\partial y} & \frac{\partial F(x)}{\partial z} & \frac{\partial F(x)}{\partial v}\\ \frac{\partial F(y)}{\partial x} & \frac{\partial F(y)}{\partial y} & \frac{\partial F(y)}{\partial z} & \frac{\partial F(y)}{\partial v}\\ \frac{\partial F(z)}{\partial x} & \frac{\partial F(z)}{\partial y} & \frac{\partial F(z)}{\partial z} & \frac{\partial F(z)}{\partial v}\\ \frac{\partial F(v)}{\partial x} & \frac{\partial F(v)}{\partial y} & \frac{\partial F(v)}{\partial z} & \frac{\partial F(v)}{\partial v}\end{bmatrix}$$

根据 Lyapunov 第一法则，Jacobian 矩阵所有特征值均具有负实部时，均衡点为渐进稳定点；特征值中具有正实部时均衡点为不稳定点；当特征值除具有实部为零其他具有负实部时，该均衡点的稳定性无法由特征值决定。令 $F(x)=0$、$F(y)=0$、$F(z)=0$、$F(v)=0$，可以得到多组可行解，由 Ritzberger 等和 Selten 的研究知多种群演化博弈的稳定解为严格纳什均衡，即一定为纯策略。因此，本章仅对其中 16 组纯策略均衡点的稳定性加以分析，如表 7－3 所示。各参数定义如表 7－4 所示。

表 7－3　　　四方演化博弈纯策略均衡解的稳定性分析

均衡点	特征值 λ_1，λ_2，λ_3，λ_4	正负性	稳定性及条件	理想性
$E_1(0,0,0,0)$	$A_{11}-C_1$；$A_{21}-C_2$；$2P_3-T_{31}$；$A_{41}-T_{41}$	（+，+，+，×）	不稳定	不理想
$E_2(0,0,0,1)$	$A_{12}-T_{13}$；$A_{22}-T_2$；$A_{31}-\beta_2 L_1$；$T_{41}-A_{41}$	（×，×，+，×）	不稳定	不太理想
$E_3(0,0,1,0)$	$A_{11}-(C_1+W)$；$A_{21}-C_2$；$T_{31}-2P_3$；$A_{41}-T_{42}$	（+，+，−，×）	不稳定	不太理想

续表

均衡点	特征值λ_1，λ_2，λ_3，λ_4	正负性	稳定性及条件	理想性
$E_4(0,0,1,1)$	$A_{12}-T_{14}$；$A_{22}-T_2$；$T_{32}-A_{31}$；$T_{42}-A_{41}$	(×，×，×，×)	*ESS*（条件 1）	理想
$E_5(0,1,0,0)$	$A_{11}-C_1$；C_2-A_{21}；$2P_3-T_{31}$；$A_{42}-T_{41}$	(+，−，+，×)	不稳定	不理想
$E_6(1,0,0,0)$	C_1-A_{11}；$A_{21}-C_2$；$A_{32}-T_{31}$；$A_{43}-T_{43}$	(−，+，+，×)	不稳定	不理想
$E_7(1,0,0,1)$	$T_{13}-A_{12}$；$A_{23}-T_2$；$A_{33}-T_{32}$；$T_{43}-A_{43}$	(×，×，+，×)	不稳定	不太理想
$E_8(0,1,0,1)$	$A_{13}-T_{13}$；T_2-A_{22}；$A_{31}-T_{32}$；$T_{41}-A_{42}$	(×，×，×，×)	ESS（条件 2）	不太理想
$E_9(0,1,1,0)$	$A_{11}-(C_1+W)$；C_2-A_{21}；$T_{31}-2P_3$；$A_{42}-T_{42}$	(+，−，−，×)	不稳定	不太理想
$E_{10}(1,0,1,0)$	$(C_1+W)-A_{11}$；$A_{21}-C_2$；$T_{31}-A_{32}$；$A_{43}-T_{44}$	(−，+，−，×)	不稳定	不太理想
$E_{11}(0,1,1,1)$	$A_{13}-T_{14}$；T_2-A_{22}；$T_{32}-A_{31}$；$T_{42}-A_{42}$	(×，×，×，×)	ESS（条件 3）	理想
$E_{12}(1,0,1,1)$	$T_{14}-A_{12}$；$A_{23}-T_2$；$T_{32}-A_{33}$；$T_{44}-A_{43}$	(×，×，−，×)	ESS（条件 4）	理想
$E_{13}(1,1,0,1)$	$T_{13}-A_{13}$；T_2-A_{23}；$A_{33}-T_{32}$；$T_{43}-A_{44}$	(×，×，+，×)	不稳定	不太理想
$E_{14}(1,1,0,0)$	C_1-A_{11}；C_2-A_{21}；$A_{32}-T_{31}$；$A_{44}-T_{43}$	(−，−，+，×)	不稳定	不理想
$E_{15}(1,1,1,0)$	$(C_1+W)-A_{11}$；C_2-A_{21}；$T_{31}-A_{32}$；$A_{44}-T_{44}$	(−，−，−，×)	ESS（条件 5）	不太理想
$E_{16}(1,1,1,1)$	$T_{14}-A_{13}$；T_2-A_{23}；$T_{32}-A_{33}$；$T_{44}-A_{44}$	(×，×，−，×)	ESS（条件 6）	理想

注：×表示特征值正负性不确定。条件 1：$A_{12}<T_{14}$，$A_{22}<T_2$，$T_{32}<A_{31}$，$T_{42}-A_{41}$；条件 2：$A_{13}<T_{13}$，$T_2<A_{22}$，$A_{31}<T_{32}$，$T_{41}<A_{42}$；条件 3：$A_{13}<T_{14}$，$T_2<A_{22}$，$T_{32}<A_{31}$，$T_{42}<A_{42}$；条件 4：$T_{14}<A_{12}$，$A_{23}<T_2$，$T_{44}<A_{43}$；条件 5：$A_{44}<T_{44}$；条件 6：$T_{14}<A_{13}$，$T_2<A_{23}$，$T_{44}<A_{44}$。

表 7-4　　　　参数表达式

参数	表达式	参数	表达式	参数	表达式
A_{11}	$(1+\lambda)B_1+2P_1$	A_{12}	$\lambda B_1+2P_1+\alpha_1(E-E_1)$	A_{13}	λB_1+2P_1
A_{21}	$(1+\lambda)B_2+2P_2$	A_{22}	$\lambda B_2+2P_2+\alpha_2(E-E_1)$	A_{23}	λB_2+2P_2
A_{31}	$\theta_1C_5+2P_3$	A_{32}	$2P_3+W$	A_{33}	$\theta_1C_5+2P_3+W$
A_{41}	$(G_1-G_2)+2P_4$	A_{42}	$(G_1-G_2)+2P_4+S_2$	A_{43}	$(G_1-G_2)+2P_4+S_1$
A_{44}	$(G_1-G_2)+2P_4+S_1+S_2$	T_{11}	C_1+S_1	T_{12}	C_1+S_1+W
T_{13}	$C_1+S_1+\beta_1L_1$	T_{14}	$C_1+S_1+W+\beta_1L_1$	T_2	C_2+S_2
T_{31}	C_3-C_4	T_{32}	$C_3+\beta_2L_1$	T_{41}	$(C_5-C_6)+(\theta_1C_5-\theta_2C_6)+(L_1-L_2)+I$
T_{42}	$(C_5-C_6)+(\theta_1C_5-\theta_2C_6)+[(1-\beta_2)L_1-L_2]$	T_{43}	$(C_5-C_6)+(\theta_1C_5-\theta_2C_6)+[(1-\beta_1)L_1-L_2]+I$	T_{44}	$(C_5-C_6)+(\theta_1C_5-\theta_2C_6)+[(1-\beta_1-\beta_2)L_1-L_2]$

16 组纯策略均衡点中有 6 组在一定条件下可以形成渐进稳定策略组合，根据共建绿色“一带一路”实际情况，本章认为中国企业选择绿色投资且中国金融机构选择提供绿色金融支持为“理想”状态；中国企业选择传统投资且中国金融机构选择不提供绿色金融支持为“不理想”状态；二者中有一方选择积极参与共建绿色“一带一路”为“不太理想”状态。则在 6 组稳定策略组合中，有 4 组理想组合、2 组不太理想组合。

由均衡点 E_{15}（1,1,1,0）和 E_{16}（1,1,1,1）的比较分析可知，在中国政府、东道国政府和中国金融机构三个博弈主体都倾向于选择积极参与绿色共建时，中国企业的决策取决于 A_{44} 与 T_{44} 之间的大小关系。其中，$A_{44}=(G_1-G_2)+2P_4+S_1+S_2$，即在其他三方积极参与影响下，中国企业绿色投资相对于传统投资的额外收益；$T_{44}=(C_5-C_6)+(\theta_1C_5-\theta_2C_6)+[(1-\beta_1-\beta_2)L_1-L_2]$，即在此背景下中国企业绿色投资相对于传统投资的额外成本。可见，在中国政府采取补贴、共担风险等方式进行积极引导，东道国政府营造良好政策环境和搭建绿色投资基础设施，中国金融机构提供绿色金融支持时，若激励中国企业从传统投资转向绿色投资，则需要关注公众意愿 P_4 的作用和投资预期风险损失（L_1 及 L_2）这一不确定性。随着公众可持续发展意识不断增强、气候治理参与度不断提高，公众对企业形象的评价可以带来更高的收益或损失，使得 A_{44} 扩大；当低碳生产技术及项目发展持续完善、运营体系更加高效、上下游合作畅通以及配套措施愈加健全时，绿色投资预期风险损失 L_1 随之下降；而全球气候治理成为国际社会的重要议题，境外传统投资伴随的气候风险、法律风险和政策风险使传统投资预期风险损失 L_2 有上升的趋势。这使得 $A_{44}>T_{44}$ 得以实现，并且二者差距不断扩大，成为激励中国企业转向绿色投资的助推力。

由均衡点 E_8（0,1,0,1）和 E_{11}（0,1,1,1）的比较分析可知，在同样的政策背景下，中国金融机构的决策取决于 A_{31} 和 T_{32}。根据其表达式，不太理想状态 E_8 向理想状态 E_{11} 的过渡，除需如上述分析一样注重公众意愿的力量和控制投资预期风险损失外，还应考虑预期风险损失金融机构分担份额 β_2 参数的影响。当中国政府选择积极引导策略，同金融机构和企业一同解决绿色投资所面临的预期风险时，金融机构提供绿色金融的不确定性降低，进而使得 T_{32} 有所减小。此外，政府应加强对金融机构的引导，通过设置相应的激励约束制度，营造支持可持续发展的社会氛围，以减少金融机构对不确定性的顾虑。

由均衡点 E_4（0,0,1,1）和 E_{12}（1,0,1,1）的比较分析可知，在共建绿色“一带一路”初期，政府的引导、政策的扶持对于推进绿色投资项目走向正轨是具有重要意义的，当低碳发展和气候治理理念深入人心，市场机制调节下的绿色投资和绿色金融自发性增强时，企业和金融机构参与“一带一路”绿色投资不再依赖于政府及政策的辅助，会以最高的运行效率和最低的社会成本助力“一带一路”碳中和目标的实现。

五、共建绿色“一带一路”高质量发展仿真分析

为直观分析复制动态系统中关键因素对共建绿色“一带一路”四方博弈演化过程及结果的影响，本章运用 Matlab_R2021b 对各方演化轨迹进行仿真模拟。均衡点（1,1,1,1）表示中国政府选择积极引导、东道国政府选择积极作为、中国金融机构选择提供绿色金融支持、中国企业进行绿色投资，四方博弈主体形成了共建绿色“一带一路”的强大合力，此时系统达成当前一个阶段理想的稳定状态，因此本章选择在（1,1,1,1）情景下对各参数影响博弈主体策略选择的过程进行仿真分析。

（一）系统仿真初始设置

假设中国政府、东道国政府、中国金融机构和中国企业选择积极引导、积极作为、提供绿色金融支持和绿色投资的初始意愿为［0.5,0.5,0.5,0.5］，各参数初始值为 $E=50$，$E_1=30$，$\alpha_1=0.3$，$\alpha_2=0.5$，$P_1=15$，$P_2=18$，$P_3=20$，$P_4=30$，$B_1=100$，$B_2=120$，$\lambda=0.4$，$C_1=10$，$C_2=15$，$C_3=36$，$C_4=35$，$C_5=114$，$C_6=86$，$S_1=16$，$S_2=16$，$\beta_1=0.3$，$\beta_2=0.3$，$W=3.6$，$\theta_1=0.4$，$\theta_2=0.5$，$G_1=200$，$G_2=150$，$I=20$，$L_1=100$，$L_2=50$。令横轴表示时间（t），纵轴表示中国政府（x）、东道国政府（y）、中国金融机构（z）和中国企业（v）选择各自策略的概率（p）。则初始情景下系统演化博弈仿真如图 7－5（a）所示。

由图 7－5（a）可知，在满足条件 6 的参数设置下，四方博弈主体最终实现了（1,1,1,1）稳定演化状态。中国政府在环境收益、整体收益和公众意愿激励下不断向积极引导策略演进，并最终在 $t=0.25$ 时积极引导概率达到 1；东道国作为绿色投资的流入地，政府在多方助力其实现碳中和目标的过程中收益增加，因此自开始向积极作为的倾向就更为明显，于 $t=0.22$ 时稳定在 $y=1$；鉴于绿色投资的不确定性和补贴激励不完善，金融机构向提供绿色金融

支持的动力较其他三方偏弱，但仍不断向 $z=1$ 策略演进，且于 $t=0.3$ 时稳定下来；虽然绿色投资面临的投入成本和运营成本较传统投资更高、因技术开发等因素带来的不确定性较高，但在各方支持下，中国企业有更强的驱动，迅速向 $v=1$ 演进，率先在 $t=0.06$ 时实现理想策略稳定状态。

（二）关键参数变化对系统影响

1. 初始意愿变动

为探究初始意愿对演化过程和结果的影响，本章分别另选［0.2,0.2,0.2,0.2］（如图 7-5（b））、［0.8,0.8,0.8,0.8］（如图 7-5（c））与初始意愿［0.5,0.5,0.5,0.5］（如图 7-5（a））进行对比分析。可见，当各方参与共建绿色“一带一路”意愿较低，即为［0.2,0.2,0.2,0.2］时，中国政府和东道国政府的政策引导作用凸显，尤其是在该动态系统初期。这说明在绿色转型发展前期，政府的引导力度和政策环境的友好性对后期市场主体的参与度有着至关重要的作用，政府应设置完善合理的激励机制、提供便利科学的绿色投资基础设施，除此之外政府还应引导企业根据东道国资源禀赋和经济发展水平，着眼长远进行绿色投资布局，以降低投资损失的风险。

而当初始意愿较为强烈，即为［0.8,0.8,0.8,0.8］时，企业作为绿色投资的实施主体在 $t=0.05$ 时便实现了策略稳定，其他三方演化路径与另外两种情形相比，也都更倾向于理想状态。且当参与主体初始意愿提高时，市场带给金融机构的不确定性和预期风险损失减少，在整体演化过程中金融机构提供绿色金融支持的动力增强。

2. 关键参数对中国政府决策的影响

考察企业绿色投资预期风险损失政府分担份额β_1、环境收益中国占比α_1和公众意愿 P_1 对中国政府决策的影响机制，演化路径分别如图 7-6（a）、图 7-6（b）、图 7-6（c）所示，各系统最终都可以达到理想稳定状态。当政府分担投资风险的比例由$\beta_1=0.3$ 降至$\beta_1=0.2$，中国政府决策演化路径较初始情景发生了明显变化，由于承担风险的压力减小，其积极参与绿色共建的

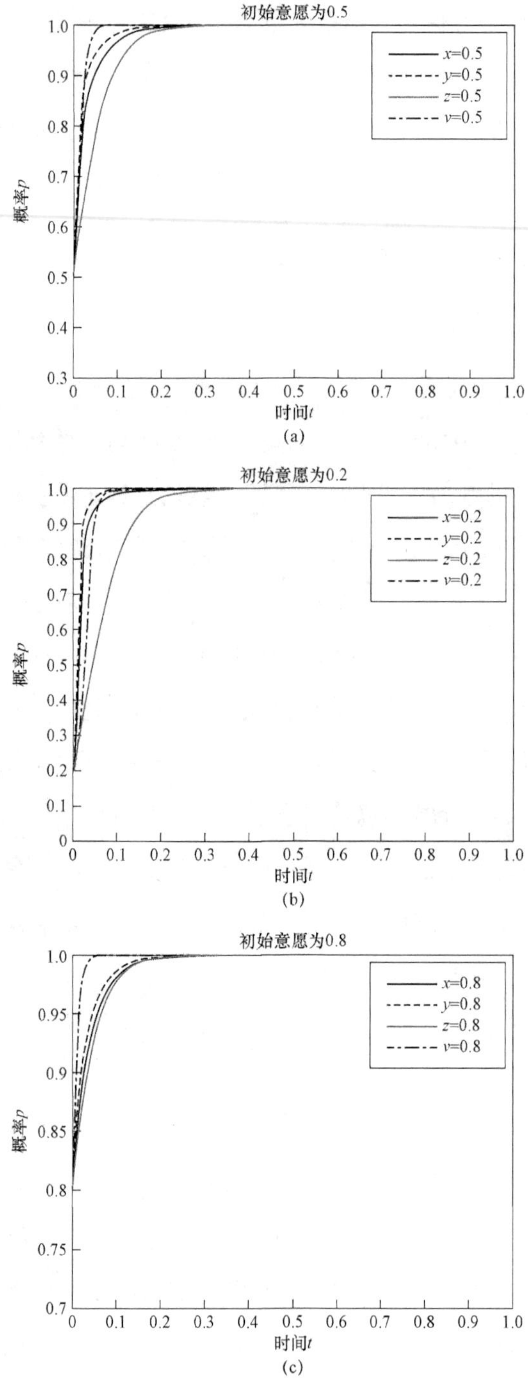

图 7-5　初始意愿变动的影响

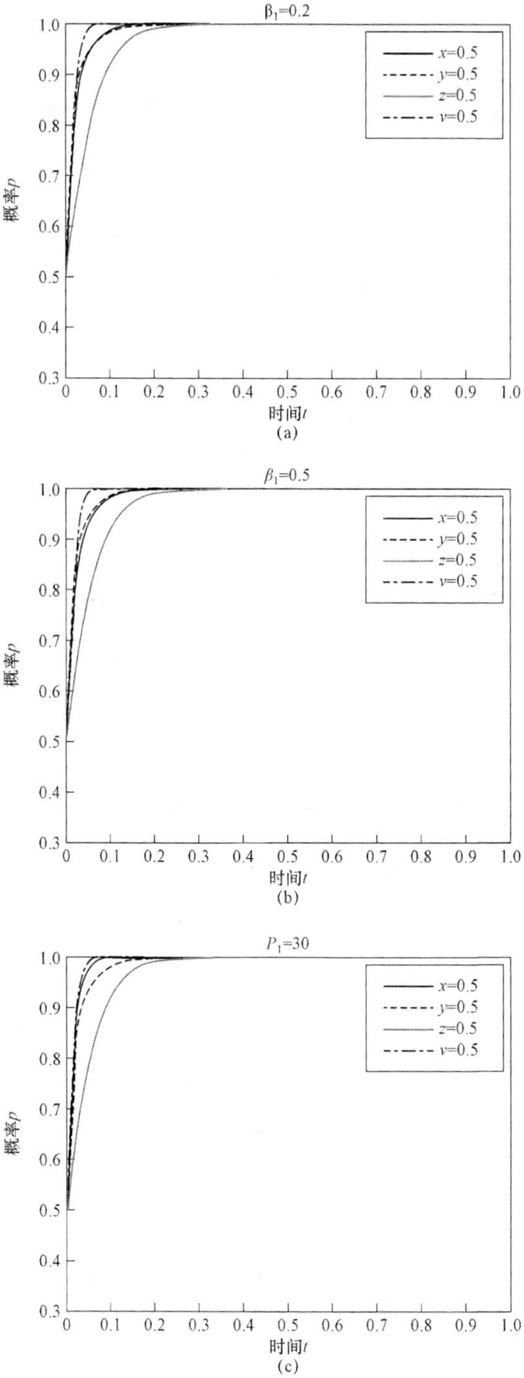

图 7-6　对中国政府决策的影响

意愿提高，甚至以高于东道国的速率提前达成 $x=1$ 的稳定策略。同时可以发现，虽然此时中国企业自身承担的风险有所增加，但是企业和金融机构趋向理想策略的力度和速度非但没有降低反而提前实现稳定，说明政府因共担投资损失的压力减轻而提高了制定积极引导政策的概率，使企业和金融机构两个市场主体有了主心骨和保障，进而改善了博弈结果。提高环境收益中国占比也促使中国政府提高了积极引导的意愿，但该参数受东道国同中国的相对距离等客观因素制约，变动的自由度较低。公众意愿 P_1 的变动对中国政府决策的影响在三个参数中最为明显，当 P_1 从 15 提升至 30，中国政府在 $t=0.1$ 时达到了 $x=1$，说明公众意愿对激励政府选择积极引导，进而实现系统的良态互动具有显著作用。

3. 关键参数对东道国政府决策的影响

各国作为绿色投资对环境改善的受益方，当环境收益 E 从 50 提升至 75，中国和东道国政府皆提前分别于 $t=0.15$ 和 $t=0.2$ 实现了积极引导和积极作为的稳定策略，如图 7-7（a）所示；同时，公众意愿 P_2 的增加也促使东道国更倾向于选择积极作为，如图 7-7（b）所示。在全球气候治理成为重要议题的背景下，国际社会对各国形象的评价，会基于对其国家自主贡献目标的实现以及碳中和进程的推进程度等的相关考察，而国际声誉对国家经济发展、政治地位和话语权的整体利益至关重要。

政府和企业在绿色建设中的表现共同决定了国家绿色转型的方向和力度，当国家可持续发展整体收益中受政府政策制约的比例提高，即 λ 由 0.4 提升至 0.6，中国和东道国政府积极参与绿色共建的倾向进一步增强，但此时对中国金融机构和企业演化路径的影响不明显，如图 7-7（c）所示。“一带一路”共建国家多为发展中国家，而在碳中和及全球气候治理下，发展中国家面临的减排压力远超发达国家，同时，东道国绿色基础设施不完备等问题也减弱了对绿色投资的吸引力，因此东道国政府应基于自身资源禀赋和发展特征，制定符合国情的绿色转型规划，为吸引境外绿色金融和投资提供友好的政策环境。

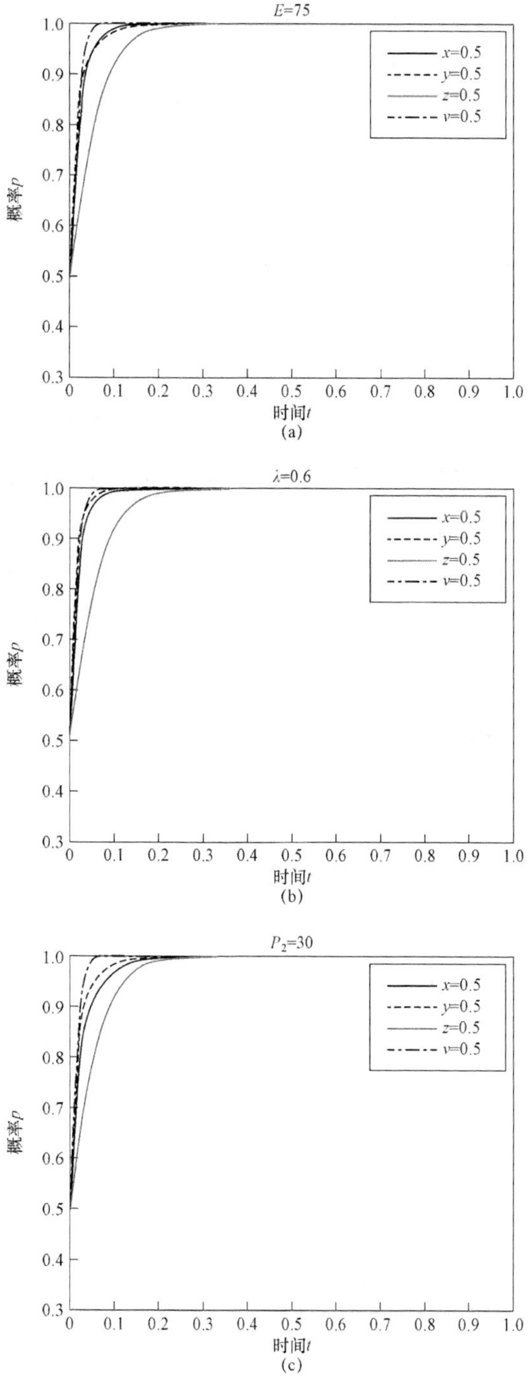

图 7-7　对东道国政府决策的影响

4. 关键参数对中国金融机构决策的影响

基于初始情景的演化路径可知，中国金融机构提供绿色金融的倾向较弱，是四方主体中向理想稳定策略演进速度最慢的，约于 $t=0.3$ 时实现稳定，而绿色金融作为促进绿色投资的关键因素，在推动绿色"一带一路"中有着不可忽视的作用。因此，本章从绩效激励 W 增加、公众意愿 P_3 提高和绿色投资预期风险损失金融机构分担份额 β_2 降低三个方面考察对金融机构决策过程的影响，演化路径分别如图 7－8（a）、图 7－8（b）、图 7－8（c）所示。由演化结果可知，三个参数的变动都增强了金融机构提供绿色金融支持的倾向，其中综合改善作用最明显的是公众意愿 P_3。当 P_3 由 20 提升至 30，金融机构向理想稳定策略（1,1,1,1）演化的速度超过了中国和东道国政府，于 $t=0.15$ 实现了稳定，较初始情景缩短了一半时间。W 和 β_2 的变动虽然也对金融机构的参与有促进作用，但同时因增加绩效激励和预期损失风险，使中国政府的监督成本扩大，减弱了其参与绿色共建的积极性，两种情形下中国政府实现策略稳定的用时大幅增加，致使复制动态系统最终分别于 $t=0.5$ 和 $t=0.4$ 时达到理想策略稳定，可见这两种对金融机构的激励方式整体效率较低。

5. 关键参数对中国企业决策的影响

图 7－9（a）为绿色投资运营收益 G_1 由 200 提至 250 时四方博弈演化路径，企业作为追求经济利益的市场主体，盈利扩大促使企业和金融机构参与绿色投资的自发性提高。政府补贴、政策扶持和消费者偏好引导等因素皆为企业布局绿色产业的驱动力，当绿色投资项目受市场认可度普遍提高、预期回报增加、运营的不确定性降低时，中国金融机构和企业的策略演化趋势改变，选择提供绿色金融支持和进行绿色投资的概率明显提升，稳定在理想纯策略上的时间延长。当金融机构选择不提供绿色金融支持时，企业进行绿色投资的投入不仅需支付原本的融资成本，还需为寻找其他融资途径花费额外成本 I。当 I 增加至 30，企业进行绿色投资的倾向有所减弱，中国和东道国政府为推动绿色转型进程，提高了选择积极参与的概率，如图 7－9（b）所示。

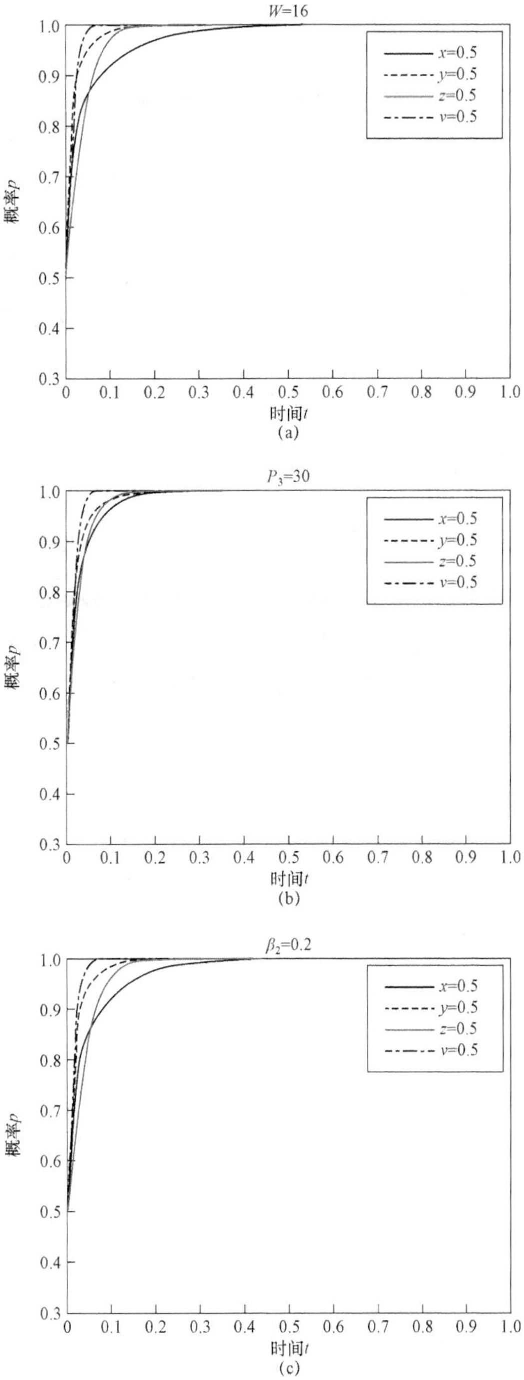

图 7-8　对中国金融机构决策的影响

如图 7-9（c）所示，当绿色投资预期风险损失提高，中国政府的演进路径发生明显变化时，在政府充分运用补贴和激励措施的前提下，演化结果没有因预期损失增加而恶化。明朗的发展前景和切实的利润回报是绿色投资长期运行的保障，为确保企业和金融机构有进行绿色投资的持续动力，政府的积极引导成为动态系统良性互动的关键。政府应在绿色投资初期引导企业分析东道国市场现状、相关法律法规以及国际绿色投资原则等客观因素。此外，鉴于“一带一路”共建国家和地区宗教文化差异较大，社会和政治因素也应被纳入决策过程，以降低绿色投资带来的预期风险损失。

（三）仿真分析结论

为探究推动共建绿色“一带一路”高质量发展主体积极参与绿色投融资合作的有效路径，本章在有限理性条件下构建了中国政府、东道国政府、中国金融机构和中国企业四方演化博弈模型，并结合数值仿真模拟技术，分析了关键参数对各方决策过程和演进结果的影响。研究结论如下：

第一，复制动态系统可以实现理想的条件稳定点（1,1,1,1），即四方策略为（积极引导，积极作为，提供绿色金融支持，绿色投资）。

第二，博弈主体决策受彼此初始意愿影响，若在绿色发展布局初期参与实践的初始意愿较低，那么政府作为引导者对金融机构和企业的战略选择具有带动力。

第三，绿色投资预期风险损失分担机制显然降低了投融资活动给企业和金融机构带来的不确定性，但分担比例应适中，数值仿真结果说明政府承担比重与稳定状态并非正相关。政府的工作重点应在于完善支持“一带一路”绿色发展的顶层设计、对标国际相关规则为企业和金融机构提供实践指导等方面。

第四，绿色投资运营收益提升是企业落实绿色投资的最强驱动力，绿色投资预期风险损失降低增强了系统整体向理想稳定策略演进的倾向。

第五，公众意愿在加速实现理想稳定策略组合、提升四方主体参与度方面发挥了重要作用。

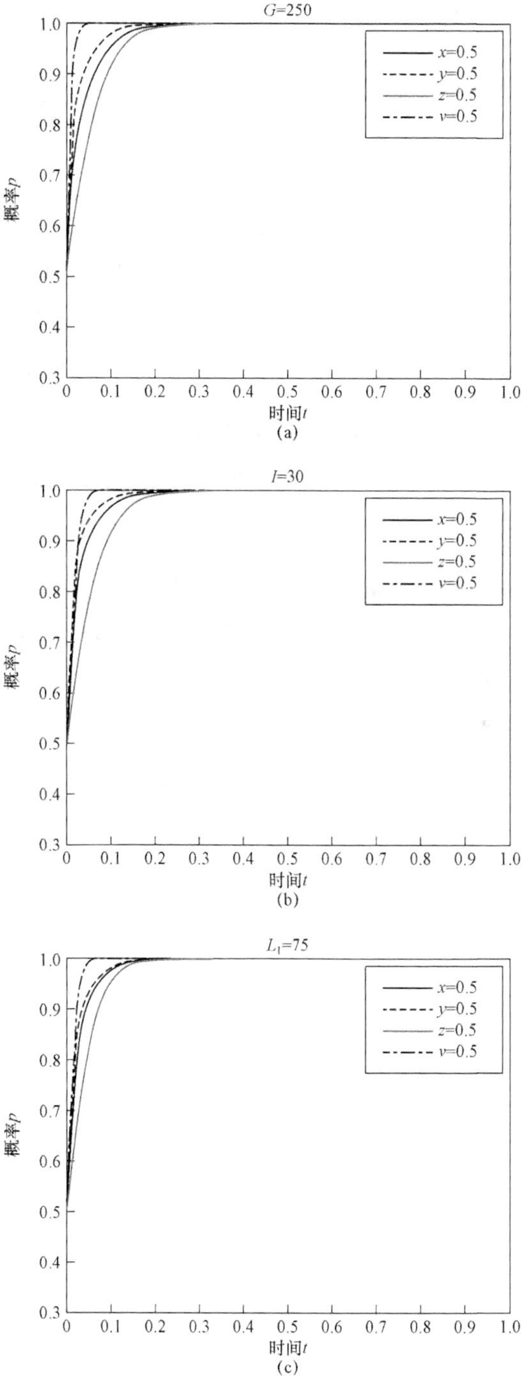

图 7－9　对中国企业决策的影响

因此，为推动共建绿色“一带一路”高质量发展，中国应加强和完善顶层设计，积极发挥政府在宏观布局、平台建设、政策对接及统筹协调方面的引导作用，加快形成支持“一带一路”绿色投融资的政策体系，带动企业和金融机构“走出去”参与绿色共建。推动“一带一路”绿色发展，不仅需要激励企业落实绿色投资，还需解决绿色投资成本、风险和收益不匹配的问题，以吸引资本自发流向绿色产业。除此之外，有效的绿色宣传是绿色投融资合作可持续的重要保障，中国在推动“一带一路”绿色发展过程中，不仅具体项目的运营需要符合东道国法律法规、风俗习惯，还应重视共同话语体系的重塑，以增进民心相通，减少因价值理念等因素导致的分歧。在全球碳中和进程中，“一带一路”共建国家多为发展中国家，经济发展和减排的矛盾更为突出，应积极探索适合自身国情的发展道路，营造绿色投资友好的政策环境，完善顶层设计与指导原则，凝聚社会力量提供绿色基础设施，以吸引外国绿色资本流入。中国企业应在严格遵守国际绿色投资原则的条件下，结合东道国资源禀赋和市场条件合理布局绿色产业，扩大绿色技术创新资金投入，有序参与市场竞争，提高绿色投资收益。推动“一带一路”绿色发展和落实绿色投融资活动要充分借助公众意愿的力量，营造公众可持续发展意识强、公众参与范围广、公众行动自觉、公众意愿传导畅通的社会环境。

第八章　推进共建绿色“一带一路”高质量发展的对策和建议

一、加强合作引领，凝聚高质量绿色发展共识

2023 年 10 月 18 日，习近平主席在第三届“一带一路”国际合作高峰论坛开幕式上宣布中国支持高质量共建“一带一路”八项行动，其中第四项行动是促进绿色发展。①后疫情时代，全球经济复苏正值应对气候变化和实现可持续发展的关键时期，应以习近平主席重要讲话为指引，谋划共建绿色“一带一路”高质量发展行动路线，为推动共建国家绿色高质量发展和现代化建设谱写新篇章。

（一）发挥“一带一路”国际合作高峰论坛引领作用

发挥“一带一路”国际合作高峰论坛的引领作用，秉持共商共建共享、开放绿色廉洁、高标准惠民生可持续，同西方发达国家和经济体提出的互联互通倡议对接，加强各参与方政策沟通，提高政策透明度，共同制定推进绿色高质量发展规划，携手推进全球生态文明建设。

第一，促进“一带一路”共建国家绿色发展政策协调。面对后疫情时代更加复杂多变、全球能源格局深刻调整的局面，“一带一路”国际合作高峰论坛的推进，有助于加强共建国家绿色政策的协调，加强各国绿色政策的对

① 习近平. 建设开放包容、互联互通、共同发展的世界——在第三届“一带一路”国际合作高峰论坛开幕式上的主旨演讲［EB/OL］.（2023－10－18）［2024－04－15］. http://www.news.cn/mrdx/2023-10/19/c_1310746291.htm.

话和沟通。通过把各国绿色政策与“一带一路”倡议更紧密地结合在一起，打造涵盖绿色发展战略、绿色政策和应对气候问题诸方面的协调机制。更加注重资源的合理分配以及能源、环境与经济增长三者间的关系，重视不同经济发展水平国家之间的政策协调，这有利于“一带一路”共建国家经济的持续、健康和稳定发展。

第二，促进“一带一路”共建国家绿色发展规划的确定。在绿色发展合作领域的选择上，既要突出重点，又要兼顾一般。确定重点，有利于尽快汇集“一带一路”共建国家（及相关利益主体）的人力、物力、财力，使重大绿色合作项目尽快启动。兼顾一般则是考虑到“一带一路”共建国家绿色合作的复杂性和能源需求的多样性。应不断推动绿色贸易便利化，开展绿色基建和绿色交通合作，加强清洁能源基础设施互联互通，打造区域清洁能源设施网络。

第三，促进与西方发达国家和经济体提出的互联互通倡议对接。基于“一带一路”倡议，中国与西方发达国家和经济体可以就绿色发展议题建立制度化、常态化的沟通与协调机制，或可尝试将绿色发展议题同其他地区政治经济议题联系起来，借助双边或多边平台进行沟通与协调。通过与共建国家共同推动清洁能源利用项目的开发，逐步建立绿色发展合作示范区。在绿色发展国际合作建立与运行过程中，探讨协商与“印太经济框架”、PGII、“全球门户”计划以及 IMEC 这四大倡议进行对接，只有以合作代替对抗、以协调代替控制、以共享代替垄断、以柔性互利代替刚性竞争，才能实现协同推进全球生态文明建设。例如，中国与欧盟都是全球治理的倡导者，双方一直是全球绿色发展的支持者和维护者。依托共建“一带一路”与“全球门户”计划，双方可超越发展中国家和发达国家在气候变化问题上的“传统鸿沟”，积极搭建绿色发展合作平台，协同推进绿色发展。

（二）深化“一带一路”绿色发展国际合作机制

要深化“一带一路”绿色发展国际联盟和“一带一路”能源合作伙伴关系合作机制化建设，加强绿色治理规则民主化和法治化，不断扩大合作伙伴范围和规模，使绿色发展充分反映各国意愿和利益，持续造福“一带一路”共建国家。

第一，打造绿色发展合作新范式。“一带一路”绿色发展国际联盟和“一带一路”能源合作伙伴关系的参与伙伴涵盖亚洲、非洲、拉美三大区域，体现了伙伴的广泛性和多样性。在治理理念上，提出共建各国无论大小、强弱或者贫富，都是平等的伙伴关系，在合作中摒弃零和博弈甚至对抗的思想，强调开放与合作、和谐与包容。绿色发展合作基于但不限于共建国家，正如《“一带一路”能源合作伙伴关系合作原则与务实行动》所提出的，“面向所有相关方开放，各国政府、企业、金融机构、智库及国际、地区组织均可参与”。[①]共建绿色“一带一路”高质量发展倡导多边主义，充分尊重共建国家对绿色基础设施和绿色投资等合作事项的发言权，任何国家都可以根据本国需要积极建言献策，对多边合作议程强调通过平等协商找到利益交汇点，确定合作领域并实现共同目标。在治理权力结构方面，国际力量对比发生深刻变化，以中国、印度等为代表的新兴经济体群体性崛起，国际影响力不断增强，是近代以来国际力量对比中最具革命性的变化。[②]“一带一路”绿色发展国际联盟和“一带一路”能源合作伙伴关系两大机制，推动各国在能源合作中实现权利平等、机会平等、规则平等，推进环境治理规则民主化和法治化，更加平衡地反映各国国家意愿和利益，积极推进开放包容、普惠共享的绿色利益共同体、责任共同体和命运共同体，为推动构建人类命运共同体作出积极的贡献。

第二，推进形成绿色低碳治理新格局。共同绿色发展是“一带一路”顶层设计中的重要内容，2021 年，习近平主席提出，“要建设更紧密的绿色发展伙伴关系，加强绿色基建、绿色能源、绿色金融等领域的合作，让绿色切实成为共建‘一带一路’的底色”[③]。以“一带一路”绿色发展国际联盟和

---

① 吕江.“一带一路”能源合作伙伴关系：缘起、建构与挑战[J]. 东北亚论坛，2020（4）：113-126， 128.

② 黄高晓. 论习近平推动全球治理体制变革思想［J］. 广西社会科学，2016（6）：6-11.

③ 习近平在博鳌亚洲论坛 2021 年年会开幕式上的视频主旨演讲［EB/OL］.（2021-04-20）［2024-06-20］. https://www.gov.cn/xinwen/2021-04/20/content_5600764.htm.

“一带一路”能源合作伙伴关系两大机制为依托，引导区域清洁能源的生产、消费和交易等转型。加强区域内清洁能源标准、投资和监管等绿色公共产品的供给，积极开展区域内清洁能源技术转移、联合研发和产业化等方面的合作；在清洁能源政策建设、技术、融资等方面与共建国家进行深入的交流和合作，共建绿色发展和生态环保大数据服务平台，形成相关信息、知识和技术的共建共享。

第三，推进构建全球能源治理新秩序。共建绿色“一带一路”高质量发展，不仅对推动中国与共建国家深入开展绿色合作具有非常重要的引领作用，而且为中国与共建国家的绿色合作提供了平台支撑。依托“一带一路”绿色发展国际联盟和“一带一路”能源合作伙伴关系这两大合作机制，为共建国家提供国际机制类绿色发展公共产品，提升发展中国家在全球环境治理中的地位。通过与不同国家和地区寻求绿色发展战略对接，不断创新绿色发展合作方式，提升绿色发展合作层次，实现与各国在环境治理领域的全方位、多层次对接与融合，共同构建一个共商共治的生态文明共同体，推动全球环境治理向均衡、普惠、共赢方向发展，形成公正、合理的国际环境新秩序。

（三）加强与发达国家绿色低碳第三方市场合作

实现绿色发展是全球各国共同的发展目标，秉持互利共赢、共担共享的理念，加强与欧美发达国家的绿色低碳第三方市场合作，深化合作机制、扩展合作途径，将中国绿色产能与发达国家先进技术以及共建国家需求加以有效对接，推动形成责任共同体和利益共同体。

第一，长效机制是绿色低碳第三方市场合作的坚实保障。自 2015 年 6 月《中法关于第三方市场合作的联合声明》签署以来，第三方市场合作逐渐成为中国“一带一路”框架下新的合作模式。截止到 2023 年底，中国与 14 个国家达成第三方市场合作协议，为推广中国优势产能、有效结合发达国家先进技术和发展中国家广阔的市场需求提供制度保障。[①]表 8－1 是中国与 14 个发达国家签署的第三方市场合作官方文件。各方应建立和健全第三方市场合作机制，定期召开第三方市场合作论坛和研讨会，共同梳理总结第三方市场合作中不同领域、不同模式的合作项目。例如 2021 年，中国和日本举行促进绿色低碳第三方市场合作研讨会，会议期间发布《中日第三方市场合作示范项目案例集》，汇总 2018 年中日在绿色低碳、绿色金融等领域的 18 个重点第三方市场的合作示范项目和合作模式。积极推动打造第三方市场信息共享平台，为参与绿色低碳第三方市场合作提供有关东道国国家概况、法律法规、商业环境、市场需求等关键信息，推广合理适用的合作模式，拓宽合作国家和潜在合作企业的视野和信息渠道。

第二，抓住新能源、氢能、风电和绿色基础设施等领域的新机遇，拓展第三方市场的领域，为应对气候变化作出积极贡献。日本、法国和加拿大等国绿色低碳领域发展较早，气候治理、环境治理和清洁技术等位居世界前列，其主要优势主要体现在清洁能源技术、新兴环保材料、氢能，以及 CCUS（碳捕获、利用和封存）等领域；中国则具有太阳能光伏、风电、水电设备生产与施工建造的技术和成本优势。第三方国家在资源禀赋和本地化运营方面具有天然优势，可以为项目启动和顺利运营提供保障。通过充分发挥三方比较优势，构筑三方互惠互利的第三方市场合作模式，有助于进一步提高资源利用率，降低项目施工成本，不断提升管理运营质量，促进第三方国家绿色低碳产业升级。

表 8－1　　中国第三方市场合作国家合作文件

时间	合作国	文件名称
2015 年 6 月	法国	《中国和法国关于第三方市场合作的联合声明》
2015 年 10 月	韩国	《中华人民共和国国家发展和改革委员会和商务部与韩国企划财政部和产业通商资源部关于开展第三方市场合作的谅解备忘录》

① 刘曙光．第三方市场合作：创新、成效、挑战与应对［J］．理论学刊，2024（1）：132－141．

续表

时间	合作国	文件名称
2016年8月	葡萄牙	《中华人民共和国商务部和葡萄牙共和国外交部关于加强第三方市场合作的谅解备忘录》
2016年9月	加拿大	《中国和加拿大政府关于开展第三方市场合作的联合声明》
2017年9月	澳大利亚	《中华人民共和国国家发展和改革委员会与澳大利亚外交和贸易部关于开展第三方市场合作的谅解备忘录》
2018年5月	日本	《中华人民共和国国家发展和改革委员会和商务部与日本国外务省和经济产业省关于中日企业开展第三方市场合作的备忘录》
2018年9月	意大利	《中华人民共和国国家发展和改革委员会与意大利经济发展部关于开展第三方市场合作的谅解备忘录》
2018年10月	荷兰	《中华人民共和国商务部与荷兰外交部关于加强第三方市场合作的谅解备忘录》
2018年10月	比利时	《中华人民共和国商务部与比利时王国联邦外交、外贸与发展合作部关于在第三方市场发展伙伴关系与合作的谅解备忘录》
2018年11月	西班牙	《中华人民共和国商务部与西班牙王国工业、贸易和旅游部关于加强第三方市场合作的谅解备忘录》
2019年4月	奥地利	《中华人民共和国国家发展和改革委员会与奥地利数字化和经济事务部关于开展第三方市场合作的谅解备忘录》
2019年4月	新加坡	《中华人民共和国国家发展和改革委员会与新加坡共和国贸易及工业部关于加强中新第三方市场合作实施框架的谅解备忘录》
2019年4月	瑞士	《中华人民共和国国家发展和改革委员会与瑞士联邦财政部和联邦经济、教育及科研部关于开展第三方市场合作的谅解备忘录》
2019年6月	英国	《中华人民共和国国家发展和改革委员会与英国国际贸易部关于开展第三方市场合作的谅解备忘录》

资料来源：国家发展改革委《第三方市场合作指南和案例》及国家发展改革委等相关中国政府部门门户网站。

第三，在绿色金融领域的第三方市场合作方面，充分发挥政策性金融机构的支撑引领作用，激活民间绿色投资，按照绿色投资原则，重点支持第三方市场合作中的绿色基建、绿色能源和绿色智造等投资方向，努力打造一批具有代表性的绿色低碳领域项目。同时，在联合国、G20 等多边合作框架下，共享与绿色投融资相关的国际准则和既有经验，鼓励金融机构和相关企业在国际市场开展绿色融资，进一步通过多边合作降低第三方市场合作中的国际投资风险。在以绿色发展为主题的第三方市场合作项目中，完善项目风控机制，做好项目落地前的环境综合评估，落实项目进行时的数据监控与预防措施，确保项目完成后在运营管理方面做到可持续发展。

二、分类施策，加强重点领域高质量合作

对于“一带一路”共建国家，加快传统高污染产业绿色转型升级，推动形成绿色低碳现代产业新体系，是推动区域绿色产业高质量发展的必然要求。要以加快沿线传统产业升级为主要抓手，以构建“一带一路”特色绿色产业生态为目标，做好传统产业转型与绿色产业培育两方面的重点工作，使沿线新型绿色化产业向高质量迈进。

（一）加快共建国家传统产业转型升级

“一带一路”多数共建国家尚处在工业化初期阶段，不少国家的经济高度依赖农业、能源、矿产和化工等传统行业。后疫情时代，随着应对全球气候变化和第四次科技革命浪潮的不断推进，推动“一带一路”共建国家实现绿色高质量发展，原有传统产业绿色化转型升级成为重要环节。

第一，加快绿色农业可持续高质量发展。充分发挥中非合作论坛、“一带一路”农业合作发展论坛等重要国际性会议论坛平台的高水平开放平台功能，加强“一带一路”共建国家、行业协会、大企业之间绿色农业的交流和合作，创新合作机制和模式，把握绿色农业发展的新机遇。立足“一带一路”共建国家的资源禀赋和发展态势，大力开展数字农业交流合作，积极推动农村数字基础设施建设，使共建国家农民能够利用数字技术进行信息获取、电

子商务和农产品营销；支持数字发展水平低、农业绿色全要素生产率低的共建国家建设数字基础设施，加强农业技术人才合作交流，提高生态农业生产力。拓展共建国家优质特色农产品及农业服务进出口渠道，加强农业技术人员交流，推动共建国家传统农业提质升级，提升当地农民收入水平、减少贫困人口。

第二，推动传统产业绿色转型升级。高污染、高耗能的能源密集型产业低碳化发展是实现绿色转型的重点，应开展传统产业集群升级改造。要推进工业清洁生产工程，在钢铁、有色金属、化工、建材等重点行业，从技术、设备、管理模式上根本性提高资源利用效率，推广使用绿色、低碳、环保工艺和设备，升级改造环境治理设施，加快实现低碳排放运行。在共建国家燃煤电厂清洁化和退煤进程中，要因地制宜、协同发展，探讨采用生物质能源、天然气和碳捕捉利用与封存等差异化的低碳改造和建设路径。积极推动绿色技术本土化转型，通过绿色投资与技术交流，助力共建国家根据自身特点形成自主创新优势，打通当地绿色技术研发、推广与应用等各环节，使绿色技术充分适应不同发展阶段的特点，推动绿色科技创新和应用迈上新台阶。

第三，促进共建国家绿色高新产业协同发展。推动生态环保大数据服务平台和技术交流与转移中心提质升级，加强绿色能源技术标准合作，鼓励开展绿色能源技术转让、联合研发和产业化等方面的合作，完善能力建设项目活动，助力高质量绿色产业、技术和项目在共建国家落地。加大同经济基础较好、产业结构较合理的共建国家在绿色高新技术产业的合作力度，充分发挥信息平台、沟通平台、创新平台等一系列平台的功能，形成绿色高新产业发力点，进一步发挥绿色高新技术产业在提高传统产业生态效益方面的推动作用，共同打造绿色产业增长新亮点。

（二）推动绿色产业发展，形成绿色经济新优势

后疫情时代，培育绿色低碳的新兴产业，推进绿色制造，应用绿色能源，构建以绿色技术、绿色工厂、绿色园区和绿色供应链支撑的绿色制造体系已经成为“一带一路”共建国家的必然选择。

第一，加强区域绿色发展基础建设。聚焦“一带一路”绿色交通发展，不仅能推动区域互联互通、提高贸易效率，还能产生减排和经济增长的协同效应。要积极地高标准履行对东道国的环境保护、可持续发展和社会责任，将绿色发展理念贯穿“一带一路”基础设施和交通建设的全领域、全过程，结合区域特点，形成绿色基础设施和绿色交通的高新技术标准和整体方案，推进中国高铁“走出去”步伐，加强电动汽车基础设施和产能合作。加强数字交通建设，实现沿路交通领域通信网络的普及和覆盖，构建数字交通网络、优化交通路线，保障交通安全高效，提升公路、铁路和水运联合运输潜力，构建智能、高效、可持续的“一带一路”数字交通体系。推进区域基础设施低碳生态建设。要加大绿色基础设施技术创新力度，特别是，先进储能、分布式可再生能源发电、以零碳建筑为基础的新型低排放基础设施建设将成为未来经济增长的主要动力，要积极探索和推广绿色环保项目新模式。

第二，充分发挥中国在风能、太阳能和水电等重点绿色能源行业的产业链集成优势，加大区域内绿色能源标准、技术和方案等绿色公共产品的供给，推动中国—东盟等区域性清洁能源合作中心建设，促进共建国家能源转型。加大对沿线地区重大绿色能源项目的扶持力度，对绿色项目的投资环境与气候风险进行评估，推进当地绿色能源水平的提升。在与可再生能源丰富的东盟、中亚和中东欧等区域国家进行风、光、水等清洁能源合作时，要充分利用中国在光伏、水电、风电、分布式能源、数字能源、智慧能源和智能电网等方面的领先技术，形成以智能电网为主的可再生能源输送网络，推动沿线地区实现低碳能源的发展目标。面对“一带一路”沿线地区内脆弱的生态环境、粗放式的能源开发和生产管理模式，以及较低的可再生能源利用率等问题，鼓励中国绿色能源企业输出先进的绿色技术与精细化的管理模式，将绿色、低碳、可持续发展的中国能源方案推广到沿线区域的能源合作中去，并以技术创新与管理创新为发展驱动力，在合作过程中起到积极的引领与示范作用。

第三，积极推动与共建国家打造绿色产业园区。绿色产业园区以“一带一路”广阔的应用市场为契机，促进当地资源、劳动力、技术和本土市场的整合，发挥良好的示范、辐射和带动效应。要以绿色产业资源链接整合能力为依托，推动绿色产业、科技研发、测试认证、孵化培育等核心项目集聚，整合形成以上游绿色技术研发为核心驱动力，中游绿色技术转化为核心发力点，下游绿色技术产业应用为核心竞争力的完备产业集聚链条。积极推行绿色制造，培育一批绿色制造典型企业。鼓励中国企业进园入区，推动中国光伏发电和储能技术、污水处理厂运营管理技术、电动车技术优质转移到孟加拉国、泰国、肯尼亚等共建国家，使绿色“一带一路”成果惠及共建国家。引导园区企业推广使用绿色、低碳、环保的工艺和设备，改进节能降碳改造、清洁生产改造、清洁能源替代等工艺，提升清洁生产水平。

（三）协同打造韧性清洁能源供应链

2021 年，习近平总书记在第三次“一带一路”建设座谈会上指出，“要加强产业链供应链畅通衔接，推动来源多元化。”①要以共建“一带一路”为抓手，共同构筑安全稳定、畅通高效、开放包容、互利共赢的产业链、供应链体系。

第一，推动形成优势互补的清洁能源供应链体系。清洁能源供应链涵盖原材料开采、关键零部件制造、设备装配、运输物流等环节。上下游企业需要共同努力，维护产业链和供应链的稳定。要立足“一带一路”共建国家发展的互补和协同，深度参与全球产业分工合作，推动国内外产业深度融合，形成以中国为主导的清洁能源供应链合作体系。在东南亚，重点打造电动汽车领域供应链，依托 RCEP 加强与东南亚的产业合作；在中亚、中东和拉美等地区，围绕战略性矿产资源开展产业链、供应链合作，实现重要资源进口来源多元化，支持企业参与相关领域海外投资合作；在东北亚地区，加强国际科技合作和市场整合，重点推进关键零部件和中间产品制造；在非洲，构建战略性矿产资源供应链，支持重点矿产骨干企业走出去。

第二，拓展合作空间，探索与发达国家合作新模式。中国已成为新能源

① 习近平出席第三次“一带一路”建设座谈会并发表重要讲话［EB/OL］.（2021-11-22）［2024-04-18］. http://www.cppcc.gov.cn/zxww/2021/11/22/ARTI1637540692716103.shtml.

技术的引领国家和清洁领域生产制造的最大市场，而美国、欧盟和日本等发达经济体在绿色转型和清洁能源发展领域拥有大量技术专利和先发优势。双方可在第三方市场、清洁矿产开采、数据与产业合作、供应链建设等方面开展合作。中国与美国、欧盟、日本等发达经济体可以共享绿色供应链，实现互利共赢。中国在新兴战略矿产资源开采加工方面的优势，可以与美国、欧盟、日本等发达经济体在技术专利领域的优势进行匹配和转移。发挥“一带一路”平台优势，通过第三方市场合作等方式，深化同发达经济体的务实合作。加强与欧盟、日本在高端装备、新能源汽车、集成电路制造装备等领域的产业链和供应链合作。加强科技交流合作，探索建立“一带一路”技术合作联盟，构建高度融合的“一带一路”技术合作网络。

三、加强绿色投融资，建设高质量绿色金融体系

资金融通是共建绿色“一带一路”建设的重要支撑，要以共商、共建、共享为原则，打造良性绿色金融生态体系，充分发挥银行、保险和基金等金融机构的骨干作用，大力加强绿色金融的国际合作，推动建设高质量绿色金融体系。

（一）打造良性绿色金融生态体系

不断加强和完善顶层设计，与国际多边金融机构和“一带一路”共建国家的金融机构协同制定绿色金融发展的配套制度、规范标准和鼓励政策，完善绿色金融监管协调体系，形成良性的绿色金融生态系统。

第一，中国已建立起相对完善的绿色金融体系，包括政策框架和标准体系，欧洲主要经济体则沿用欧盟的相关标准，部分共建“一带一路”国家尚缺乏明确的绿色标准。要与国际多边金融机构和共建国家的金融机构加强对话与合作，共同制定绿色金融发展的相关机制、标准规范和激励措施，做好金融制度协调和金融规则对接，建立高效协同的机制以保障在开放的平台上进行合作，协同完善绿色金融监管协调制度，推进形成区域绿色金融良好生

态体系。

第二，以 GIP 为依托和指导，扩大 GIP 成员和区域办公室，在成员内推动采用统一的可持续金融分类及目标，以协助成员制定清晰的绿色转型目标与可操作的路径，积极创新和丰富绿色金融服务和产品，为共建国家绿色投融资提供更多政策工具。推动签署机构设定绿色投资目标，逐步停止在“一带一路”共建国家新增化石燃料项目的投资，同时采用责任投资实践；通过区域办公室，持续建立健全信息共享机制，建设绿色项目库，推动金融资源精准服务绿色项目。

第三，倡导构建涵盖银行、证券、保险、担保等多主体的“金融全业态联盟”。充分发挥国家开发银行和中国进出口银行等国家政策性银行和金融机构的作用，加强丝路基金、中非发展基金、气候变化南南合作基金等的协调配合，为推动“一带一路”绿色发展提供持续可靠的金融服务支持，绿色信贷、债券和保险等金融工具在支持“一带一路”建设中都具有独特作用。金融机构作为共建中的重要主体，应积极研判“一带一路”绿色投资中潜在的气候风险和转型风险，结合东道国碳中和目标动态调整规划布局，完善气候环境相关风险信息的投资决策过程，完善绿色评级和认证制度，以把握碳中和进程中“一带一路”绿色投资机遇，发挥其在助力绿色“一带一路”建设中的稳健作用。

（二）充分发挥金融机构的骨干作用

绿色不仅是“一带一路”的底色，也是金融机构的特色。金融机构具有先导性的市场示范作用，推动可持续基础设施互联互通，加强在可再生能源、绿氢和清洁能源矿产等重点领域的合作，已经成为共建绿色“一带一路”的重要支撑。

第一，要积极发挥政府在规划引领、政策支持、统筹协调等方面的引导作用，完善落实促进绿色信贷、绿色保险、绿色债券和绿色基金等金融产品创新发展的优惠政策和措施，促进“制造 + 绿色”融合发展，形成银行、保险、基金和债券协同绿色发展的格局。提高绿色金融建设能力，鼓励和引导绿色投资，稳步推进绿色证券市场双向开放。以高标准、可持续、惠民生为目标，完善共建国家绿色投资标准，引导和激励以商业化和市场化的方式，积极支持“一带一路”区域绿色投资和项目开发，为绿色“一带一路”建设提供充分的信贷支持。

第二，培育以绿色信贷为主，绿色债券、绿色基金、绿色担保和碳金融共同发展的绿色金融服务体系，按照可持续发展原则统筹基础设施互联互通和资金融通，稳步推进“一带一路”绿色金融管理和应用能力，持续推动绿色金融产品和业务模式创新，运用科技赋能提升服务的精准化、智能化。加强“高耗能、高排放”行业信贷管控，促进境外煤电等项目绿色低碳发展，避免运动式减碳。与共建国家机构投资者合作设立产业引导基金，以股权投资和银行信贷联动融资模式，积极支持绿色低碳技术研发、重点行业绿色转型、低碳零碳工业园区和清洁能源等绿色领域建设。

第三，金融机构作为绿色金融的重要主体，应结合共建国家碳中和目标动态调整规划布局，积极研判“一带一路”绿色投资中潜在的气候风险和转型风险，加强环境风险管理并做好环境信息披露工作，探索将 ESG 因素纳入“一带一路”共建国家项目风险管理框架，构建区域性金融风险预警系统。通过完善风险应对和危机处置制度安排，建立常态化协调机制和统一的投资规则，鼓励共建国家信用管理部门、信用服务机构和评级机构合作，建立强大的社会信用体系等措施，实现金融监管的资源共享与有效开展。

（三）加强绿色金融的国际合作

2022 年国家发展改革委等部门发布的《关于推进共建“一带一路”绿色发展的意见》，提出要“加强绿色金融合作”。“在联合国、二十国集团等多边合作框架下，推广与绿色投融资相关的自愿准则和最佳经验，促进绿色金融领域的能力建设。”

第一，完善绿色金融合作交流机制和平台，推动绿色金融和绿色产业发展，宣传绿色发展理念。通过绿色金融合作和交流平台，中国可以将国内绿色金融体系和最佳实践推广到共建国家，进一步凝聚和加强区域绿色发展共识。结合国内绿色金融体系构建实践，与国际金融机构和共建国家的金融机构协同制定绿色金融发展的配套制度、规范标准和鼓励政策，在共建国家宣传绿色信贷和绿色投融资理念；同时，以中国规则引导区域规则形成，进而带动国际规则制定，以提升中国参与国际绿色金融事务治理的话语权。

第二，借助各类国际平台拓宽合作渠道，加强绿色金融的国际合作。目前，中国和欧盟是许多绿色金融国际平台的共同发起人和参与者，双方可继续借助上述平台就转型金融标准、碳金融产品创新等新议题加强对话交流。中国与发达国家可基于《巴黎协定》气候目标和联合国可持续发展目标，支持多边开发银行和政策性金融机构加强气候投融资合作，引导并撬动更多社会资金投向绿色低碳领域。此外，还可鼓励商业金融机构继续借助“一带一路”倡议下的绿色金融平台加强业务往来，通过联合投融资等形式在新兴市场和发展中经济体开展第三方市场合作，在推广绿色金融规则标准的同时提升第三方市场的可持续投融资能力，共同引领国际绿色金融市场发展。

四、突出合作成果，发挥高质量绿色示范效应

聚焦共建国家生态系统管理和保护、绿色能源、绿色生产和绿色生活项目的落地实施，推进绿色援外机制建设，打造绿色援外评估体系，推动绿色援外人才培养体系建设，传播绿色发展理念，切实提升共建国家人民的幸福感。

（一）推进绿色援外机制建设，打造绿色援外评估体系

对外绿色援助是一项跨领域、跨部门的工作，涵盖商务、经济、科技和教育等多个方面，要着力推进绿色援外的机制建设，建立对外绿色援助评估机制，推动绿色援外可持续健康发展。

第一，充分发挥国家国际发展合作署在对外援助的战略谋划和统筹协调、援外工作统一管理等方面的重要作用，与生态环境部、商务部和外交部等相关部委加强协调，理顺工作机制、调动更多资源，确保气候变化南南合

作项目高效实施。充分发挥气候变化南南合作基金的引领作用，以公共财政资金撬动更多社会资本，完善气候变化南南合作基金方案，把气候变化南南合作基金建成高效、透明、多元化的国际交流与合作平台，探索多元化的应对气候变化南南合作方式和全流程的系统援助，提高气候变化南南合作效果，推动气候变化南南合作可持续发展。

第二，从共建绿色“一带一路”高质量发展的维度来看，中国应提高参与国际事务和全球绿色治理的意识，逐步提供更多的绿色发展国际公共产品。从绿色产品类别上看，中国在向共建“一带一路”发展中国家提供物资捐赠、成套项目和两优贷款等多种形式援助的同时，应加大绿色理念、教育培训和项目经验等理念和制度方面的供给，提供更多规则和制度安排。从操作角度看，中国作为全球最大的发展中国家，可以设立绿色“一带一路”高质量建设特使，也可以先向中亚、中东等区域设计和提供绿色发展公共产品，积累丰富的经验，再向更多的共建国家和地区提供丰富的绿色发展国际公共产品。

第三，援外评估作为衡量援助综合效益的标尺，在推进落实全球发展倡议等方面发挥着日益重要的作用。推动建立绿色发展援外监督评估跨部门协调机制，调动各相关主体力量参与，以“评估促发展合作”，将共商、共评、共改作为行动指南，完善促进绿色发展的对外援助项目评价体系。加快国际化评估人才队伍的培育培养，鼓励和推动更多国内外智库、机构、各领域专家参与，为援外评估打造坚实的智力支撑。积极促进交流和互鉴，加强与国际发展合作评估领域的南北对话、南南合作，共同促进绿色发展合作事业更好更快发展，推动实现可持续发展目标。

（二）传播绿色发展理念，推动绿色发展人才培养体系建设

通过国际合作交流、媒体传播等多种渠道和方式，宣传绿色发展理念和中国绿色发展经验，促进与共建国家的绿色发展民心相通；以“绿色丝路使者计划”和“中非绿色使者计划”为支撑，整合高校和研究机构及社会培训机构的师资力量，推动绿色发展人才培养体系建设。

第一，发展中国—阿拉伯国家广播电视合作论坛、中非媒体合作论坛、中国—柬埔寨广播电视定期合作会议、中国—东盟媒体合作论坛、澜湄视听周等双多边国际合作交流，依托“一带一路”绿色发展国际联盟和“一带一路”新闻合作联盟这两大国际媒体平台，通过国际合作交流和媒体传播宣传绿色发展理念和中国绿色发展经验，开展绿色实践的互学互鉴，分享绿色发展实践案例和合作成果，讲好共建绿色“一带一路”高质量发展故事。

第二，积极推进绿色发展国际合作过程中的南南合作，强化与发展中国家的沟通联系，支持环保社会组织与“一带一路”共建国家相关机构建立伙伴关系，共同开展形式多样的生态环境公益活动，营造绿色“一带一路”建设的良好氛围，促进民心相通。以“绿色丝路使者计划”和“中非绿色使者计划”为支撑，充分发挥中国气候变化南南合作基金等对外援助基金的作用，以生态环境部对外合作与交流中心和中非环境合作中心为支撑，与“一带一路”共建国家开展务实合作，以能力建设合作为基础，积极开展绿色专题论坛、绿色技术合作和人才培养，实施绿色政策联合研究项目和产业合作示范项目，打造一批具备国际化视野、精通绿色发展业务和知识的绿色使者。

第三，整合高校与研究机构及社会培训机构的师资力量、教学设施等优质资源，建立绿色发展领域援外专家师资库，打造绿色发展领域的“鲁班工坊”。2016 年 3 月，由天津渤海职业技术学院与泰国大城技术学院共同建设的全球首家鲁班工坊正式揭牌，标志着中国职业教育走出国门，与其他国家分享优质职业教育资源，截至 2023 年 10 月，中国已先后在“一带一路”共建国家建成 27 所“鲁班工坊”。在哈萨克斯坦，鲁班工坊由天津职业大学与东哈萨克斯坦技术大学共同承建，开设“智能网联汽车实训区”，将为哈萨克斯坦绿色交通运输业提供重要的人才助力。要建设一批有代表性的绿色“一带一路”实践基地，积极推动中国绿色发展制度、绿色能源、绿色基建等相关技术和规范与共建国家绿色发展实践结合，形成特色鲜明的绿色发展援外培训模式。

第四，充分发挥政府部门、大型央企的力量建立绿色发展人才项目，利用国内智库和高校的优势，建设“一带一路”低碳专家网络体系。要充分发挥“一带一路”高校战略联盟、“一带一路”国际科学组织联盟等的示范带动作用，深化人才培养和科学研究国际交流合作，打造立体化、复合型专业人才培养课程体系，选拔和资助“一带一路”共建国家优秀技术人才到高校或科研院所深造，与共建国家构建形式多样的绿色发展领域人才教育模式，为促进共建国家绿色高质量发展提供人才支撑和智力支持。

五、充分发挥地方政府和企业的作用

共建绿色“一带一路”高质量发展的实施，不仅需要首脑外交和政府外交的积极推动，还需要进一步充分发挥地方政府和企业的作用，拓宽绿色发展合作领域，提升绿色发展合作空间。

（一）充分发挥地方政府在共建绿色“一带一路”高质量发展中的作用

“一带一路”核心区域涉及中国新疆、陕西、广西、福建、吉林等 16 个省（自治区、直辖市），其中 15 个沿海城市和 9 个边省（自治区）与一个或多个国家在地理上接壤，地理上的独特性和丰富性赋予中国地方政府参与共建绿色“一带一路”高质量发展的良好条件。地方政府需要从加强坚持中央主导地位，强化地方协同配合，加强合作规划，构建合作协调机制，以及扩大合作规模、拓展合作渠道等方面入手，以推动共建绿色“一带一路”高质量发展。

1. 坚持中央主导地位，强化地方协同配合

在参与高质量共建绿色“一带一路”过程中，既要有阶段性工作目标，又要有长远发展规划，使愿景与现实结合、规划与能力匹配，统筹协调推进，推动绿色“一带一路”高质量建设走深走实，为构建人类命运共同体作出更大贡献。

首先，在高质量共建绿色“一带一路”过程中，在充分发挥中央政府主导地位的同时，应该加强与地方政府的协调，使双方能够协调配合，并兼顾

地方政府的利益，使中央和地方同时融入这个多层互动、多行为主体参与的生态文明共同体建设进程之中。例如，云南省成立由省委、省政府主要领导担任组长的云南省推进“一带一路”建设、建设面向南亚东南亚辐射中心、中老铁路三年行动、推进沿边产业园区建设等系列工作领导小组，高位统筹“一带一路”建设各项工作。北京、江苏、安徽和陕西等多个省市，成立推进“一带一路”建设工作领导小组，深入学习和贯彻习近平总书记关于共建“一带一路”的重要论述和重要指示精神，切实增强推进共建绿色“一带一路”高质量发展的使命感和责任感，更加主动地服务和参与共建绿色“一带一路”高质量发展，把握发展机遇，创造扎实成果。

其次，在地方政府参与高质量共建绿色“一带一路”过程中，与中央政府协调配合、共同推进绿色发展合作伙伴关系构建的进程。各地方政府发展水平不同，共建各国合作重点、合作需求、合作路径、合作模式与基础条件也存在差异。因此，地方政府应依据自身实际情况及合作方的资源禀赋，积极制定差异化、个性化策略。在地方政府参与绿色发展合作伙伴关系建设过程中，要构建权责分明、结构合理的对外合作体制。中央和地方之间的分权和协调，实际上也就是为了构建一种既有分工又有合作、既维护中央权威又充分发挥地方政府积极性的对外合作体制，这样才能够使中国在一个多层互动和多行为体参与的国际绿色发展体系中审时度势，维护和实现国家利益。

2. 加强绿色发展规划，构建合作协调机制

在高质量共建绿色“一带一路”过程中，陕西省于 2018 年发布《陕西省推进绿色“一带一路”建设实施意见》，制定落实“一带一路”生态环保合作的支持政策，加大对生态环保支撑力度；促进绿色金融和绿色采购，使投资向环境友好型产业流动；建设环保产业合作示范基地、环境技术交流与转移基地、技术示范推广基地和科技园区等国际环境产业合作交流平台；进一步完善生态环保合作平台建设，提高人员交流水平等。2021 年北京市制定《推进“一带一路”高质量发展行动计划（2021—2025 年）》，提出要适时筹办“北京绿色发展国际合作高峰论坛”，深化与共建国家在节能环保、清洁

能源、新能源和可再生能源等领域的合作；加强绿色金融国际合作，支持金融机构通过市场化方式建立“一带一路”绿色基金，推动绿色低碳技术创新、成果转化和产业升级。①

第一，地方政府应立足于自身经济社会发展的战略需要，制定明确的国际合作规划，加强对绿色发展国际合作的调控和引导。广西可充分利用与东盟国家的毗邻优势，宁夏应深耕阿拉伯国家，新疆应在亚欧博览会的基础上做实同中亚五国的合作，云南应在孟中印缅经济走廊上发力，共同推动绿色“一带一路”高质量发展。

第二，绿色发展国际合作战略在政策及合作主体等方面，应根据国际绿色发展的趋势以及地方政府绿色发展的需要确立合作重点和优化顺序。高质量共建绿色“一带一路”的主体来自方方面面，既包括政府及各相关主管部门，也包括企业，要形成整体合力，必须建立绿色发展国际合作战略目标和政策的协调机制，加强机制创新，深入研究绿色发展国际合作协调机制措施，积极探索绿色发展国际合作的长效机制。要充分利用全球科技资源，实现跨越式发展，为地方政府的经济社会发展和总体外交服务，促进跨部门、跨地区的对外绿色科技合作统筹协调。

第三，扩大合作规模，拓展合作渠道。地方政府在推进高质量共建绿色“一带一路”过程中的战略定位，要立足于融入绿色“一带一路”高质量建设，要本着“平等互利、成果共享、保护知识产权、遵从国际惯例”的原则，不断拓宽绿色发展合作领域，逐渐扩大绿色发展合作规模，持续增加绿色发展合作渠道。要积极推进绿色贸易畅通。鼓励地方企业以直接投资、收购并购、政府与社会资本合作等多种方式，深化绿色投资合作。鼓励地方金融机构积极参与绿色发展合作项目，形成良好的“产业＋金融”合作模式。要以境内外绿色产业园区为载体，深入推进产业链补链、固链、强链，打造国际绿色产能合作示范区，不断推动形成高水平制度型开放新优势。

第四，地方在参与绿色“一带一路”高质量建设过程中，要秉持尊重自

① 北京市推进“一带一路”高质量发展行动计划（2021—2025年）[EB/OL].（2021-12-07）[2024-04-20]. https://www.ncsti.gov.cn/zcfg/zcwj/202112/t20211220_53642.html.

然、顺应自然、保护自然的理念，积极与“一带一路”共建国家分享生态环境治理经验、方法和途径，在降低能源消耗、治理空气污染、提高资源利用率、治理水环境以及产业及城市转型等方面，以实际行动落实绿色发展理念。在具体项目安排、工程建设等领域，强化基础设施绿色低碳化建设和运营管理，大力推广运用新技术、新材料和新工艺，积极构建绿色供应链、产业链和价值链，有效提升共建各国对绿色环保的支持度、参与度，携手打造“绿色丝绸之路”，彰显中国在全球生态文明建设中所发挥的重要参与者、贡献者、引领者作用。

（二）充分发挥企业在共建绿色“一带一路”高质量发展中的作用

企业是绿色合作机制层面和政府层面合作协议的实施者，也是共建绿色“一带一路”高质量发展下公共外交的实施主体。需要加强政府部门宏观指导，提升企业公共外交能力。企业在参加绿色“一带一路”建设过程中，要牢固树立绿色生产理念，加强廉洁合规建设，打造国际化人才队伍。

1. 加强政府部门宏观指导，提升企业公共外交能力

从加快实施绿色“一带一路”高质量发展的维度，加强相关部委、地方政府的统筹协调，把企业公共外交视为总体外交战略的重要支持。一方面，要出台相关政策文件，完善跨部门合作协调机制，鼓励企业将公共外交纳入企业经营战略，引导和鼓励企业将公共外交能力建设纳入企业整体能力建设和经营生产活动，努力融入当地社会文化，建立利益共同体。另一方面，国有企业的主管部门，应加强绿色对外投资领域的合作政策、服务支持体系和风险管理体系建设，努力为企业开展跨国经营和公共外交创造有利环境。政府主管部门还应制定和实施企业文化与社会责任建设总体规划，在绿色投资项目审批和企业绩效考核中纳入遵守当地法律法规、履行劳动者环保责任的内容，积极参与环境保护、就业和弱势群体相关的公益活动。

中国企业在“一带一路”共建国家要做到依法运营，主动履行社会责任，妥善处理与东道国政府、社会团体和人民的关系，开展有利于改善当地民生

的合作项目，树立良好的企业形象。此外，中国企业应利用各种机会策划和组织开展企业公关活动，有针对性地传播企业文化和经营理念，扩大企业在当地的影响力。例如，中国电建建设的越南芹苴项目以“打造湄公河三角洲绿色标杆项目”为建设目标，不仅成为越南固体废弃物处理业务领域的标杆，更是在越南生活垃圾焚烧发电建设标准、技术工艺和商务模式等方面起到了示范引领作用。

为了提高企业在“一带一路”共建国家开展公共外交的能力，企业首先要加深对新时代国际环境的认知能力，特别是大型企业要有自己的研究团队，对目标国家的文化状况进行充分深入的研究，尊重当地的宗教和风俗习惯，妥善处理与当地群众的关系，善于依靠当地人解决当地问题。其次要提升企业品牌力，加强自身品牌的宣介能力和力度，提升透明度，通过邀请当地媒体来采访并提供新闻素材，突出投资对东道国促进增长、创造就业和增加税收等方面的积极作用，把参与造福当地社会的慈善、公益事例宣传出去，积极融入当地社会，引导当地政府和民众正面、客观地看待中国企业。最后要加强对外合作能力，积极与外国合作伙伴、公关公司、友好团体和智库开展合作，善用当地力量发声，提升危机公关能力。中国电建作为较早“走出去”和国际化程度较高的中央企业之一，在“一带一路”区域承建水电项目112个，总签约合同金额超过160亿美元。中国电建在39个国家和地区成立了64支志愿服务队，累计志愿服务时间超过5.5万小时，全球超过100多万人次因此受益。[①]这些举动不仅提升了企业自身的形象，还获得了当地政府和民众的充分认可。

2. 树立绿色生产理念，加强廉洁合规建设

在绿色“一带一路”高质量建设中，要逐步推进企业生产的绿色化，树立牢固的绿色生产理念就成为企业实施绿色转型发展的重要一环。随着绿色消费需求的不断增长，企业要想继续在逐步绿色化的市场环境中占据更大市

① 中国电建：助力“一带一路”高质量发展［EB/OL］.（2023－11－20）［2024－06－26］. https://www.capco.org.cn/gjhz/ydyl/202311/20231110/j_2023111014334700016995981482564432.html.

场份额，就必须树立绿色生产理念，推动实施廉洁合规准则，提高对于生态环境的社会责任意识。

第一，将绿色发展理念融入企业生产经营活动。在企业长期发展战略中要提升绿色能源使用、节能减排和清洁生产等内容的重要地位，将绿色生产融入企业长期发展规划中，使企业生产始终在绿色发展框架下，实现生态效益与经济效益的共赢。要将企业在生产经营过程中原有的单纯追求企业利润最大化的单一目标，向追求经济、社会和生态效益三者共赢的多重目标转变。将资源节约、生态环保、清洁生产理念贯穿生产决策、产品设计、材料采购、生产制造以及产品销售的各个环节，强调将产品生产、使用及报废再利用全过程对环境的影响都在产品的设计环节加以控制，强化产品生态功能，不断提升产品绿色品质，减少产品在全生命周期内对环境的负面影响，实现产品功能重组或再造，以迎合沿线地区日益增长的绿色消费需求。

第二，加强企业廉洁合规建设。要充分发挥大型央企廉洁合规建设示范作用，加强对“一带一路”绿色发展项目的监督管理，规范公共资源交易，在绿色项目招投标、施工建设和运营管理等过程中严格遵守相关法律法规；加强企业自律意识、法律意识和责任意识，健全企业合规管理体系和风险防控体系。在绿色“一带一路”高质量建设中，中国葛洲坝集团国际工程有限公司（简称“葛洲坝国际”）建立合规管理委员会，全面统筹公司的合规管理工作；在体系架构层面，不断完善董事长负责，总法律顾问牵头，合规综合管理部门、合规专项管理部门及合规参与管理部门各负其责的“三位一体”组织架构，从治理结构上有效解决了合规管理分工问题，保障合规管理机制有效运行。葛洲坝国际把合规管理深度融合到经营管理的所有业务和各个环节中。为保障合规管理工作系统、有序地开展，先后制定《合规管理委员会议事规则》《合规管理体系建设方案》，实现了合规管理的制度化、程序化和规范化，为中国企业树立了良好的标杆效应。

3. 打造绿色企业文化，加强国际化人才队伍建设

企业文化作为企业存续与发展的精神内核左右着企业未来的发展方向，而绿色生产理念对于沿线企业形成绿色生产企业文化至关重要。要将绿色发

展融入企业文化中，在“一带一路”沿线绿色消费需求日益旺盛的情况下，企业需要将绿色生产理念作为企业文化的一部分融入企业的方方面面。一方面，管理者要认清绿色生产理念对企业和社会发展的重要性；另一方面，企业员工也要认清绿色生产对保护自身生态权益的重要性。据此，在共建国家的中国企业可以结合当地社会与文化特点，将绿色生产行为以规章制度、行为习惯、工作理念等形式融入企业文化当中，加强企业经营参与者的环境责任意识。

绿色“一带一路”高质量建设是一项世纪工程，企业要想聚焦“一带一路”共建国家，不断扩大国际合作，就需要培养一大批具有国际化视野、专业素质、创新能力的复合型人才，进而在国际竞争中具有优势。要整合现有培训机构，充分利用高校院所和社会培训机构的师资力量、教学设施等优势资源，充分开展国际规范和国别培训，让企业了解当前国际通行的跨国绿色贸易规则和理念。针对企业实际需要，以“一带一路”地区国别政治、经济、法律、社会情况为基础，指导企业管理者了解和融入当地环境，逐步提升企业的本地化能力和跨国管理能力。要积极探索人才培养方式，选拔优秀技术人才到高校或科研院所深造，对科技人员进行继续教育，为企业员工提供语言、跨文化沟通、新闻采访、公共关系能力以及海外人身安全保护和生存能力等技能培训，构建形式多样的人才教育模式，形成“产学研用”紧密结合的人才培养机制。

参考文献

［1］ 鲍健强，苗阳，陈锋. 低碳经济：人类经济发展方式的新变革［J］. 中国工业经济，2008（2）：153－160.

［2］ 陈林，等. 双循环背景下国内外贸易发展与环境污染：理论机制与经验证据［J］. 环境经济研究，2021（2）：120－140.

［3］ 陈云. 全球气候变化背景下“双碳”战略与经济发展对立论的批判及其重构［J］. 当代经济管理，2023，45（2）：17－24.

［4］ 程宝栋，李慧娟. 增加值贸易视角下“一带一路”出口隐含碳排放核算［J］. 求索，2020（3）：165－172.

［5］ 程中海，等. 中国与“一带一路”沿线国家制造业产业内贸易网络时空特征及影响因素研究［J］. 世界地理研究，2022（3）：478－489.

［6］ 党玉婷，万能. 我国对外贸易的环境效应分析［J］. 山西财经大学学报，2007（3）：21－26.

［7］ 杜兰.“印太经济框架”的动向及其对华影响［J］. 当代美国评论，2022（3）：87－105.

［8］ 冯娅，等. 中国出口贸易隐含碳测算及其异质性分析—来自“一带一路”沿线国家的证据［J］. 统计与决策，2022（24）：111－116.

［9］ 顾学明，刘一鸣. 制度集成创新视角下的共建“一带一路”高质量发展［J］. 国际贸易，2023（6）：69－80.

［10］ 郭朝先，徐枫. 新基建推进“一带一路”建设高质量发展研究［J］. 西安交通大学学报（社会科学版），2020，40（5）：1－10.

［11］ 郭道玥.“一带一路”倡议下绿色金融的可持续发展［J］. 时代金融，2020（23）：14－15.

[12] 郭树勇，舒伟超. 论习近平外交思想理论内涵的丰富发展［J］. 世界经济与政治，2022（11）：4－28，160－161.

[13] 郭卫军，黄繁华. 经济自由度的增加能否提高经济增长质量——基于G20国家面板数据的实证研究［J］. 国际贸易问题，2019（12）：1－17.

[14] 郭印，王敏洁. 国际低碳经济发展经验及对中国的启示［J］. 改革与战略，2009，25（10）：176－179.

[15] 何伊楠，王卓宇. 全球环境治理视阈下中国的制度性话语权构建［J］. 区域国别学刊，2023（4）：92－112，158，159.

[16] 胡必亮. 推动共建“一带一路”高质量发展——习近平关于高质量共建“一带一路”的系统论述［J］. 学习与探索，2020（10）：102－119，2，192.

[17] 霍宇辉，杨涛，李铭泽.“以路稳链”在共建“一带一路”中提升产业链供应链水平［J］. 宏观经济管理，2023（8）：78－84.

[18] 金乐琴，刘瑞. 低碳经济与中国经济发展模式转型［J］. 经济问题探索，2009（1）：84-87.

[19] 景国文. 网络基础设施建设与经济低碳发展—基于“宽带中国”战略的准自然实验［J］. 工业技术经济，2023（3）：3－12.

[20] 鞠传国. 习近平生态文明思想与绿色“一带一路”建设［J］. 学习论坛，2022（4）：99－105.

[21] 孔祥荣，石庆芳.“一带一路”绿色转型：合作机制、挑战与路径［J］. 城市与环境研究，2022（1）：97－107.

[22] 蓝庆新，唐琬. 绿色金融赋能“一带一路”高质量发展［J］. 油气与新能源，2022，34（1）：48－55.

[23] 李程，白唯，王野，李玉善. 绿色信贷政策如何被商业银行有效执行？——基于演化博弈论和 DID 模型的研究［J］. 南方金融，2016（1）：47－54.

[24] 李健，周慧. 中国碳排放强度与产业结构的关联分析［J］. 中国人口·资源与环境，2012（1）：7－14.

［25］ 李善民. 奖惩机制下绿色信贷的演化博弈分析［J］. 金融监管研究，2019（5）：83－98.

［26］ 李巍. 拜登政府的经济外交战略及其前景［J］. 当代世界，2022（12）：43－47.

［27］ 李巍，吴娜. 东亚金融地区主义的制度升级——从“10＋3”对话到AMRO［J］. 世界政治研究，2019（2）：79－124.

［28］ 李向阳.“一带一路”的高质量发展与机制化建设［J］. 世界经济与政治，2020（5）：51－70.

［29］ 李雨航. 基于PVAR模型的我国能源消费、经济增长与碳排放关系研究［J］. 煤炭经济研究，2022，42（1）：22－29.

［30］ 林基，杨来科. 外商直接投资、出口贸易与二氧化碳排放——基于东亚发展中经济体与发达经济体的比较研究［J］. 国际贸易问题，2013（10）：129－137.

［31］ 林美顺. 清洁能源消费、环境治理与中国经济可持续增长［J］. 数量经济技术经济研究，2017，34（12）：3－21.

［32］ 刘悦，李沛霖. 共享碳中和技术 助力“一带一路”绿色发展［J］. 宏观经济管理，2023（6）：42－50.

［33］ 卢伟，等. 推进“一带一路”建设高质量发展的总体构想研究［J］. 中国软科学，2021（3）：9－17.

［34］ 鲁万波，仇婷婷，杜磊. 中国不同经济增长阶段碳排放影响因素研究［J］. 经济研究，2013，8（4）：106－118.

［35］ 伦晓波，刘颜. 沿着数字“一带一路”实现高质量发展［J］. 上海财经大学学报，2023，25（1）：64－78.

［36］ 吕越，马明会，李杨. 共建“一带一路”取得的重大成就与经验［J］. 管理世界，2022，38（10）：44－55，95.

［37］ 马光明，等. 中国贸易方式转型的环境效应研究［J］. 国际贸易问题，2019（4）：143－156.

［38］ 马丽梅，史丹，裴庆冰. 中国能源低碳转型（2015—2050）：可再生能

源发展与可行路径［J］. 中国人口·资源与环境，2018，28（2）：8-18.
［39］孟凡鑫，等. 中国及“一带一路”沿线典型国家贸易隐含碳转移研究［J］. 中国人口·资源与环境，2019（4）：18-26.
［40］莫凌水，翟永平，张俊杰.“一带一路”绿色投资标尺和绿色成本效益核算［J］. 中国人民大学学报，2019，33（4）：23-35.
［41］潘峰，刘月，王琳. 四方主体参与下的环境规制演化博弈分析［J］. 运筹与管理，2022，31（3）：63-71.
［42］潘雨晨，等.“一带一路”区域分工、数字化水平与中国产业链韧性［J］. 经济问题探索，2024（2）：65-81.
［43］彭水军，余丽丽. 全球生产网络中国际贸易的碳排放区域转移效应研究［J］. 经济科学，2016（5）：58-70.
［44］齐绍洲，李杨. 能源转型下可再生能源消费对经济增长的门槛效应［J］. 中国人口·资源与环境，2018，28（2）：19-27.
［45］邵朝对，苏丹妮. 产业集聚与企业出口国内附加值：GVC 升级的本地化路径［J］. 管理世界，2019（8）：9-29.
［46］史亚东. 公众环境关心对我国社会责任投资指数的影响［J］. 中国地质大学学报（社会科学版），2018，18（3）：34-45.
［47］史忠良. 产业经济学［M］. 北京：经济管理出版社，2005.
［48］陶坚. 全球经济治理与中国对外经济关系［M］. 北京：知识产权出版社，2016.
［49］陶金国，刘海艳. 战略性新兴产业集聚、空间溢出效应与区域经济增长质量［J］. 统计与信息论坛，2020（5）：26-34.
［50］田仲他. 中国“一带一路”投资的环境效应与绿色发展研究［M］. 北京：中国财政经济出版社，2023.
［51］田启波. 习近平生态文明思想的世界意义［J］. 北京大学学报（哲学社会科学版），2021（3）：15-23.
［52］王丽娜. 多利益相关方、权力博弈与中国——东南亚基础设施合作的

有效性［J］. 当代亚太，2023（1）：125－156.
［53］王敏杰，刘利民. 国际垂直分工对 CO2 排放的影响：基于 45 国（地区）空间 Durbin 模型的经验研究［J］. 世界经济研究，2018（8）：88－98，136，137.
［54］王茹，龚玉霞，张新，塞尔沃. 政府、银行、企业三者之间绿色信贷演化博弈分析［J］. 科技与管理，2017，19（5）：108－113.
［55］王帅. 中国能源使用绿色化、碳排放与经济增长的关系研究［J］. 软科学，2020，34（10）：7－11.
［56］王遥，范高雁，夏晗玮. 绿色金融支持“一带一路”建设与发展的路径研究［J］. 环境保护，2017，45（12）：56－59.
［57］王小艳. 绿色金融赋能高质量共建“一带一路”：理论逻辑与实践路径［J］. 改革与战略，2020，36（4）：57－64.
［58］王颖，等. 贸易大通道下 GVC 嵌入能带给“一带一路”环境红利吗——基于隐含碳视角［J］. 南开经济研究，2022（7）：100－123.
［59］王玉燕，等. 全球价值链嵌入的节能减排双重效应——来自中国工业面板数据的经验研究［J］. 中国软科学，2015（8）：148－162.
［60］王文，杨凡欣.“一带一路”与中国对外投资的绿色化进程［J］. 中国人民大学学报，2019，33（4）：10－220.
［61］徐斌，陈宇芳，沈小波. 清洁能源发展、二氧化碳减排与区域经济增长［J］. 经济研究，2019，54（7）：188－202.
［62］徐铖. 基于小波分析的我国外资直接投资、可再生能源消费、经济增长、二氧化碳排放的动态关系研究［J］. 西华大学学报（哲学社会科学版），2021，40（5）：74－90.
［63］许勤华，王际杰. 推进绿色“一带一路”建设的现实需求与实现路径［J］. 教学与研究，2020（5）：43－50.
［64］徐妍，宋怡瑾，沈悦. 地缘政治风险对世界各国低碳转型的影响［J］. 资源科学，2023（7）：1297－1309.
［65］杨达. 绿色“一带一路”治理体系探索与深化方位透视［J］. 政治经

济学评论，2021，12（5）：165－187.
［66］杨冕，卢昕，段宏波. 中国高耗能行业碳排放因素分解与达峰路径研究［J］. 系统工程理论与实践，2018（10）：2501－2511.
［67］闫世刚. 低碳经济视角下的中国新能源国际合作［J］. 外交评论，2012（5）：82－94.
［68］闫世刚，韩银安. 加快推进共建绿色“一带一路”高质量发展［J］. 宏观经济管理，2024（11）：52－59.
［69］闫世刚，刘曙光. 新能源安全观下的能源外交［J］. 国际问题研究，2014（2）：109－117.
［70］杨雷. 能源的未来：数字化与金融重塑［M］. 北京：石油工业出版社，2020.
［71］杨文静，孙立鹏，李铮. 拜登百日新政评析［J］. 现代国际关系，2021（5）：1－8，50.
［72］姚秋蕙，等.“一带一路”沿线地区隐含碳流动研究［J］. 地理学报，2018（11）：2210－2222.
［73］姚峪岩，等.“一带一路”绿色贸易合作与竞争格局研究［J］. 世界地理研究，2021（4）：792－801.
［74］于宏源. 中国生态文明领导力建设-基于全球环境治理体系视阈的分析［J］. 国际展望，2023（1）：24－41.
［75］于宏源，汪万发. 绿色“一带一路”建设：进展、挑战与深化路径［J］. 国际问题研究，2021（2）：114－129.
［76］喻开志，等. 中国与东盟区域间贸易对中国碳排放影响研究—基于全球价值链框架［J］. 南开经济研究，2023（12）：122－143.
［77］余晓钟，杨铎.“一带一路”能源绿色创新合作的驱动力研究［J］. 科学管理研究，2022，40（6）：157－163.
［78］苑希孟，寒祁欣. 共建“一带一路”十周年：成就、经验与展望［J］. 国际贸易，2023（4）：69－80.
［79］翟东升，蔡达. 绿色“一带一路”建设：进展、挑战与展望［J］. 宏

观经济管理，2022（8）：7－15.

［80］张坤民，等. 低碳发展论［M］. 北京：中国环境科学出版社，2008.

［81］张劭辉. 政策性金融助力经济绿色低碳转型［J］. 中国金融，2024（7）：38－40.

［82］张宇燕，等. 全球经济治理：结构变化与我国应对战略研究［M］. 北京：中国社会科学出版社，2017.

［83］赵亚娜. 绿色“一带一路”倡议的实践路径与世界意义——基于全球环境治理的视角［J］. 国际展望，2023（1）：136－158.

［84］赵永超. 绿色“一带一路”：内在机理、发展效率与驱动因素［M］. 北京：中国发展出版社，2022.

［85］赵振宇，汪宝，张艳. 绿色信贷借贷关系研究：基于互惠性视角［J］. 企业经济，2019，38（2）：35－42.

［86］郑洁. 贸易结构与环境污染——新结构经济学的视角［J］. 上海经济研究，2024（3）：42－58.

［87］郑雪平，林跃勤.“一带一路”建设进展、挑战与推进高质量发展对策［J］. 东北亚论坛，2020，29（6）：94－106，125.

［88］中国人民银行国际司课题组. 以绿色金融合作支持“一带一路”建设［J］. 中国金融，2021（22）：20－22.

［89］朱欢，郑洁，赵秋运，等. 经济增长、能源结构转型与二氧化碳排放——基于面板数据的经验分析［J］. 经济与管理研究，2020，41（11）：19－34.

［90］Acemoglu D，Akcigit U，Hanley D，Kerr W R. Transition to clean technology［J］. Journal of Political Economy，2016，124（1）：52－104.

［91］Amendolagine V，Lema R，Rabellotti R. Green foreign direct investments and the deepening of capabilities for sustainable innovation in multinationals：insights from renewable energy［J］. Journal of Cleaner Production，2021（310）：127381.

［92］Bhat J A. Renewable and non-renewable energy consumption-impact on economic growth and CO_2 emissions in five emerging market economies [J]. Environmental science and pollution research，2018，25（35）：35515－35530.

[93] Castellani D，Marin G，Montresor S，Zanfei A. Greenfield foreign direct investments and regionalenvironmental technologies [J]. Research Policy，2022，51（1）：104405.

[94] Chen J，Lian X，Su H，Zhang Z，Chang B. Analysis of China's carbon emission driving factors based on the perspective of eight major economic regions [J]. Environmental Science and Pollution Research，2021（28）：8181－8204.

[95] Cheng B，Zhang X，Qiu B，Zuo J. Does the "Belt and Road" initiative impact a firm's green investments[J]. Applied Economics，2023，55(2)：155－169.

[96] Chin M Y，Ong S L，Ooi D B，Puah C H. The impact of green finance on environmental degradation in BRI region[J]. Environment，Development and Sustainability，2022（26）：303－318.

[97] Coenen J，Bager S，Meyfroidt P，Newig J，Challies E. Environmental governance of China's Belt and Road Initiative [J]. Environmental policy and Governance，2023（31）：3－14.

[98] Costanza B. Ecological economics：a research agenda [J]. Structural Change and Economic Dynamics，1991，2（2）：335－357.

[99] Daly H B，Townsend K N. Valuing the Earth：economics，ecology，ethics [J]. Cambridge，MA：The MIT Press，1993.

[100] Demena B A，Afesorgbor S K. The effect of FDI on environmental emissions：evidence from a meta-analysis [J]. Energy Policy，2020（138）：111192.

[101] Diana U V，Adan S. Analyzing CO_2 emissions mitigation by technology

improvement in Central and Eastern Europe [J]. Geo Journal, 2002, 57 (3): 211-226.

[102] Fan Q, Liu J, Zhang T, Liu H. An evaluation of the efficiency of China's green investment in the "Belt and Road" countries[J]. Structural Change and Economic Dynamics. 2022, 60 (C): 496-511.

[103] Horváthová B, Dobbins M, Labanino R P. Towards energy policy corporatism in Central and Eastern Europe [J]. Interest Groups & Advocacy, 2021 (10): 347-375.

[104] Huang J, Li X, Wang Y, Lei H. The effect of energy patents on China's carbon emissions: evidence from the STIRPAT model[J]. Technological Forecasting & Social Change, 2021 (173): 121110.

[105] Larsen M L. Driving global convergence in green financial policies: China as policy pioneer and the EU as standard setter [J]. Global Policy, 2022 (13): 358-370.

[106] Li Z, Li Y M, Malik M Y, Murshed M, Zeeshan K M U. Determinants of carbon emission in China: How good is green investment? [J]. Sustainable Production and Consumption, 2021 (27): 392-401.

[107] Lin M, Zeng H, Zeng X, Mohsin M, Raza S M. Green finance for soft power: an analysis of China's green policy signals and investments in the Belt and Road Initiative [J]. Environmental Policy and Governance, 2023, 32 (2): 85-97.

[108] Liu Y, Chen ZM, Xiao H, Yang W, Liu D, Chen B. Driving factors of carbon dioxide emissions in China: an empirical study using 2006-2010 provincial data [J]. Frontiers in Earth Science, 2017 (11): 156-161.

[109] Nasrollahi Z, Hashemi M, Bameri S, Taghvaee V M. Environmental pollution, economic growth, population, industrialization, and technology in weak and strong sustainability: using STIRPAT model. Environment

[J]. Development and Sustainability, 2020 (22): 1-18.

[110] Nosheen M, Abbasi M A, Iqbal J. Analyzing extended STIRPAT model of urbanization and CO_2 emissions in Asian countries [J]. Environment Science and Pollution Research, 2020 (27): 45911-45924.

[111] Shahbaz M, Loganathan N, Muzaffar A T, Ahmed K, Jabran M A. How urbanization affects CO_2 emissions in Malaysia? the application of STIRPAT model [J]. Renewable and Sustainable Energy Review, 2016 (57): 83-93.

[112] Ulucak R, Ozcan B. Relationship between energy consumption and environmental sustainability in OECD countries: the role of natural resources rents [J]. Resource Policy, 2020 (69): 101803.

[113] Wang Y, Zhang X, Kubota J, Zhu X, Lu G. A semi-parametric panel data analysis on the urbanization-carbon emissions nexus for OECD countries [J]. Renewable and Sustainable Energy Review, 2015 (48): 704-709.

[114] Wu R, Wang J, Wang S, Feng K. The drivers of declining CO_2 emissions trends in developed nations using an extended STIRPAT model: a historical and prospective analysis [J]. Renewable and Sustainable Energy Review, 2021 (149): 111328.

[115] Yan S, Li J, Xu D. Energy production, energy consumption and energy governance of the Belt and Road region [J]. International Journal of Economy, Energy and Environment, 2022, 7 (6): 144-149.

[116] Yan S, Zhang Z, Yue X, Liu Y. Pathway for four central and eastern European countries to achieve low carbon development based on the STIRPAT model [J]. Journal of Sustainable Development, 2024, 17 (4): 63-72.

[117] Yan S, Lei Y. Multi-stakeholder strategic interactions in promoting the green Belt and Road Initiative [C]. Proceedings of the 2025 11th

International Conference on Humanities and Social Science Research, Atlantis Press, 2025.

［118］ Yan S, Yu P, Lei Y. An empirical analysis of the influencing factors of carbon emissions in China［C］. Advances in Engineering Technology Research, Madison Academic Press, 2022.

［119］ Yu C H，Wu X，Zhang D，Chen S，Zhao J. Demand for green finance：resolving financing constraints on green innovation in China［J］. Energy Policy，2021（153）：112255.

［120］ Zhou W，Cao X，Dong X，Zhen X. The effects of carbon-related news on carbon emissions and carbon transfer from a global perspective：evidence from an extended STIRPAT model［J］. Journal of Cleaner Production，2023（425）：138974.